中国少数民族设计全集

The Design Collection of Chinese Ethnic Minorities

保安族

中国少数民族设计全集编纂委员会 编

图书在版编目（CIP）数据

中国少数民族设计全集. 保安族 / 中国少数民族设计全集编纂委员会编；张明山等著. —太原：山西人民出版社，2019.10
ISBN 978-7-203-11126-9

Ⅰ. ①中… Ⅱ. ①中… ②张… Ⅲ. ①保安族－民族文化－研究－中国 Ⅳ. ① K28

中国版本图书馆 CIP 数据核字（2019）第 242638 号

中国少数民族设计全集. 保安族

编　　者：	中国少数民族设计全集编纂委员会
著　　者：	张明山　等
责任编辑：	员荣亮
复　　审：	刘小玲
终　　审：	阎卫斌
装帧设计：	谢　成

出 版 者：	山西人民出版社　人民美术出版社
地　　址：	太原市建设南路 21 号
邮　　编：	030012
发行营销：	0351 - 4922220　4955996　4956039　4922127（传真）
天猫官网：	https://sxrmcbs.tmall.com　电话：0351 - 4922159
E — mail：	sxskcb@163.com　发行部
	sxskcb@126.com　总编室
网　　址：	www.sxskcb.com

经 销 者：	山西出版传媒集团·山西人民出版社
承 印 者：	山西出版传媒集团·山西新华印业有限公司
开　　本：	889mm×1194mm　　1/16
印　　张：	16
字　　数：	200 千字
印　　数：	1—1 000 册
版　　次：	2019 年 10 月　第 1 版
印　　次：	2019 年 10 月　第 1 次印刷
书　　号：	ISBN 978-7-203-11126-9
定　　价：	230.00 元

如有印装质量问题请与本社联系调换

中国少数民族设计全集编纂委员会

总 主 编（按年龄排序）
　　　　　　张夫也　王立端　戴晋明　廖　军　王　琥　李豫闽　过伟敏　顾　平
　　　　　　王　强　李　岗
执 行 主 编　王　琥
编 务 统 筹　张明山

中国少数民族设计全集编辑工作委员会

主　　　任　刘伟冬
编　　　委（排名不分先后）
　　　　　　王　琥　王　峰　王　强　王立端　王浩滢　白　波　过伟敏　许　星
　　　　　　许边疆　李　岗　李　丽　李豫闽　成光虎　肖　飞　余　强　汪传跃
　　　　　　罗　力　杨明朗　陈　述　陈见东　邱　珂　胡万明　顾　平　郑　静
　　　　　　郭立忠　姬　莹　张夫也　张泽国　张明山　张秋平　张耀引　梁盛平
　　　　　　樊　进　谢　玮　熊　伟　熊　微　熊建新　蔡克中　葛　芳　鞠　斐
　　　　　　魏　洁　廖　军　戴晋明

中国少数民族设计全集出版工作委员会

主　　　任　胡彦威　周　伟
执 行 主 任　姚　军　欧京海
编 务 统 筹　阎卫斌　周小龙
编　　　辑（排名不分先后）
　　　　　　王新斐　史美珍　冯　昭　冯灵芝　吉　昊　吕绘元　刘小玲　任秀芳
　　　　　　孙　琳　孙宇欣　李广洁　李建业　李　靖　员荣亮　张小芳　张志杰
　　　　　　张书剑　何赵云　陈俞江　吴春华　武　静　周小龙　柳承旭　郝文霞
　　　　　　赵　玉　赵晓丽　席　青　秦继华　高　雷　郭向南　阎卫斌　崔人杰
　　　　　　傅晓红　蔡咏卉　翟丽娟　樊　中　薛正存　魏　红　魏美荣
整 体 设 计　谢　成

中国少数民族设计全集·保安族

本册著者 张明山　祝燕琴　张芳兰　李　燕
　　　　　马沛霆（保安族）　黄树根　张　雪
参与撰写 宋　姣　申明倩　滕佳华　郭林森　汤繁稀
　　　　　姚惠婧　陈炳灿　庄　鸿　胡浩然　宋江超
　　　　　李雪松　林志兵　邓　奔　杨　钦　杨忠强
　　　　　尧优生　马长江　汤丹丹　肖　珺　张慧芳
　　　　　王　欣　于水苗　程民超　井欣萌　高　瞻
　　　　　战怡菲　李淑梅　濮晓琳　吴伊凡　曹学舰

求同存异 和合共荣

刘伟冬

中华民族，是一个由56个民族组成的大家庭。在漫长的文明发展史中，汉族和各少数民族都为中华文明的繁荣发展贡献了自己的聪明才智。纵观中华文明史，其实就是一部各族群之间"求同存异，和合共荣"的文化演进史。

从根子上讲，4000年前的"中国"，仅指北方中原地区，居住在这里的相传是上古时期黄帝部落和炎帝部落的后裔，故而自称"炎黄子孙"。其时的"中国"，不过是黄河中下游（西起陇山，东至泰山）区域。在千年发展与民族融合之后，尤其是晋末"衣冠南渡"，南迁的中原汉族与南方百越民族彻底融合，来自北方的鲜卑等民族融入汉族，使汉族前所未有地壮大发展，逐渐形成后来疆域辽阔、人口众多、物产繁盛、文化昌明的中华民族的主体族群。特别值得强调的是，自从作为一个民族整体之后，中华民族就从未中断过自己的民族发展史——这在世界历史上是硕果仅存、独一无二的。

中华民族具备兼容并蓄、虚心好学的民族天性。仅以设计学范畴的事例讲：在数千年文明发展历史中，中华民族在不断向外输出优秀的文明成果（如烧造之陶瓷砖瓦、营造之榫卯斗拱、织造之丝绸刺绣、锻造之"失蜡"分模等），影响全人类的日

常生活与生产方式的同时，也不断地吸纳域外各民族的优秀文明成果，如汉魏之印度佛教和西域音乐、隋唐之西亚服饰和家具、宋元之东洋印染和漆艺、明清之西洋机器与建筑……在中华民族内部，这样的文化交流更是从未停止过，而且是风生水起、枝繁叶茂，愈发流畅、深入，中华民族各族群之间"求同存异，和合共荣"的文化大演进，共同创造了中华民族极为灿烂辉煌的造物文明历史。仍以设计学范畴为例：原本是匈奴人发明的单足绳圈，被晋代的汉族人设计成铁质双镫；最早是鲜卑人原创的毡毯卷边，被晋代的汉族人改造成"高桥马鞍"，这宗中国式马具设计案例，被誉为"13世纪中国传入欧洲的最重要文化成果"（李约瑟语）。再如，西域（今新疆地区）是全世界最早的皮靴生产地，哈尼族为主的红河地区出现了全世界最早的梯田。再如，全世界最早的"干栏式建筑"和全世界最早的稻米人工育种、栽培，均起源于长江中下游的百越地区；全世界最早的竹藤编结器物起源于闽越地区……由中华民族共同创造、发明，后来又影响了全人类文明进程的优秀造物设计案例很多，不胜枚举。几千年中华民族的文明史，就是各种文化多元融合、共同发展的最好例证。不了解中华民族内部各族群的文明交流史，就无法真正理解中国文化史，也不能理解为什么中华民族总是能在逆境中成长强大。甚至可以说，能否完整地理解中华民族的文化史，是检验每一个当代中国知识分子（特别是文史哲专业的学者）文化立场的"试金石"。

随着改革开放的逐渐深入，各民族地区的经济与社会状态已发生了天翻地覆的变化。令人遗憾和担心的是，由于各地区政策执行力度不平衡，保护措施不得力，少数民族的文化特性正在逐步衰退，有些地区的少数民族文化特征甚至已经消失殆尽，仅仅存在于徒具形式，充满口号、标语的民族文化村旅游景点中。有学者预言，再不加快整理抢救工作，中国的少数民族可能在物质形态和文化内涵的特征上，若干年后将不复存在。

从少数民族地区反映古代中国社会某些面貌的文化遗存看，这些少数民族之所以一直与汉族地区差距巨大，存在多方面的原因，其中历代汉族统治者对少数民族的歧视政策是主要原因。此外这些地区本身就处于偏僻荒地，不是沙漠就是山区，自然条件远不及汉族聚集地区，社会发展水平滞后。20世纪50年代，有相当比例的少数民族在当时仍处于原始农耕社会或奴隶制社会，不要说通电、通水、通汽车，不少人一辈子连铁器长什么样都没见过。部分少数民族聚集地的各种自然条件也较差，缺肥少水，基本生活来源，一靠老天爷恩赐的"望天收"农作物；二靠家庭手工作坊制作些竹藤编结物和土织、土陶等土特产来换取粮食；三靠养猪、兔、羊和鸡、鸭、鹅等家禽来换取日用品，如灯油、农具、衣物和油盐酱醋等；四靠为土司、头人和大户们出卖劳力（社会底层奴隶身份），年老即被抛弃。中华人民共和国成立后，党和政府在这些地区实行社会主义改造，打倒以土司、巫师和头人为首的剥削阶级，将土地和生产资料一律收归集体所有，解放了全体少数民族民众，使他们历史上第一次有了自由劳作和生活的权利。

中华人民共和国成立之初，党和政府就高度关注民族事务问题，为如何保护、关心各少数民族制定了一系列方针、政策，也为当代中国社会处理民族问题、保护民族文化树立了光辉典范。中央人民政府政务院于20世纪50年代初发布了《关于民族事务的几项决定》，为新中国民族政策奠定了最初的思想基础，其主要内容是：一、各大行政区军政委员会（人民政府）须指导各有关

求同存异　和合共荣

省、市、行署人民政府认真推行民族区域自治及民族民主联合政府的政策和制度，并随时向政务院报告推行经验，请示者须事前向政务院请示。二、各大行政区军政委员会（人民政府）须指导各有关省、市、行署人民政府认真并有计划地实行政务院在1950年颁发的《培养少数民族干部试行方案》，并将该项工作进行情况定期加以检查，每半年向政务院报告一次。中央民族学院及西北、西南、中南各军政委员会和新疆省人民政府的民族学院，必须依计划实行，并向政务院报告。三、政务院于1951年下半年适当时间将同时召开有关少数民族的卫生、教育及贸易三个专业会议，责成政务院文教委员会、中财委指导中央卫生部、教育部、贸易部开始筹备，并责成中央民族事务委员会协助进行。有关部门如农业部、文化部也须派人参加。四、责成中央人民政府各委、部、会、院、署、行注意建立有关民族事务的业务。五、在政务院文教委员会内设民族语言文字研究指导委员会，指导和组织少数民族语言文字的研究工作，帮助尚无文字的民族创立文字，帮助文字不完备的民族逐渐充实其文字。六、扩大中央民族事务委员会委员名额，责成中央民族事务委员会提出补充名单的建议，并于1951年下半年召开中央民族事务委员会扩大会议，检查与总结关于推行民族区域自治及民族民主联合政府的经验。

20世纪50年代，中央人民政府和政务院，曾多次组织"中央慰问团""土改工作队"和"普查工作队"等，花费大量人力和物力，深入各少数民族地区，进行了大量较为翔实的社会历史调查。50年代这轮由政府统筹、由中央民委组织行政领导和人类学、社会学专家学者以及民族同志组成工作队与考察队的少数民族大考察活动，1953年正式启动，1956年结束（个别地区延期至1958年才结束）。直接成果之一，就是为1956年国务院公布的55

个少数民族的正式定名和划分，提供了可靠的依据。

从当时考察的资料看，各少数民族的社会发展水平参差不齐，不少民族呈现类似汉族曾经历过的各种历史发展状况，为我们今天考察、了解并研究过去的历史以及各学术分支问题，提供了绝好的活体范本。比如以"设计发生学"研究为例，以山寨（村落）为主的初级社会组织形态，原始手工业在农耕环境中的地位，原始造物的手工技艺与设备、工具等，都是我们极感兴趣的研究对象。

在西北、西南和东北各少数民族聚集地区，有些古时流传下来的本民族手工造物技术，迄今仍保存良好。其吸收了汉族和其他兄弟民族的技术长处之后演变出来的各时段手工造物技术，则印证了各民族互相融合、取长补短的史实。更有些原始手工艺，特别具有艺术和历史研究价值。以维吾尔族人为例，本世纪初，笔者在新疆喀什城艾格孜艾日克老街看到几样手工艺绝活：其一是整条街的维吾尔族乐器店，除了热瓦普、曼陀林和冬不拉等少数维吾尔族知名乐器外，全是些笔者叫不上名来却似曾相识的弹拨乐器和拉弦乐器，于是从心里认可了"西域古乐成就了中国传统民乐"这句话所言不谬。其二是亲眼所见一个拖着鼻涕的不到10岁的维吾尔族小男孩，拿着电砂轮在铜壶上信手飞快地刻着精美细腻的图案，一不要底稿，二没有图纸，真是佩服得五体投地，也相信了"汉族人长于热铸，西域人长于冷锻"这个说法。其三是在喀什近郊著名的大巴扎"金器一条街"上看见近百家金店生意红火，家家门前毡毯上都围坐着一群金店伙计和顾客，正在热烈讨论、共同设计着花样繁多的未来金饰嫁妆，感受到了"中国传统样式的金银首饰工艺，最富有创意的设计和最先进的工艺制作，原来在维吾尔族人手里"这句大实话。还有，笔者

在云南景洪县城集市上，曾亲眼见过景颇族老乡用古老的"焖烧法"烧出的红彤彤的土陶——跟笔者一知半解的仰韶彩陶的烧制工艺几乎一模一样。还有，笔者在大西北甘陕宁各省亲眼所见的回族、保安族、裕固族和东乡族老乡巧手做出的那些花样繁多、样式复杂的面塑造型，真是个个精妙绝伦。这方面的事例实在太多了。

50年代的少数民族地区社会大普查，以及半个多世纪以来社会各界对其丰富而珍贵的考察、研究，意义深远，价值极为重大。这些地区客观上保存的较为完整的、与数千年前中国原始社会最初形态近似的许多社会特征，为我们研究社会的最初形态形成和当时的经济、文化、政治的基本状况以及"设计发生学"的相关课题，提供了珍贵的类型学"活化石"范本，价值非凡。改革开放以来，这些少数民族地区也获得了前所未有的巨大发展，人民生活日新月异；但与此同时，少数民族地区的民族性在不可避免地愈发衰减、退化，甚至消失。如果我们再不采取保护措施，若干年后，各少数民族的许多宝贵民族文化遗产将无法挽救地彻底消亡，这部分同属于全人类精神财富和中华民族集体智慧的宝藏，我们将再也看不到了。

在"设计发生学"问题上，我们一向秉持文化多元论的观点，认为人类文明是全世界人民共同创造的，各国家、地区、民族均做出过大小不一、形态各异的贡献；同理，中华民族的灿烂文明是中国的各族人民共同创造的，每个民族都对中华传统文化做出过贡献，也都应当得到尊敬和肯定。中国的各少数民族在中华文明漫长的演化过程中，都曾经以自己独特而充满智慧的文明成果，补充、完善甚至改良着中华文明。比如，古代西域的龟兹古国各民族创造或引自西亚的弹拨乐器和拉弦乐器以及音律、曲

式,彻底改造了中国古代音乐,新创作出代表中国古乐精髓的江南丝竹;南疆的维吾尔族和北疆的哈萨克、塔塔尔、塔吉克等族首创了制革术,并引进古波斯革皮书籍装帧术和制靴术、制毡术、毛衣编结术;海南岛的黎族率先种植棉花并纺织棉布,传入内地后棉织业逐渐形成中国古代手工行业的"天下第一营生"……保护少数民族的民族文化特性,就是保护我们的历史遗产,就是传承我们的文明。我们应进一步发扬文化兼容的优良传统,把振兴中华的百年民族复兴梦,逐步落实为将大中华建设成为中国各民族共同拥有的美好家园。

由上千名来自全国各高等艺术院校的教授、研究生组成的55支团队参与编撰的《中国少数民族设计全集》(55卷),正是有识之士基于对各少数民族的民族文化特性正在快速衰减、消亡的严重现实问题的深切忧虑而进行的抢救、发掘、整理中国少数民族文化遗产的重要文化工程。经过两年精心筹划,六年努力写作,在国家出版基金管理部门的支持下,在山西人民出版社和人民美术出版社的策划和组织下,目前《中国少数民族设计全集》的书稿编撰工作已基本完成,即将付梓。在长达八年的漫长过程中,全国兄弟院校各团队涌现出的各种可歌可泣的事迹经常感动着笔者,并不时鞭策着全体作者克服千难万险,一路向前。有的分卷作者身患绝症仍不眠不休地忘我工作,有的分卷作者遭遇各种意外仍坚持工作。特别是,很多民族同志公而忘私、不计较个人得失,有人不惜将自己赚钱的企业关张歇业,全身心地投入各自所负责分卷的繁重编撰工作中;有人义无反顾地将自己珍藏多年的本民族实物、资料和研究成果无偿提供给相关分卷作者。大家万众一心,克服各种复杂得难以想象的困难,以确保这部凝聚了众人八年心血的巨著,能按计划如期完成。借此机会,笔者谨

求同存异 和合共荣

代表本丛书编委会全体成员,向领导、编辑和作者们表示衷心的感谢!

作为一项文化创举,笔者深信《中国少数民族设计全集》必将在未来岁月的长期检验中,愈发显现其非凡的、独特的文化价值。

2017年夏季于南京

前言

保安族是中国人口比较少的少数民族之一，2010年统计大约为2万人。保安族的语言是保安语，属于阿尔泰语系，但大多数保安族人会讲汉语、写汉字，汉文是其社会交往的工具。

保安族原来的栖身地是在青海省同仁县隆务河边的保安城，其族称也来源于此。据历史记载，约从明初起，保安人居住在保安城、下庄、尕撒尔（俗称"保安三庄"）一带。清咸丰、同治年间，保安人迁徙到甘肃省积石山大河家一带，并定居下来。在新定居地，保安族仍保留原居住习惯，保安城的保安人聚居在梅坡村，下庄的保安人聚居在甘河滩村，尕撒尔的保安人聚居在大墩村，形成新的"保安三庄"。此外，在刘集乡的高赵李家、大庄村、肖家，柳沟乡的斜套村、吹麻滩、虬藏、寨子沟等乡及临夏市等地，兰州市和青海的西宁、同仁隆务镇等地，也居住有一些保安族人。[1]

综合各方面研究观点，试对保安族族源表述如下：保安族原为中亚色目人，元代起在青海同仁地区戍边屯垦，后与当地蒙、藏各民族交往，逐步融合形成一个新的族群（民族）。[2]保安族民族文化一方面受伊斯兰教信仰影响，另一方面受汉族、回族、蒙古族、藏族、土族等民族的影响，多方面因素长期作用下，保安族形成了自己独特的民族文化。

保安族的居住环境与建筑

保安族传统居住格局是"大杂居、小聚居"。村落的规模有大有小，大的有几百户，小的有二三十户。保安族早期居住形式大多是土木结构的土房。在迁至甘肃大河家后，其居住格局也发生了

变化，一般是整个村庄住房连在一起，住房结构多为低矮的土木平房，一户一院，有序坐落，被称为"庄廓"。"庄廓"组成大多数包含堂屋、东西厢房、灶房、畜圈和厕所等。堂屋又称上房，一般由四间或五间双檐或单檐瓦房组成，坐北朝南或坐东向西，堂屋中间置八仙桌子，墙上悬挂经文挂图或阿拉伯文字的对联，堂屋两边出檐的地方建两个土炕。堂屋一般为家中长者寝室，长者去世，如住房宽余则不再住人，用于接待客人或请阿訇念经。在建造堂屋时，用红布包麻钱裹在大梁中间，寓意家事兴旺。[③]家中的子女居住在堂屋两侧的东、西厢房，其结构一般是三间或四间的单檐瓦房或平房。灶房多设于堂屋左邻，畜圈多设于庭院的南面，厕所与其相邻。庭院中间一般种有果树、花草等植物。"庄廓"大门的方向一般面向大山和树林，忌讳面向山的豁口，因为保安族人认为山口会有"妖风"吹袭，这样会使得家里不幸福、不安宁。保安族居民还根据不同的环境特点，建有"半边楼""全楼"和"四合院"。"半边楼"结构多为五柱三间，两边或一边附建偏厦，前面建厢房。大门多数建在屋头上层屋场偏厦间。"全楼"多建于比较平坦的半山一层地基上或沿河区域，结构同"半边楼"。"四合院"是指修建在较平坦的地面上、四幢"全楼"连接合成的房屋，多是富裕人家建造。保安族整个村庄户与户之间房连房、墙连墙，并且墙体厚实，如果发生紧急状况，不出院门，走上屋顶，全村人就可快速联系。这是保安族互助、团结的历史见证。不过，随着时代的发展，经济水平的提高，保安族村庄和居所的结构也在不断发生变化，"庄廓"不断"独立"，脱离房墙相连的传统居住区。

火炕是保安族人居住环境的一个非常重要的组成部分，它占据了保安族室内的大部分面积，这主要是因为保安族居住于甘肃省积石山县，冬天气候寒冷，所以保安族人喜欢睡热炕，其由砖或土坯砌成，毛毡铺于炕上，下有孔道和烟囱相通，能烧火取暖。靠近灶口的位置称为"炕头"；靠近烟口的位置称为"炕梢"。一般家中尊贵的客人或辈分最高的主人寝卧"炕头"，而年轻人都寝卧"炕梢"。保安族火炕与北方其他城市的火炕不同之处在于，其灶口单独设在墙的外面，不与灶台相连，这样烧炕所产生的烟雾不会进入室内，天气寒冷时可单独烧炕，室内温暖舒适，而夏天炎热时，炕上和室内也可以保持凉爽。保安族人的室内生活基本上是在炕上，每家都有炕桌，吃饭时放上炕桌，全家围着炕桌盘膝而坐就餐。客人来时，也请客人上炕，请客人坐炕左边的座位，也就是上座，以示对客人的尊敬，然后端上茶和食物。保安族人使用的火炕是根据所在地的气候、环境、民族特点所设计的，虽然看似平凡、简单，但却实用、舒适、环保，具有质朴之美。

保安族的服饰

保安族服饰文化经历了历史的演变与发展，早期受蒙古和藏族服饰影响，男女都喜欢穿长袍，夏、秋季穿夹袍，戴高筒毡帽，束丝绸绸带，冬、春季穿长袍。后期，受藏族和土族服饰的影响，喜欢着长衫，穿高领白色短褂、黑色坎肩、大裆裤，女穿绣花鞋。现在，男子多穿白色布衫，青色布坎肩，深色的长裤；节庆日喜欢穿翻领、大襟、镶边的黑色条绒长袍，腰间束彩色长带，足蹬牛皮长筒靴；冬天一般穿褐色翻领皮袄。妇女多穿大襟袄、坎肩，主要原料是紫红、绿色等色彩鲜艳的灯芯绒，并镶花边。最具标志性的保安族服饰是号帽与盖头，用以表明宗教信仰和民族身份。保安族服饰具有独特的社会文化内涵。④具体表现在式样、纹饰、配饰以及色彩等各个方面。保安族服饰色彩鲜明、工艺精巧、款式别致，一定程度揭示出保安族与社会环境和自然环境相融的生产和生活方式，并且反映出保安族文化多样性、丰富性。保安族服饰既继承了先民

的服饰，又受伊斯兰宗教文化的主要影响，同时兼受汉族、蒙古族、回族、藏族等多民族服饰文化的影响，也传承了中国传统服饰的特点，随着现代经济的发展，保安族人的服饰文化习俗也在逐渐改变中。

保安族的饮食

保安族人生活在兼有黄土高原和青藏高原交汇的特色地域，多民族共同生活，其丰富而独特的文化特色，加上保安族人信奉伊斯兰教文化，形成了保安族多彩而独特的饮食文化。

日常饮食方面，保安族人以前食用蔬菜甚少，仅吃韭菜、胡麻等几种，现在品种齐全，花样繁多。其主食偏重于面制品。保安族肉食以羊、牛肉为主。节庆时，保安人家家都要炸油馃、馓子、油香和蜜圈圈，其中最为普遍是油香和馓子。全羊席则是过节时宴请来宾最为隆重的礼遇，洗净两龄左右的肥羊，整只煮熟，然后捞起，按肋条、脊背、前后腿、髋、脖子、尾巴分部切割，带骨剁成手掌大、一指厚的肉块，各装一盘按序上席，并配以作料调味蘸食。其中五月下旬到六月初的浪山节，人们会带上食物、帐篷、锅等，到野外开开心心过一天。

保安族人喜欢饮茶，即使民间饮茶也比较讲究，冬季喝砖茶、茯茶、沱茶，夏季喝春尖和陕青茶。保安族人用三炮台也称"盖碗茶"盛情招待客人，三炮台有多种，比如红糖砖茶，白糖清茶，冰糖窝窝茶，三香茶（茶叶、桂圆、冰糖），五香茶（茶叶、桂圆、葡萄干、杏干、冰糖），八宝茶（茶叶、桂圆、葡萄干、红枣、核桃仁、枸杞、芝麻、白糖）等。

保安族生活用具与生产工具

保安族以农业生产为主，也有人兼营手工业和副业。东迁前已有保安族农业生产的相关记载，到清雍正初年，保安、撒拉地区，

凡有成熟之地，久为恒产。东迁后向回、汉等民族学习农业生产技术，用先进的生产工具，采用豆、麦倒茬轮歇制等，开始大量种植小麦，如今保安族的主要农作物是小麦、青稞、玉米等。

手工业以打刀为主，被称为"保安刀"。"保安刀"是保安族引以为傲的传统手工艺产品，是保安族人在长期生产活动与战争中发明创造的，它既是生产生活工具也是工艺品，锋利耐用、精致美观、经久耐用、携带方便，集实用性与观赏性于一体。保安族定居在保安城后，从事手工业生产的人越来越多，有木匠、金银匠、铁匠等。铁匠当时主要制作土枪、弓箭等，他们从中掌握了冶铁技术，也掌握了的制刀本领。保安族的腰刀不但用于自卫，也可以交换牧民的牛羊和其他日常用品。从此，"保安刀"和经济紧紧联系到一起。"保安刀"是保安族的发展历史见证，也是保安族文化的代表，展现了人们的智慧，反映了保安族的传统习俗和民族精神，是中国传统文化的重要组成部分。

保安族的礼俗

保安族信仰伊斯兰教，节日基本与伊斯兰的宗教节日一致，除春节等个别节日外。"开斋节""古尔邦节""圣纪节"是保安族最重要的节日和纪念日。开斋节（"尔德节"）指回归和欢乐的节日，是保安族人最欢乐、最幸福的日子，人们穿上最新最漂亮的衣服，每家都炸油香、馓子等面食。男子去清真寺里集体礼拜，互祝幸福安康，生活美满。古尔邦节（小尔德、宰牲节、赎身节），在开斋节后的第70天，回历12月10日。古尔邦节庆祝时，根据家庭经济情况宰羊、宰牛，所宰的羊、牛肉平均分配，称为"肉份子"。穆罕默德诞生、逝世于回历3月12日，设"圣纪节"纪念。每年这一天，保安族人诵读《古兰经》，集体赞颂、纪念穆罕默德。⑤

保安族的婚姻习俗是一夫一妻制，男娶女嫁。结婚之前主要的

仪式有说亲、下聘礼和送大礼等。送大礼时，女方的亲房户族要分别宴请男方送礼人，称"叫客"，"叫客"越多越表示女方亲房户族多且相互团结。女方一旦接受大礼，接着就商量决定婚礼日期，婚礼时间一般在伊斯兰教的"主麻日"（星期五）举办。婚礼大多包含娶亲、送亲、闹宴席场等仪式，整个仪式喜庆、欢乐，且不管老幼同乐，有"三天无大小"的说法。新娘服饰较为艳丽喜庆，新郎服饰较为正式传统，有时还会在腰间别一把保安腰刀。婚礼的第三天，也是婚庆的最后一天，新郎的亲属要陪同新郎新娘回到女方家中，即"回门"。"回门"结束回到男方家，新娘要亲自下厨制作食物，通常是面食，以展示自己的厨艺，称为"吃试刀面"，这意味着婚庆三天礼的结束，也意味着新郎新娘新生活的开始。保安族传统婚庆礼俗在婚庆场面、行序设计、服装及用具等的设计使用方面颇具民族特色，特别是富有文化特色的订婚、下聘礼、娶亲、宴席等礼俗活动，体现了保安族人长期形成的民族特色，对于现代社会学、设计学具有较为丰富的研究意义。

保安族的丧葬习俗严格遵循伊斯兰教习俗，即"土葬""薄葬"和"速葬"。一般早亡午葬，晚亡晨葬。伊斯兰教提倡薄葬，主张丧事从俭，特别是速葬、薄葬的方式，既节时省力，又避免了财富的浪费，还起到了防病、防止环境污染等积极作用。⑥

《中国少数民族传统造物研究》之保安族分卷结合保安族的历史文化背景，分别对保安族的建筑、服饰、饮食、生活用具、生产工具、礼俗等内容进行了梳理，精选出代表性的50个典型案例，进行了细致全面的研究。为了全面地反映保安族造物思想与精髓，在案例的编撰过程中，编写团队从案例的材料、形态、结构、功能、工艺等方面，进行了客观的考证、深入的分析和详细的解读，以图像的形式对案例进行解构分析，归纳整理出能够较为全面反映案例设计特征的图例与文字。

在前期调研阶段，编写团队共收集了主要案例100余项，根据案例在保安族文化中的重要性进行筛选，最后确定了50个典型案例。在编撰的过程中研究编写团队深刻研究史料资料，尊重历史；在图片的制作上采用了多种方式，有实地拍摄、手绘再现、电脑制作等方式。本书采用图文并茂的方式、深入浅出将独具特色的保安族文化展示出来，具有学术性、史料性和艺术性。

在本书的撰写过程中，本卷著者江南大学设计学院的张明山副教授、常州工程职业技术学院祝燕琴教授、燕山大学艺术与设计学院的张芳兰副教授、浙江同济科技职业学院的李燕讲师、临夏回族自治州人民政府办公室干部、保安族文化网总编、甘肃省民俗学会副会长马沛霆、江南大学纺织服装学院的张雪老师以及黄树根、曹学舰等，多次深入到保安族聚居村落，进行田野考察，体验当地生活，走访保安族村民，与当地保安族人沟通，进行采访、交谈，拍摄了大量图片和视频，取得了许多宝贵的一手资料。同时，走访参观了多地的博物馆，搜集了大量的图片和文字资料，还查阅了甘肃图书馆、南京图书馆等多个图书馆的相关书籍，并且利用互联网查询中国知网、万方数据库、超星数字图书馆等学术资源库，搜集文字和图片史料，为本书的撰写提供了充实理论依据。

本卷参与撰写的人员为此书的出版也付出了非常大的努力，他们还有江苏理工学院宋姣讲师、申明倩副教授、滕佳华讲师；南昌航空大学艺术与设计学院郭林森副教授；江西水利职业学院汤繁稀老师、杨钦讲师；齐鲁工业大学杨忠强讲师；仲恺农业工程学院何香凝艺术设计学院尧优生副教授；南昌大学艺术与设计学院的硕士研究生姚惠婧、陈炳灿、庄鸿、胡浩然、宋江超、李雪松、林志兵、邓奔、马长江、汤丹丹及濮晓琳等；燕山大学艺术与设计学院

的硕士研究生肖珺、张慧芳、王欣、于水苗、程民超等；江南大学设计学院的井欣萌、高瞻、战怡菲、李淑梅、吴伊凡等。

在此，特别感谢在我们考察中提供帮助的保安族及当地同胞，他们有：积石山县移民局马德瑞，大河家镇大墩村阿訇马全龙及全家，大河家镇大墩村马玉杰及其姐姐，积石山县保安族工艺品传承发展有限公司、积石山县国家级非物质文化遗产项目（保安腰刀锻制技艺）省级传承人马尕主麻，积石山县国家级非物质文化遗产项目（保安腰刀锻制技艺）县级传承人马志俊，积石山县投融天下博雅金石书画馆马礼及其家人，积石山县刘集镇陶家村冶买米乃、冶淑梅等等。还有很多我们没有留下姓名的保安族及当地朋友，都曾给予我们众多帮助和指导，在此一并感谢！

在编写团队的共同努力下，终于完成了本书的编撰工作，在此感谢所有参加本书的撰写、绘图和提供实物图片的老师们！虽然编写团队在编写的过程中查阅了大量的资料，进行了多次实地考察，但是由于团队成员学识水平有限，在案例的编写过程中难免会出现诸多不足之处，恳请广大读者批评指正。

参考文献
① 李青华.保安族[M].长春：吉林出版集团有限责任公司，2010.
② 董克义.甘肃保安族史话[M].兰州：甘肃文化出版社，2009.
③ 白浩然.保安三庄汉族移民文化变迁——以大墩村为个案的研究[D].兰州大学，2009.
④ 时佳.保安族服饰探究[D].北京：北京服装学院，2012.
⑤ 马少青.中国保安族[M].银川：宁夏人民出版社，2011.
⑥ 苏有文.保安族文化概要[M].兰州：甘肃人民出版社，2014.

祝燕琴
2017年9月

目录

第一章　保安族传统建筑
　　保安族整村连房式院落　002
　　保安族门楼　007
　　保安族土炕　011
　　保安族灶台　016

第二章　保安族传统服饰
　　保安族男子马夹　022
　　保安族女子套装　026
　　保安族女子坎肩　031
　　保安族女子长袍　035
　　保安族连把腰罗蹄　040
　　高赵家保安族鞋袜　045
　　保安族女子绣花浅口尖脚鞋　050
　　保安族男子星月号帽　054
　　保安族男子礼帽　058
　　保安族女子盖头　062
　　保安族女子绉绉帽　066
　　保安族针插　070

第三章　保安族传统餐饮
　　保安族地锅锅洋芋　076
　　保安族油香　081
　　保安族馓子　085
　　保安族青麦包子　089
　　保安族三炮台　093

第四章　保安族传统生活用具

保安族腰刀　100
保安族菜刀　104
保安族汤瓶　107
保安族火壶　111
保安族灯台　115
保安族绣花枕头　120
保安族六角帽盒　124
保安族炕桌　129
保安族板车　134

第五章　保安族传统生产工具

保安族犁　140
保安族耱　146
保安族连枷　151
保安族镰刀　155
保安族斧头　158
保安族石臼　162
保安族打墙石杵　166
保安族马掌　170
保安族铃铛　173
保安族羚羊角把皮鞭　176
保安族腰刀制作工具　180
保安族羊绒生产工具　184

第六章　保安族传统手工艺

保安族腰刀制作　190
保安族刺绣图案　195
保安族剪纸　199
保安族砖雕制作　203
保安族家具彩绘　209

第七章　保安族传统民俗与宗教

保安族传统婚俗　216
保安族传统葬礼　221
保安族传统节庆　227

第一章 保安族传统建筑

保安族整村连房式院落

图一　保安族整村连房式院落主图

保安族聚居区位于甘肃、青海交界的积石山下，保安族人口比较少，明末清初才达1000多户，到2010年统计大约为2万人[1]左右。保安族整村连房式院落颇有特色，户与户之间屋顶相连，房连房、墙连墙。总体布局可概括为"高墙连体"，墙体厚实，平顶。这一特征有着很重要的军事防御作用。在整村连房式构造中，作战时不用出院门上了屋顶就可以联系对方，集体有序作战，同时厚实的城墙也成为防身的利器。本案例采选于甘肃省积石山县大河家镇大墩村。

保安族现主要分布在甘肃省临夏回族自治州西北部的积石山东乡族撒拉族自治县大河家镇的大墩、甘河滩、梅坡三个村。"保安三庄"名来源于保安族先民们曾居住在同仁地区的保安（妥加）、下庄、尕撒尔三地，因此当地有"保安三庄"的说法。住在这三庄的人也被称为保安人或保安回。也就是说，"保安"是地名演变为族名的。[2]保安族早期与藏族、土族的居住形式，居住结构相似。

现居住甘肃临夏境内的积石山一带的保安族，民居习俗与周围的回族、撒拉族、东乡族有相似之处，一般是围着清真寺而住，以土木结构的土平房为主，相互连接，错落有致，颇具特色。土平房有出檐和挑檐之分，出檐是指在有屋檐的建筑中，屋檐伸出梁架之外的部分。挑檐是指屋面挑出外墙的部分，主要是为了方便屋面排水，对外墙也起到保护作用。房院间相互连接，错落有序，被称为"庄廊"。通常，庄廊大多数包含堂屋、东西厢房、灶房、畜圈和厕所等，整个院落结构紧凑，设施齐备，整洁而宽敞，表现出他们对居室住宅极为讲究的文化特点。保安族民居善于因地制宜，院落布局有上房、偏房之分。上房也称堂屋，一般坐北朝南或坐东向西，房内正中多悬挂阿拉伯文字的对联或经文挂图等。西房，或者庭院中的上房，通常为老人居住。老人去世，如家中住房宽余则不住人，专门接待客人或请阿訇念经时用。堂屋中间置八仙桌子，两边出檐的地方建两个土炕，偏房就是堂屋两侧的东、西厢房，这是家中年轻夫妇或未婚子女居住的地方。

如今保安族外出打工的人越来越多，经济收入增加，家家户户建起来了新楼房，高楼四起，青砖瓦石。整村连房式院落格局虽然已不再起到军事防御功能，但这种居住格式是保安族人团结一致的历史见证和智慧的结晶。

图片来源

图一 李淑梅 制图

图二至图九 祝燕琴、宋姣 制图

图五 原图出处：苏有文.保安族文化概要[M].兰州：甘肃人民出版社，2010.8.

注释

①马少青.中国保安族[M]:银川：宁夏人民出版社，2011.3-4.

②马少青.中国保安族[M].银川：宁夏人民出版社，2011.3-4.

图二 保安族庄廊远景图

图三　保安族庄廓近景图

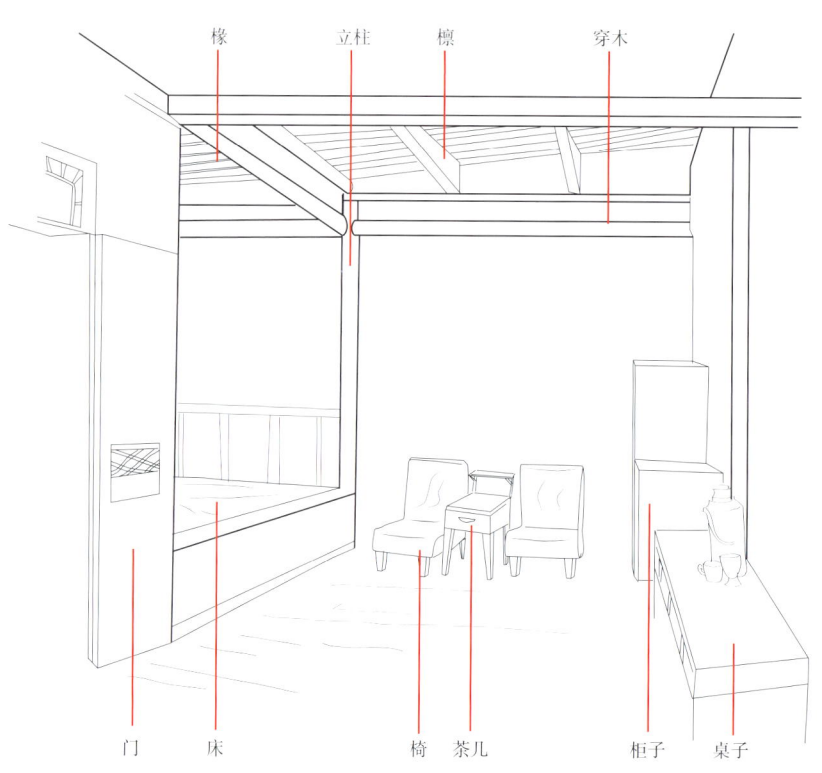

图四　保安族民居内部布置图

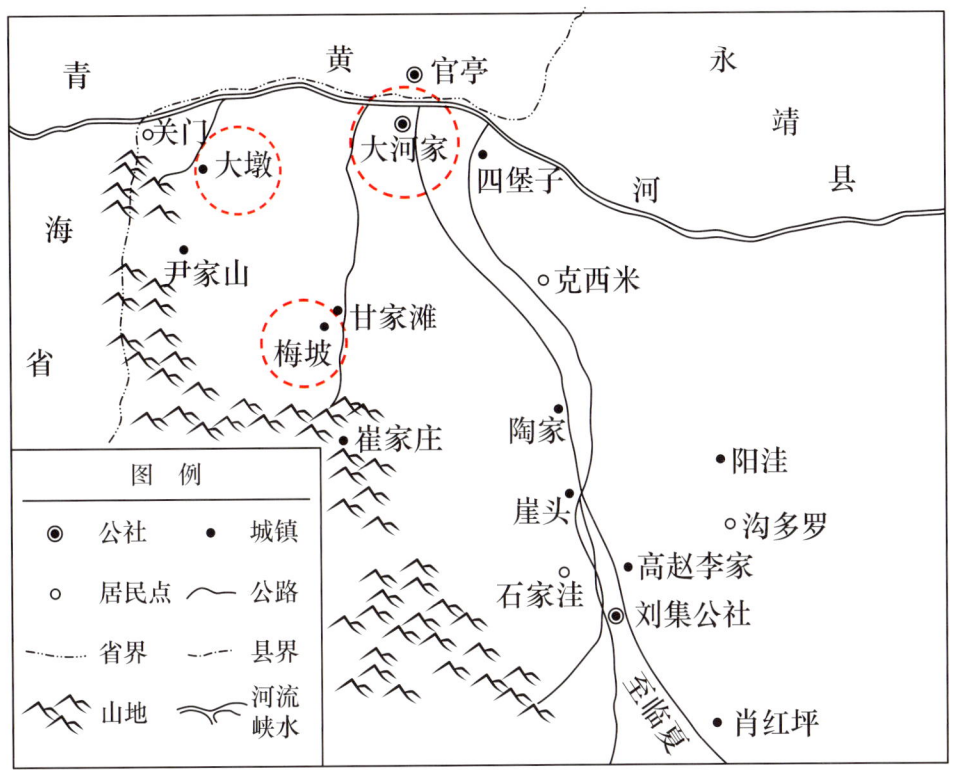

红圈标记处为保安族整村连房式院落建设的主要地点

图五 保安族村庄聚居地地理位置图

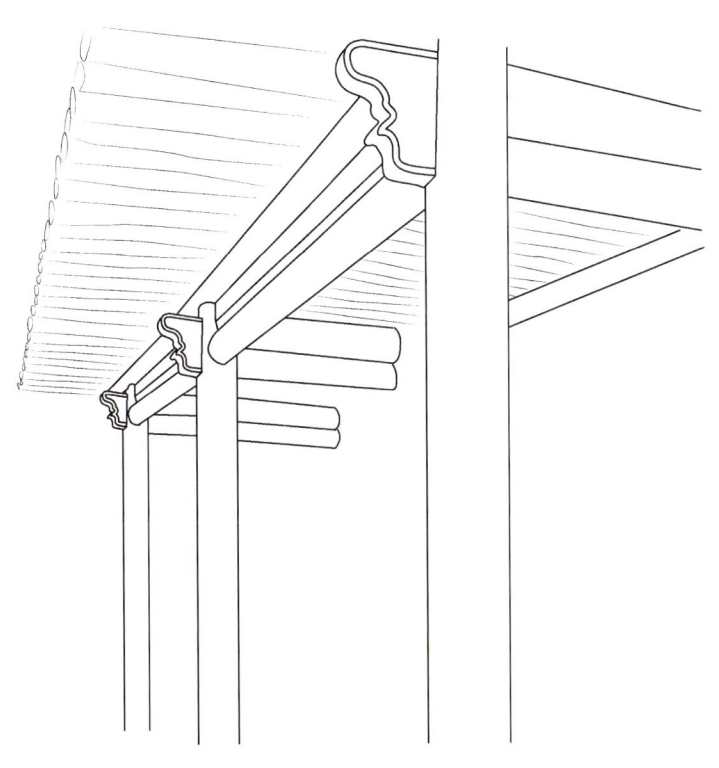

图六 保安族门廊柱子结构图

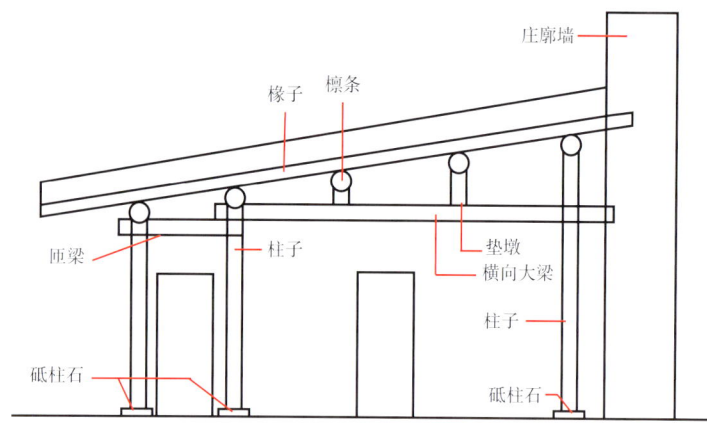

图七　保安族民居剖面图

图八　保安族民居

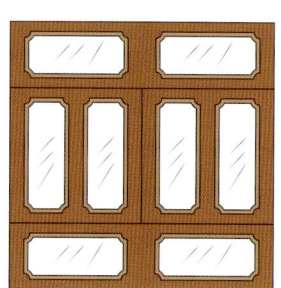
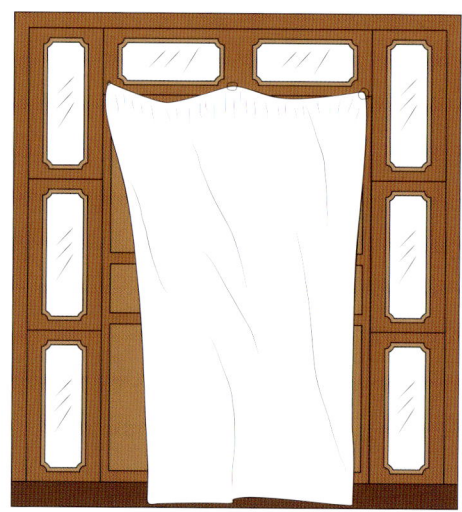

图九　保安族门窗细节图

保安族门楼

图一 保安族门楼主图

门楼，指保安族民居进院入口处的门楼子，是保安族民居内外空间分隔的标志，也是对保安族民居内部空间的围护。门楼的出现，最初也是功能的需要，起到内外空间的转换和隔离。保安族门楼在其发展过程中，也融合了汉族及其他民族的建筑特色。本案例采选积石山大河家甘河滩。本案例门楼不尚华丽，重淳朴实用，宽约 2.50 米，高约 3.50 米。

保安人对院门很讲究，一般都要建门楼，简单些的用红砖青石，讲究些的用黑色大理石加木雕。现在双扇木门比较少见，绝大多数人家都装铁门。保安族门楼为挑檐式建筑，挑檐是指屋面挑出外墙的部分。挑檐设计之初的主要目的是为了方便屋面排水并对门楼墙体外侧面起到保护作用。从结构分析而言，门楼自上而下分别包括以下构件：屋顶、瓦件、椽子、望板、檩、门柱、上下枋、匾额、大门等。其中，屋顶、瓦件、门柱为砖砌，望板、椽子、檩、上下枋、匾额、大门为木质。门楼整体装饰少，构造严谨，庄重大方。瓦件是有圆弧的陶片，用于覆盖屋顶。瓦当最初仅作为房屋构件，用以防水、排水、保护檐头。保安族瓦当图案以花草纹样为主。保安族信奉伊斯兰教，因此花草、动物便成了保安族人装饰的主要内容，与保安族人生活简朴，不喜烦琐的民族特色有很大关系。[1]瓦当的花草纹饰图案，是保安族真实生活的反映，也是对美好生活的寄寓。椽子是屋面基层的最底层构件，垂直安放在檩木之上。屋面基层是承接屋面瓦作的木基础层，它由椽子、望板、飞椽、连檐、瓦口等构件所组成。房屋的木构架由柱、梁、檩、构架连接件和屋面基层等五部分组成匾额，悬挂于门屏上为装饰。本案例的匾额绘以花纹装饰，大方质朴。

保安族门楼，体现了保安族建筑民居的文化特质，其门楼的形制和规模代表了整体院落的等级和院落主人的身份。因此，门楼也是一户人家贫富和身份的象征，古人所谓"门第等次"的概念也是如此。传统的保安族民居以土木结构平房为主，门楼既是人们进出的入口，也是民居建筑的脸面。普通保安族人家通过门楼来体现他们的物质、精神追求和质朴无华的美好品质。

图片来源
图一、图四至图七　李淑梅　制图
图二　张慧芳　制图
图三　王欣　制图

注释
[1] 被遗忘的中国印记：瓦当[J].新农村.2017.3, 62-63.

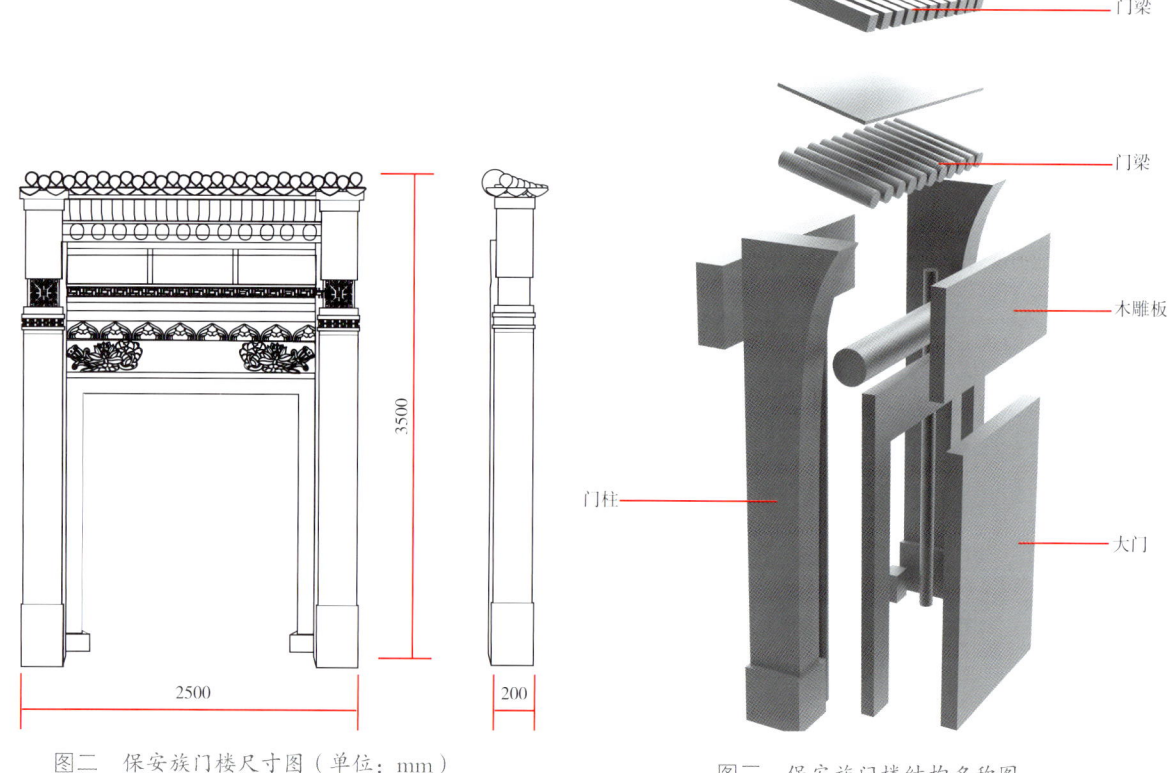

图二　保安族门楼尺寸图（单位：mm）

图三　保安族门楼结构名称图

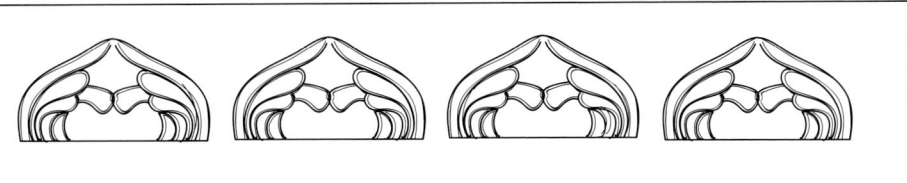

图四 保安族门楼雕花纹饰分析图

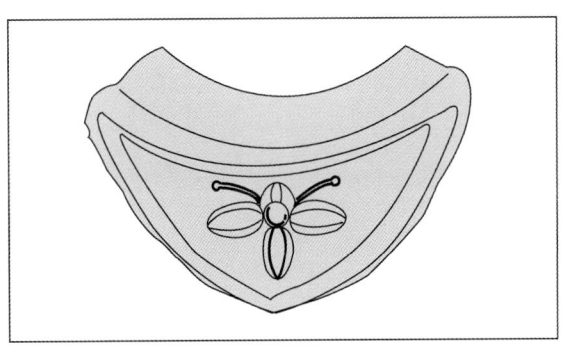

图五 保安族门楼瓦筒纹饰线描图

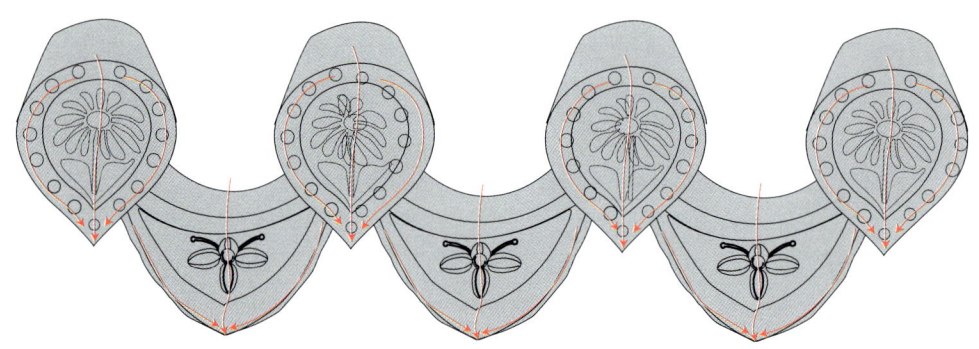

图六 保安族门楼瓦筒造型分析图

图七 保安族门楼场景图

保安族土炕

图一　保安族土炕主图

保安族居住于甘肃省临夏积石山县，冬天寒冷，因此保安人喜睡热炕，炕上多铺毛毡。炕由砖或土坯砌成，上面铺席，下有孔道和烟囱相通。炕一般宽约一米七到两米三左右，长可随居室长度而定。炕都有灶口和烟口，灶口是用来烧柴，烧柴产生的烟和热气通过炕间墙时，烘热炕板产生热量，使炕成为热炕。烟最后从火炕烟口通过烟囱排出室外。[①]本案例采选于甘肃省积石山民俗博物馆。炕长约2.5米，宽约2米，高度约为0.8米。

炕的结构较床相比更复杂，搭法也不尽相同。灶口要好烧，火炕要热，必须使"灶口—烟道—烟囱"形成一个能够保存并输送热量至土炕每个角落的热循环系统。顺利排烟不漏烟也是必须的要求。炕梢位置设有落灰洞，作存灰之用。炕的内部最底层铺有厚厚的一层土，以便储热保温。土层上面用砖垒成炕柱，形成烟道并支撑炕面板，炕柱上方覆盖平整的炕面板。炕面板是事前在平地上用四根木条围成一个矩形框，放上几根木棍并填充上泥巴，晾干后去掉框就成了一个约二尺长一尺宽三寸厚的炕板。炕面板上用泥（以黄土添加碎麦秸和石灰混合而成的特种黄泥）抹平。炕泥要抹两遍，头一遍是为了找平，第二遍是为了抹光，第一遍炕泥烧干后再上第二遍泥，两遍炕泥烧干后就可以铺上炕席睡觉了。炕搭好后在炕墙周围安装炕围板，既起到防止炕周围墙面脱落损坏、蹭脏衣服被褥又同时美化居住环境的作用。炕上放有炕柜，用来放置衣被杂物。被褥则叠起横放在炕角的板箱上，整齐还不多占空间。"炕头"靠近灶口，更容易保暖。"炕梢"靠近烟口。炕头留给家中辈分最高的主人或尊贵的客人寝卧，而年轻人都在"炕梢"寝卧。这充分体现了保安人家庭伦理道德中孝顺父母、尊敬长辈的观念。由于炕的体积占了房间室内的大部分，所以保安族人的室内生活主要是在炕上，家家备有炕桌，每日三餐都在炕上，放上炕桌，全家人都围着炕桌盘膝而坐。有的家还有高低八仙桌，主要是供吃饭喝茶待客用。房内多贴字画，以阿文对联和克尔白图最为讲究。这个习俗或曰文化在一百多年前，保安族刚迁徙到大河家时就已经存在。②

保安族火炕与北方其他地区火炕不同之处在于，灶口单独设在墙的外面，不与灶台相连，这样烧炕所产生的烟雾不会进入室内，有利于休息睡眠和健康。夏天炎热时炕上及室内依然保持凉爽。天气寒冷时可单独烧炕，使室内温暖舒适，冬暖夏凉。保安族人使用火炕是根据所在地的气候、环境、民族特点设计的，虽然看似平凡、简单，但却实用、舒适、环保，具有质朴之美。

图片来源
　　图一至图三　李淑梅　制图
　　图四至图八　滕佳华　制图
注释
①尹夏.炕的趣谈.中国建筑金属结构[J].2015.1.
②马少青.中国保安族[M].银川：宁夏人民出版社，2011.51.

图二　保安族土炕之炕围

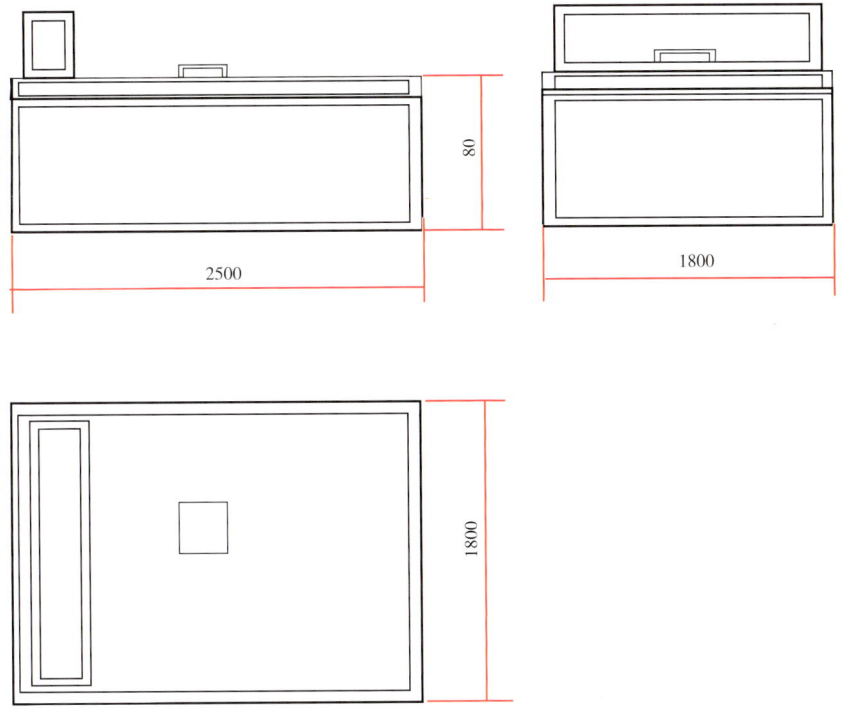

图三　保安族土炕尺寸图（单位：mm）

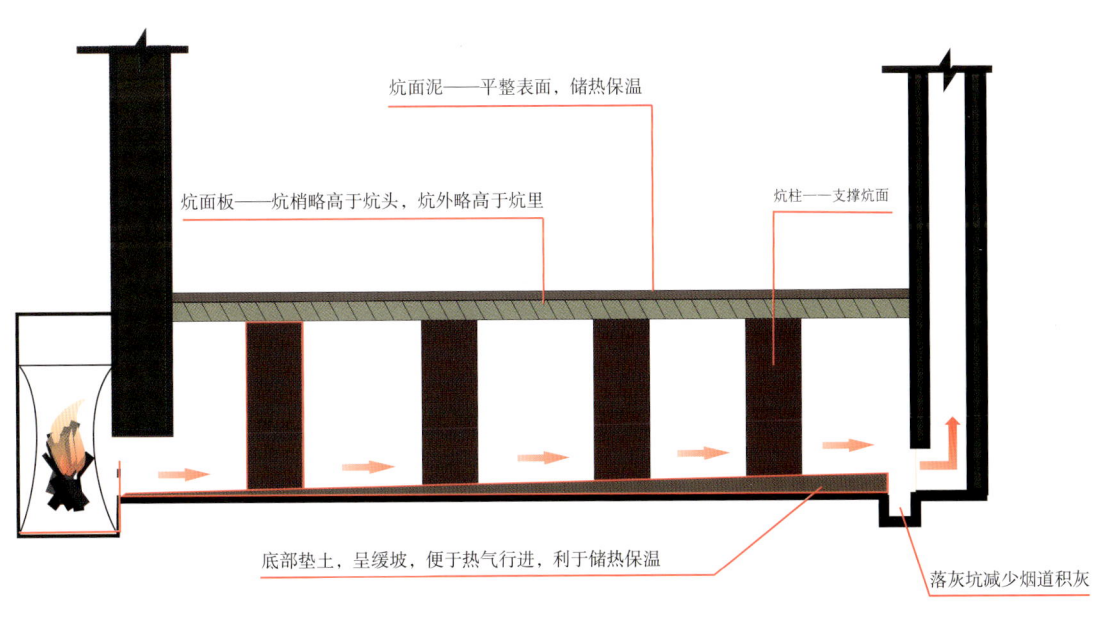

图四　保安族土炕结构及功能示意图

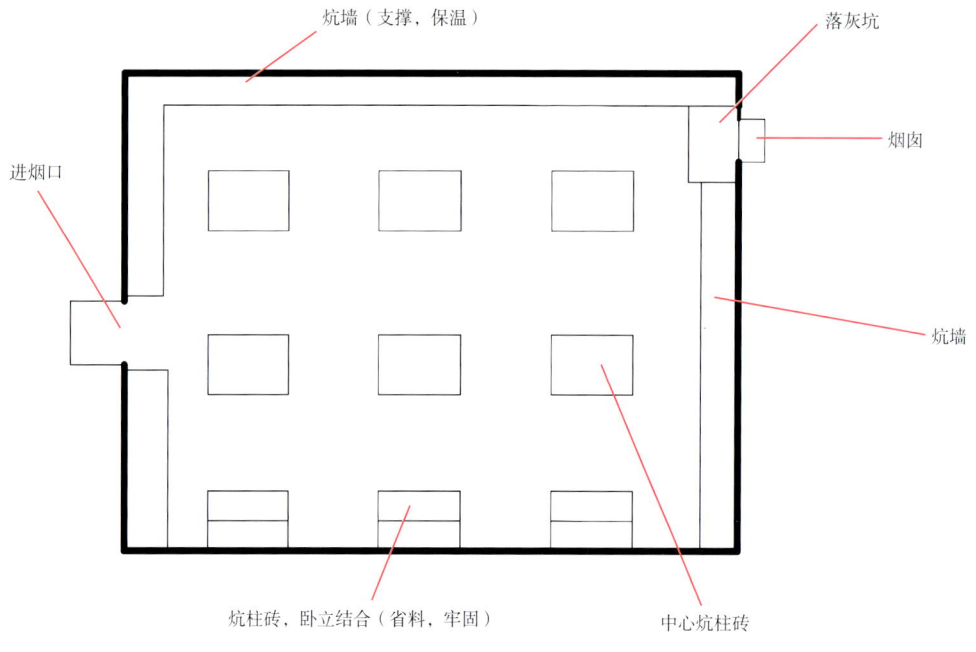

图五　保安族土炕内部平面图

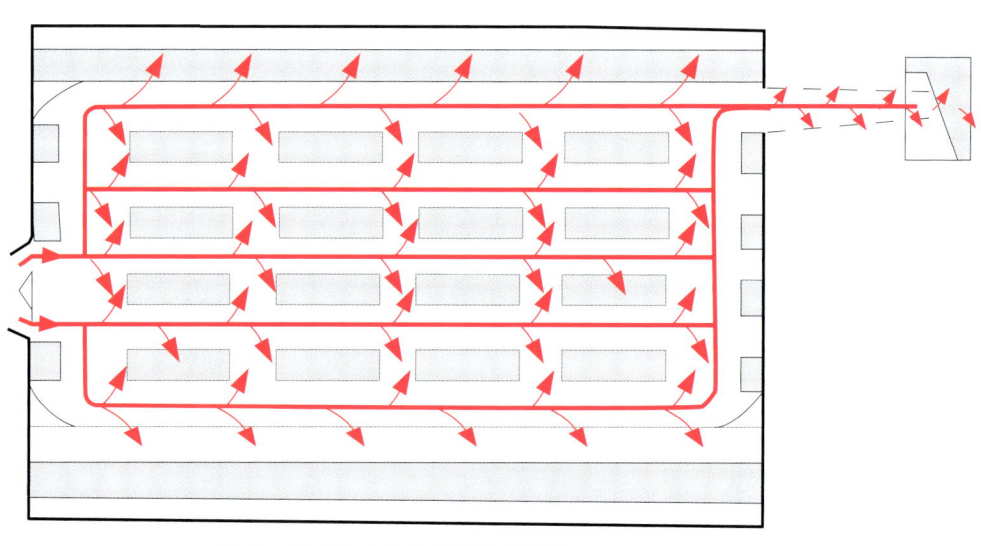

图六　保安族土炕温度扩散示意图

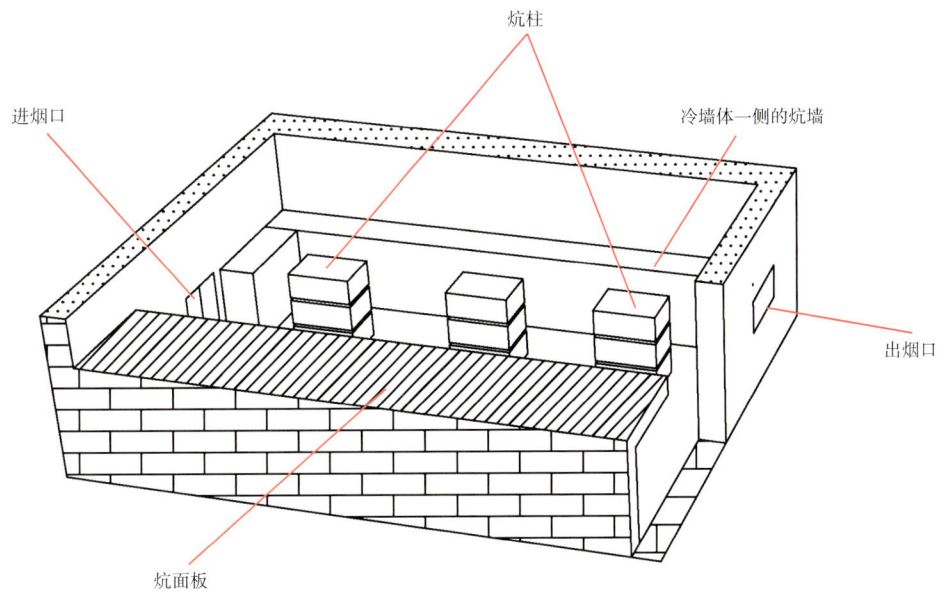

图七 保安族土炕轴测图

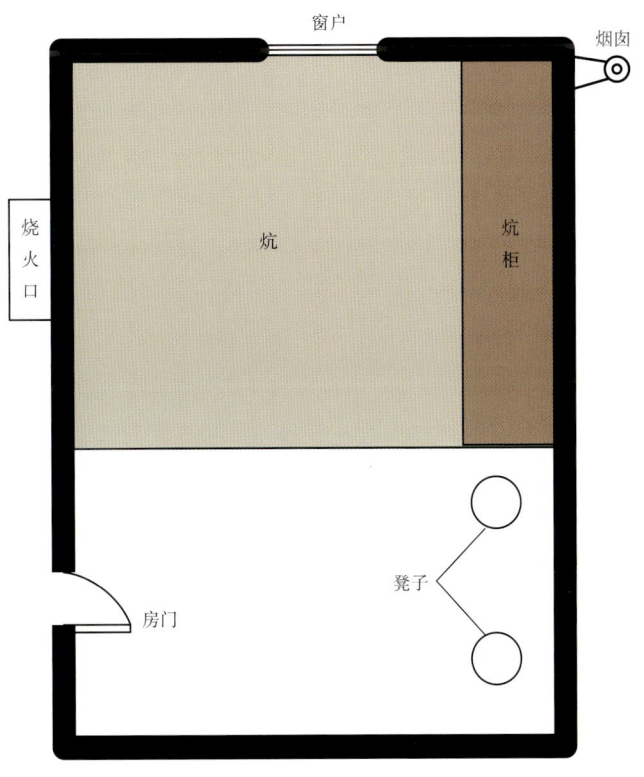

图八 保安族室内平面布局图

第一章 保安族传统建筑

保安族灶台

图一　保安族灶台主图

保安族灶台,为保安族基本的生活设施。单眼灶灶台长度约为 0.7 米,宽度约为 0.55 米,高度约为 0.75 米,灶膛口的高度约为 0.45 米;双眼灶长度则约为 1.05 米。保安族传统的土灶台以土砖为材料,表面涂抹水泥;如今,较为现代的灶台表面也会贴上白瓷砖,边缘包覆铁皮。本案例灶台分为单眼灶和双眼灶,共有三个灶台,每两个灶台中间各有一个约 0.55 米的空档。保安族节日有炸制馓子、油香等食品的习俗,因此需要较大的油锅。本案例右侧的大单眼灶台为重大节日时所用,其他的则既可以单独使用,也可以两锅同时进行炸、烧、煮等工作。

灶台主体可分两大功能区域,一是灶台面;二是灶膛。灶台面作为灶具的主要操作界面,是灶具功能集中的体现。灶台上所架设的锅,一般为铁锅。在使用过程中将所需蒸煮的食物放进锅中,盖上锅盖,使锅所吸收的热量得以保存,随着持续的燃烧,温度不断提高,为烧熟食物提供必需的热能。灶膛是柴草等燃料燃烧的场所,分上下两个部分,中间有突出的窄台面,可以用于放置柴火。上部燃料直接燃烧,下部的功能是通风与去灰。保安族灶台生火较为讲究,一般使用柴草为燃料。燃烧物通常要架空,便于空气进入充分燃烧,这样既省时又省燃料,因此,灶膛里的灰积累到一定量,就必须把灰清除出来,太满会影响燃烧质量。灶台之间的空档，一方面是放置餐具、厨具的碗柜，另一方面，其大小刚好可以容纳一个成年人，便于左右两侧灶台同时烹饪的操作。

保安族灶台作为以实用功能为主的生活设施，其空间布局合理、使用方便，为保安族人提供了合理、舒适的烹饪空间。将水池、碗柜、灶台集中于一体的设计，可以有效地缩短烹饪中的行动距离，节约烹饪时走动的时间，并将蒸煮油煎等烹饪功能需求与保安族人的饮食习惯、食材特点、加工技术等置于一个系统中同时考虑。

随着人们生活水平的提高、多元文化的交流，现在年轻的保安族人的饮食习惯也出现了多元化的现象，这也对传统保安族灶台灶具的设计提出新的要求。从上述分析来看，保安族灶具的设计是不断发展、创新的，同时又是在适应保安族人传统饮食结构、饮食习惯基础上的创新，具有一定的传承性。从保安族灶具的尺度来分析，其设计制造中充分考虑到使用者的特点，即人体的基本尺寸；考虑了人与灶台的比例关系如何最为合适、如何便于烹饪等，用现代设计语言来说，保安族灶台考虑了人与灶具之间的人机工程学原理，保安族灶台的设计是以人为本的设计。

图片来源
图一至图五、图七　井欣萌　制图
图六　肖珺　制图

图二　保安族灶台侧视图

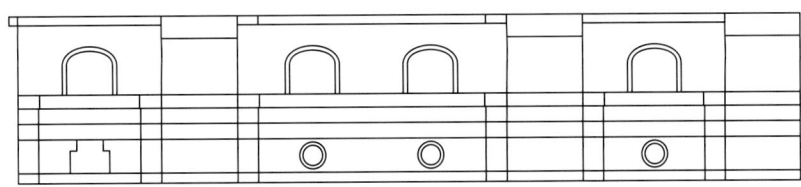
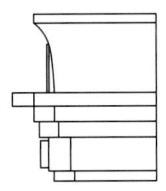
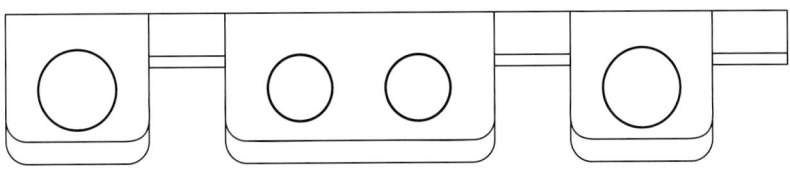

图三　保安族灶台三视图

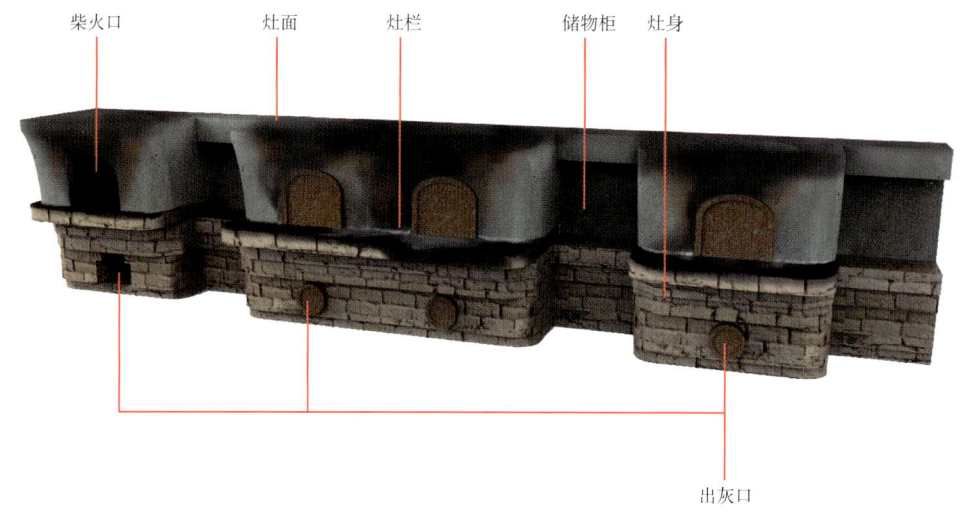

图四　保安族灶台名称示意图

图片来源：
① ②
③
图1 积石山县大墩村
图2 积石山县甘河滩村
图3 积石山县大墩村

图五　保安族不同灶台对比图

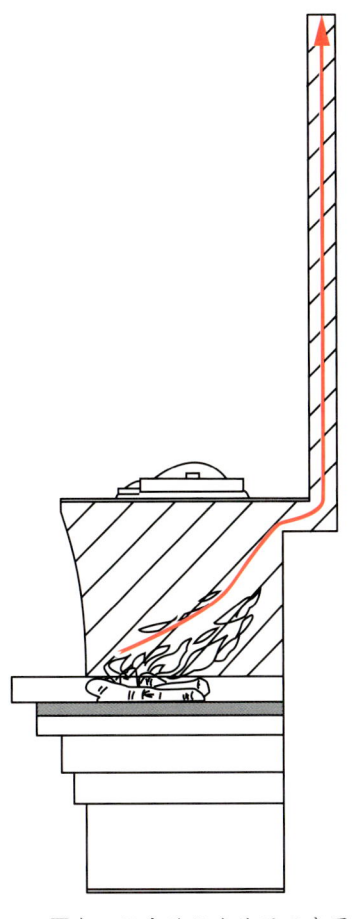

图六 保安族灶台使用示意图

图七 保安族灶台使用情境图

第二章 保安族传统服饰

保安族男子马夹

图一　保安族马夹主图

　　马夹，是保安族人日常穿在衬衫外的上衣，多为保安族男性和儿童穿着。马夹一般无袖，稍短于衬衫，腰部下摆有保安族马夹特有的"绑身子"，区别于其他民族的马夹，因此又称"保安族马夹"。本案例为保安族男式马夹，衣长约68厘米，下摆宽约53厘米。

　　本案例的马夹主要由两部分组成，主体与普通的马夹形制类似，无领、斜襟，斜襟的设计可能来自早期保安族服饰。保安族人早期聚居在青海同仁地区，多穿长袍，服装与藏袍类似，多为右衽，衣服多为斜襟。后来迁居到甘肃大河家地区后，保安族的服饰保留了斜襟的传统，也出现了对襟的马夹。最有特点的是马夹前片的腰腹部位围着一整块有口袋的布，称为"绑身子"。"绑身子"左边固定在马夹左侧，右边在马夹右侧系带固定，或者是用编制的布纽扣固定。这种设计既可以让穿着者根据自身情况调节，又增加了马夹外观上的不对称性，形成一定的视觉变化，增添了灵动感。保安族马夹一般用绸缎、平绒等布料制成，在襟袖处和"绑身子"边缘绣边，"绑身子"上一般绣花草刺绣图案，多用兰花、梅花、竹子等代表高洁品质、具有吉祥寓意的植物。刺绣图案颜色鲜艳丰富，与马夹大面积素色的布料形成对比，突出了"绑身子"上优美的刺绣图案。保安族男子马夹整体颜色既有对比又和谐统一，造型大气潇洒，颇具男子气概。"绑身子"作为保安族马夹的特色配件，不仅美观，而且兼具实用性，可以在绑身子的口袋里装一些随身的工具，对于腹部也起到了一定的保暖作用。"绑身子"的功能与腰带类似，都有保暖、防身、装物的作用，同时腰带又是保安族非常重要的男子服饰，因此"绑身子"很有可能是由腰带演化发展的部件。相比腰带，"绑身子"更加轻便，又增加了马夹的功能，体现了朴素实用的设计思想。保安族人喜穿马夹，不仅男性和儿童穿带有"绑身子"的短款马夹，女性也常穿长款坎肩（保安族语称"夹夹"），其偏好有一定的历史原因。早在保安族先民作为成吉思汗随军工匠征战时期，由于保安族先民不需直接参加战斗，没有盔甲等保护装备，智慧的保安族先民制作了一种类似盔甲样式的皮质马夹，缝有口袋，作防身保暖用。后来随着保安族人居住环境的不断变化，皮质马夹逐渐被棉麻等更轻便的材料取代，逐渐演变成今天带有"绑身子"的保安族马夹。

保安族马夹具有悠久的穿着历史，由传统的马夹不断演变、发展而来，其发展历史充分反映了保安族的历史变迁，并且以其独特的"绑身子"的设计区别于其他民族的马夹，成为保安族独特的民族服饰，将美观性与日常实用性充分结合，充分体现了保安族人民的设计智慧。

图片来源
图一至图五、图七　战怡菲　制图
图六　北服资源库

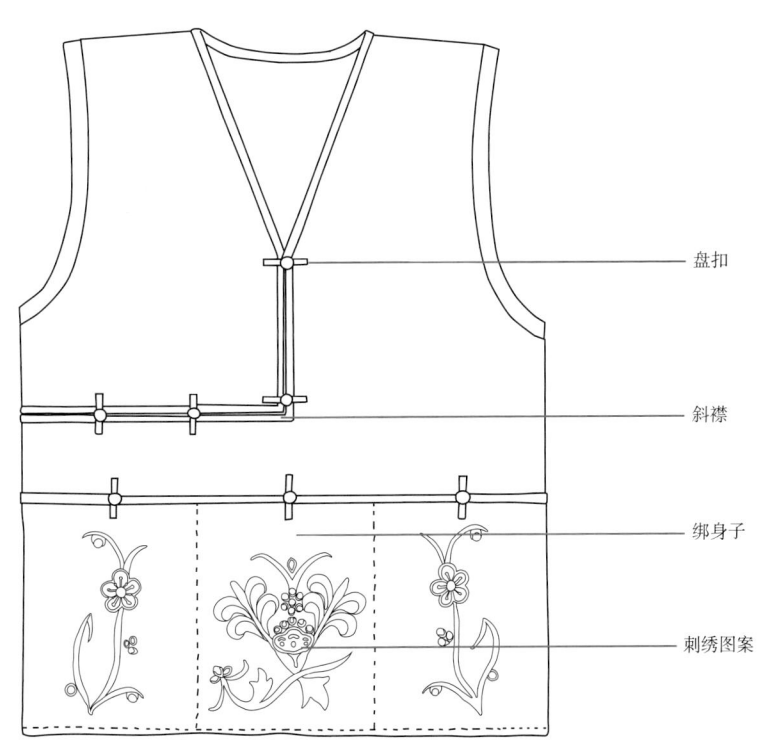

图二　保安族马夹名称图

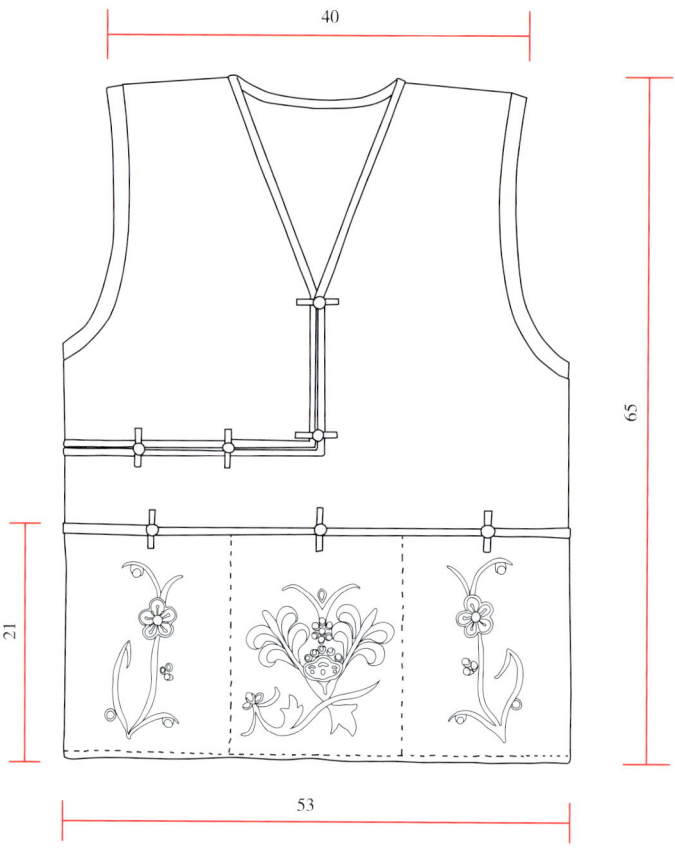

图三　保安族马夹尺寸图（单位：cm）

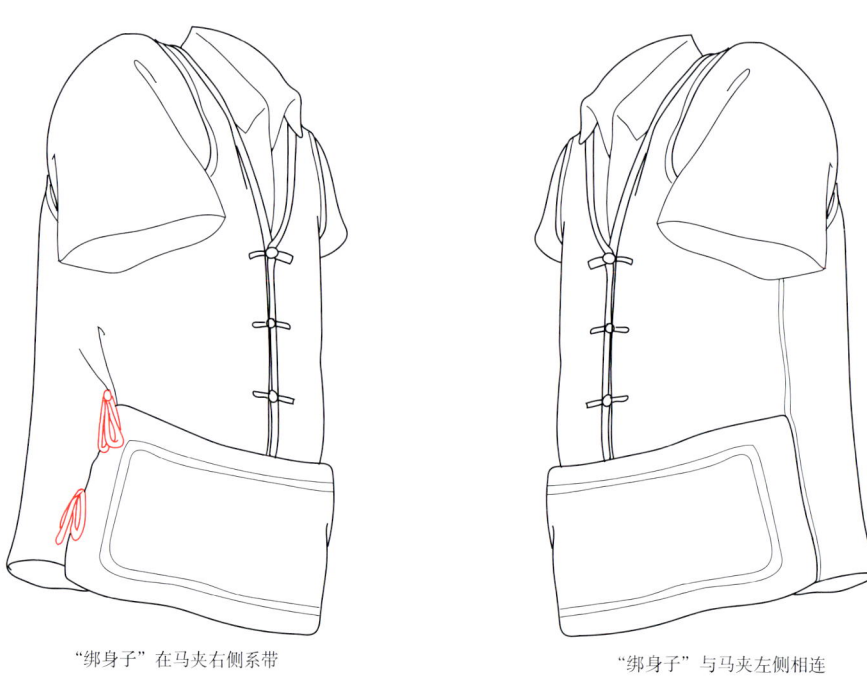

"绑身子"在马夹右侧系带　　　　　　　　　"绑身子"与马夹左侧相连

图四　保安族马夹细节图

图五　保安族马夹刺绣图案

图六　保安族马夹穿着图

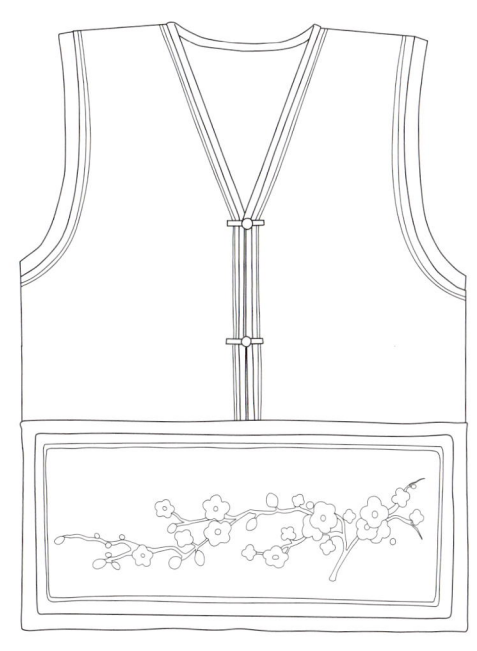

图七　不同款式的保安族马夹

第二章　保安族传统服饰

保安族女子套装

本案例为保安族妇女的日常穿着，主要有黑色盖头、蓝色系上衣和直筒长裤组成，现藏于甘肃省积石山县民俗博物馆。本案例体现了保安族女性服饰的主要特色，反映了保安族服饰文化习俗的变迁以及不断吸收、融合各民族文化的特点。

本案例头饰、上衣与下衣各具特色又相互统一。盖头，是保安族妇女用以盖住头发、耳朵和脖子的头巾。戴盖头的习俗来自宗教影响，保安族全民信仰伊斯兰教，伊斯兰教起源于阿拉伯地区，多风沙，干旱缺水，由于洗浴不便，为了保持洁净，女性多戴一种可以遮住整个头部的头巾。保安族的盖头借鉴了这种头巾，省去了遮住面部的面巾。盖头的颜色也有讲究，一般未婚少女戴绿色盖头，已婚女子多戴黑色盖头，老年妇女戴白色盖头，以此也可以区分保安族女子的年龄和身份。本案例的保安族女子服饰上身内穿花绸缎斜襟软衬衫，外穿长款绿色系坎肩，保安族语又称"夹夹"。坎肩多为无袖、斜襟的样式，分为长款和短款两种。斜襟的样式来源于蒙古族和藏族的服装样式，与保安族早期在青海同仁地区与蒙古族、藏族共同生活的历史有关。保安族女子的坎肩多为长款，下摆长度刚过膝，称作"一锅烟"，在襟摆处会有镶边或绣花。同时也会注意坎肩与内穿的衬衫之间的搭配，一般是素色的坎肩搭配花底衬衫，露出袖子上花底纹，形成视觉上的繁简对比，增加了衣服上的层次感和美观度。保安族女性的下衣一般为素色直筒裤，在裤边会绣花和镶边，衬托出上衣鲜

图一　保安族女子套装主图

艳的颜色。直筒裤由保安族早期穿着的大裆裤改良而来。早期以游牧为主的保安族人民穿衣多为宽大的袍服，迁徙至大河家后，主要从事农业生产，较为精简修身的衣服更适合从事农业活动。保安族女子服装的主要颜色也深受宗教影响，绿色是穆斯林喜爱的颜色，绿色也是青山的颜色，一般多出现在少女的服饰中，衬托出少女的活泼娇媚。白色代表洁净，黑色显得朴素端庄，因此黑白两色也深受保安族人民的喜爱。同时，保安族女性喜欢穿色彩鲜艳的服饰，玫红色也是女性喜爱的颜色。保安族女性的服装上大多带有保安族特色的刺绣和绲边，装饰在襟袖、衣摆处，不同的植物刺绣图案有不同的含义，反映了保安族独特的精神文化，也符合中国传统服饰的特点。丰富的花纹充分体现了保安族女子的心灵手巧和对美的追求。服装的材料分为棉布、绸缎、羊绒、皮制等，一方面，羊绒羊皮材料反映出保安族曾从事游牧业的历史，另一方面，布、缎等材料反映出迁居后主要从事农业的保安族有了更多的原料，可以就地取材，生产出的衣物面料材质更丰富。

保安族女子服饰充分体现了保安族女子精湛的刺绣手艺和审美追求，又具有一定的历史继承性和复合性，反映了保安民族历史的变迁，体现了保安族文化以伊斯兰宗教文化为主导，同时不断吸收借鉴汉、回、蒙、藏等其他民族文化的包容特色。

图片来源
图一　图片来源：FOTOE 图库
图二至图九　姚惠婧　制图

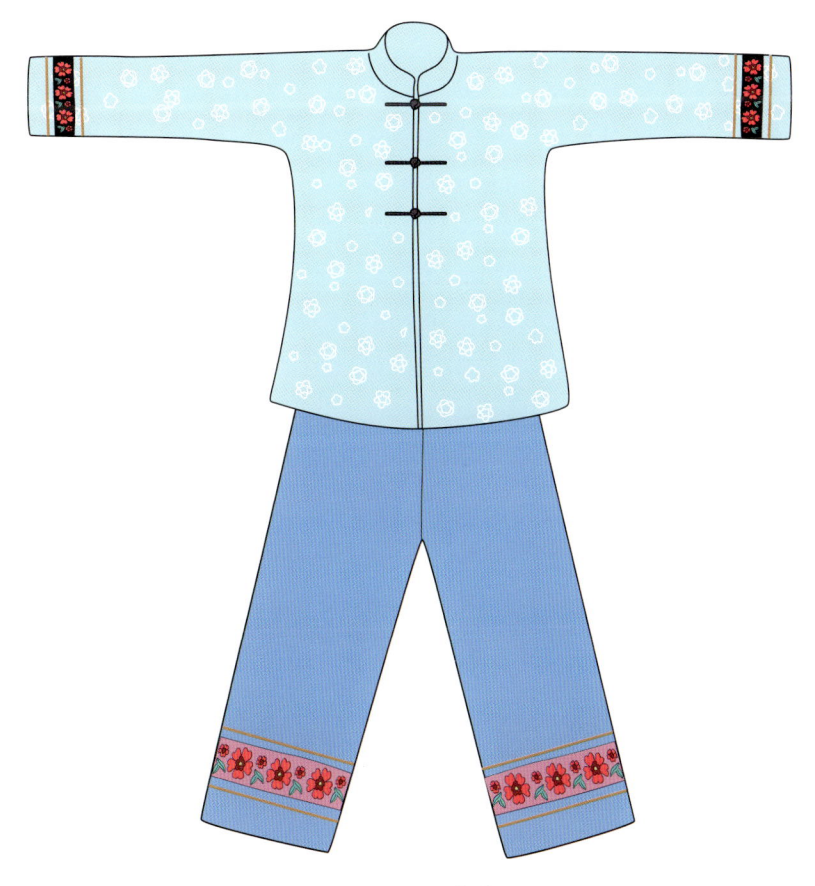

图二　保安族女子套装效果图

图三　保安族女子上衣名称图

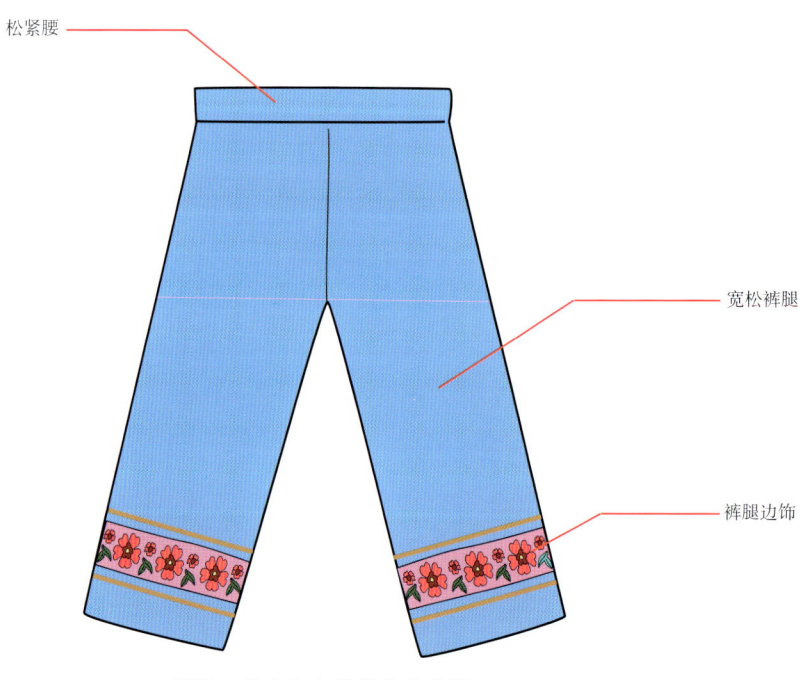

图四　保安族女子裤子名称图

图五　保安族女子服装边饰图案

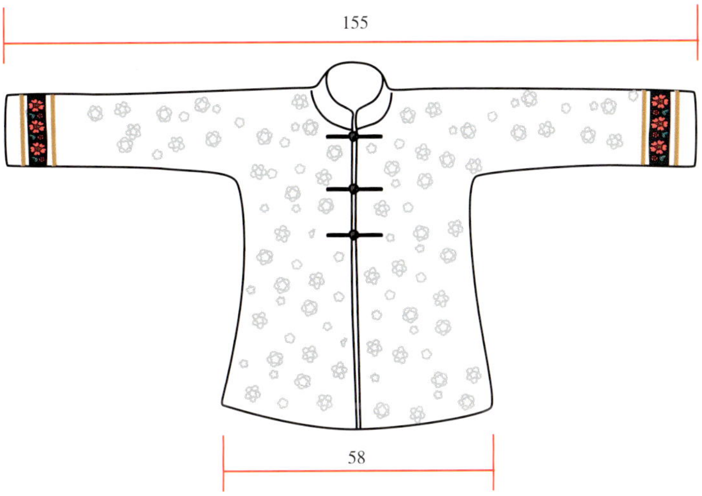

图六　保安族女子上衣尺寸图（单位：cm）

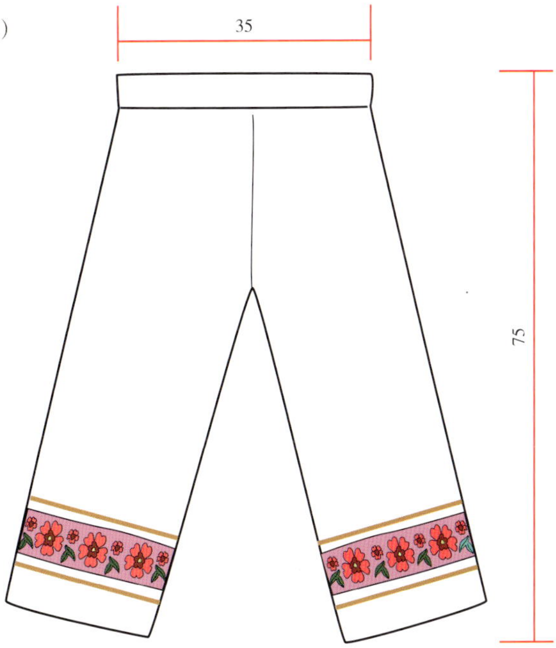

图七　保安族女子裤子尺寸图（单位：cm）

图八　保安族女子套装不同款式效果图

图九　保安族女子套装穿着效果图

保安族女子坎肩

图一　保安族女子坎肩实物主图

坎肩，保安族语又称"夹夹"，是保安族女性日常穿着的服装。坎肩一般为无袖、斜襟，有多种颜色和不同的用料。本案例为蓝色系保安族女子坎肩，现藏于甘肃省积石山县民俗博物馆。

保安族女子坎肩的基本样式为无袖、斜襟、直筒、襟袖、衣摆处有绣边，有领和无领皆有。按长短分，坎肩可以分为长、短两种。保安族女性一般穿长款坎肩，衣摆长至大腿，甚至膝下。短款坎肩短至腹部，多为年轻女性穿着。坎肩的颜色受保安族信仰的伊斯兰宗教文化影响，以绿、白、黑色系为主，同时女性坎肩也常用鲜艳的颜色，如玫红色。尤其是绿色，代表着青山绿树的颜色，常常出现在保安族少女的服装中，衬托出少女的活泼、灵动。老年的保安族女子一般坎肩颜色会比较朴素，年轻一些的保安族女性坎肩颜色更加鲜艳。女性坎肩会有三道不同颜色的刺绣花边，点缀襟、袖、衣摆等边缘处，第一道为两分宽的红色边，第二道为四寸宽的浅蓝边，第三道为"万不断"云子，细密重复的花边与大面积的单色形成繁简对比。保安族少女的坎肩上还有绣花，符合年轻女性喜爱装饰和鲜艳色彩的心理。保安族的服装上都有各种刺绣图案，女性的衣物装饰一般以花草居多，尤其喜欢用菊花、梅花，代表着高洁、贞洁、坚韧，反映出保安族女性的精神追求，刺绣图案精细优美，体现了保安族女性的勤劳、巧思和审美情趣。保安族服装上的刺绣图案与植物所代表的高尚品质，正是保安族文化吸收了部分汉族传统文化的体现。坎肩一般穿在衬衫外面，保安族女性也会注重坎肩与里衣的搭配。保安族女性喜欢在坎肩里面穿花衬衫，露出的袖子与单色鲜艳的坎肩形成对比，给人视觉上美的感受。坎肩一般在屋内穿着，既可以为躯干部位保暖，又方便了双臂的劳作。受历史上从事游牧业的影响，保安族的坎肩有类似袍衣的长款坎肩，用来保暖御寒，迁居到大河家后，长坎肩被保留了下来。坎肩斜襟的形式也是吸收了当时蒙古袍和藏袍多斜襟的设计。保安族女子坎肩有棉、绸、夹、绒、皮等多种面料，可以满足一年四季不同温度时的穿着，也反映了保安族迁居后，主要从事农业生产兼营手工业和畜牧业，有了更多的制衣原料，面料的样式也丰富起来。

坎肩作为保安族女子常见的上衣，有着悠久的穿着历史，保安族在青海同仁地区定居时就已出现。坎肩的穿着人群十分普遍，从女童到老妇都会穿坎肩，还可以通过坎肩不同的颜色来分辨女子的身份和年龄阶段。从保安族女子坎肩的颜色、装饰上，也可以看出保安族服饰文化以伊斯兰宗教为主导，吸收了蒙、藏、回、汉等其他少数民族的特点，以及保安族人民独特的审美追求和朴素的设计智慧。坎肩形式、面料的变化与发展也反映了保安民族的历史。

图片来源
图一至图八　姚惠婧　制图

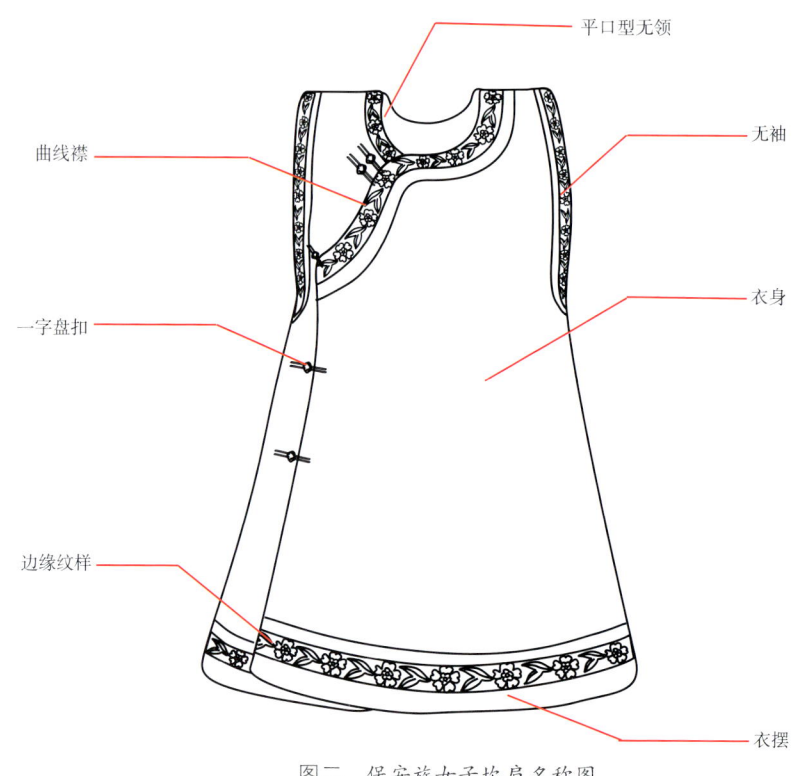

图二　保安族女子坎肩名称图

图三 保安族女子坎肩边饰图案

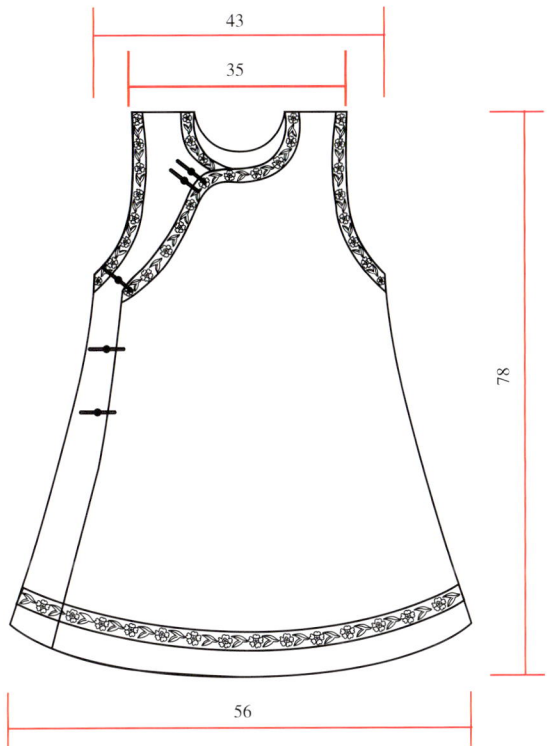

图四 保安族女子坎肩尺寸图（单位：cm）

图五 保安族女子坎肩平面效果图

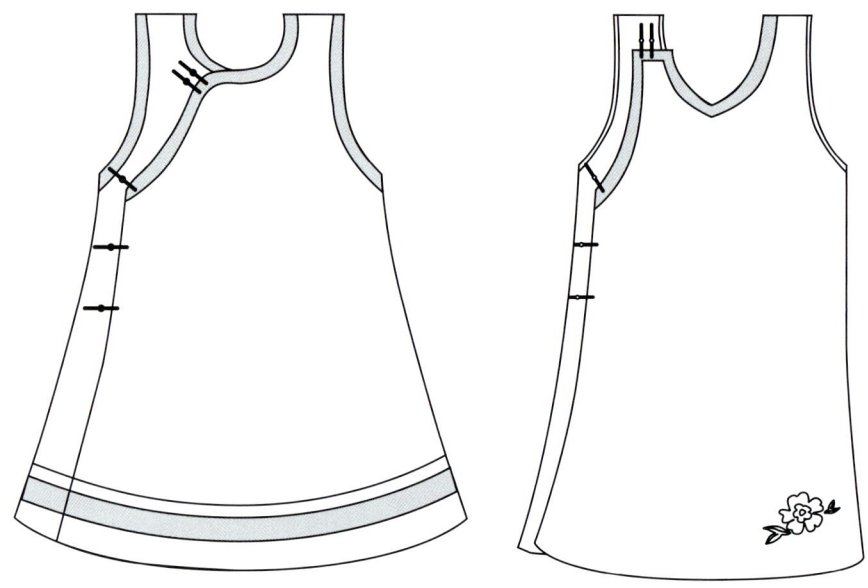

图七　保安族坎肩款式对比示意图

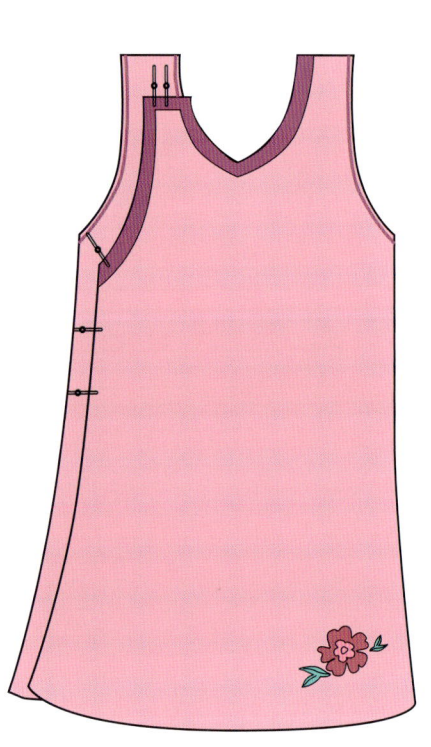

图六　保安族女子不同坎肩款式图

图八　保安族女子坎肩穿着展示图

保安族女子长袍

图一 保安族长袍主图

长袍是保安族传统的民族服饰，又称"柔拉"。①本案例为女款长袍，立领大襟式，衣长89厘米。领口、襟边、下襟加饰边，饰边宽约6厘米。胸前绣花，左右各一开衩，在领、袖、前襟、下摆处绲边。直腰身、通袖、小幅度收口，无肩缝。整体呈黄红色，浅底纹。②

保安族人前期在青海同仁居住时，受寒冷的气候及周围藏族和土族服饰的影响，产生了融入本族文化的保安族长袍。在不断交融与借鉴中逐渐形成了本民族的特色。保安族以农业为主，畜牧业为辅，制作长袍的布料往往就地取材，多用质地柔软的棉布。③白、绿、黑是保安族长袍的主要色彩，白色在伊斯兰教中是洁净的代表，青色是神圣的代表，黑色是纯洁的代表。④遇到喜庆节日时，妇女会选择穿鲜艳颜色的衣服，多用桃红和苹果绿。保安族对服装的审美取向多受宗教信仰的影响，长袍除其基本功能可以护体保温外，另外的一个目的是为了遮羞，女子长袍较为保守，一般过膝。保安族长袍装饰主要集中于领口、袖口、前胸和下摆，多用嵌线、镶色和绲边。通常在斜襟的盘扣上挂上针插，作为长袍的点缀。⑤随着农业生产逐渐成为保安族人经济的主体，服饰也跟随其变得短小，以适应农业活动。另外，人们审美意识的转变使现今的长袍风格多样。

第二章 保安族传统服饰

保安族人穿长袍的传统一直流传至今，一年中的春、夏、秋都会穿着，是保安族服饰文化不可分割的一部分。西北地区气候严寒，长袍能满足保安族人防寒保暖的实际生活需要，是其本身功能价值的体现。保安族长袍的造型与纹饰风格是保安族迁移历史的缩影，它体现出与各民族不断融合的轨迹。同时作为民族群体性的服饰，具有普遍性，加强了本族人民的文化认同感与归属感。

图片来源

图一　中国少数民族图典

图二至图九　祝燕琴、宋姣　制图

注释

①时佳.保安族服饰研究[D].北京：北京服装学院.2012.

②李春生，韦荣慧.中国少数民族图典[M].中国画报出版社，2005.216.

③余粮才.保安族服饰文化及其民族心理表征研究[J].天水师范学院学报.2007.

④余粮才.保安族服饰文化及其民族心理表征研究[J].天水师范学院学报.2007.

⑤王淑芳.保安族服饰文化探析[J].档案.2012.

图二　保安族女子长袍线描图

图三　保安族女子长袍彩色复原图（1）

图四　保安族女子长袍彩色复原图（2）

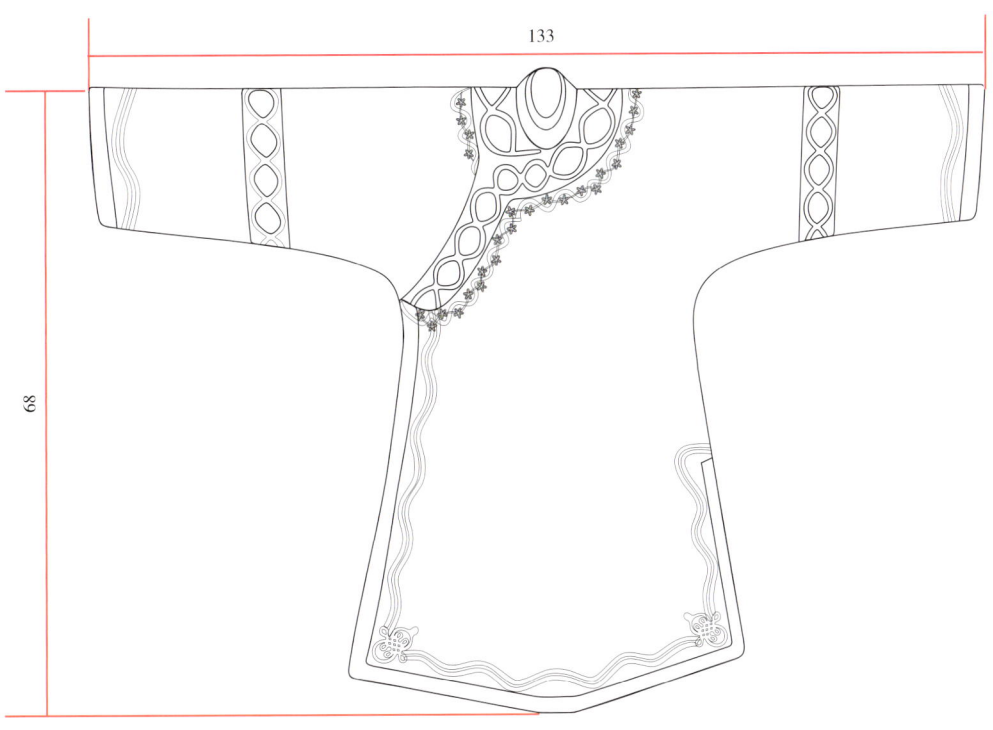

图五　保安族女子长袍尺寸图（单位：cm）

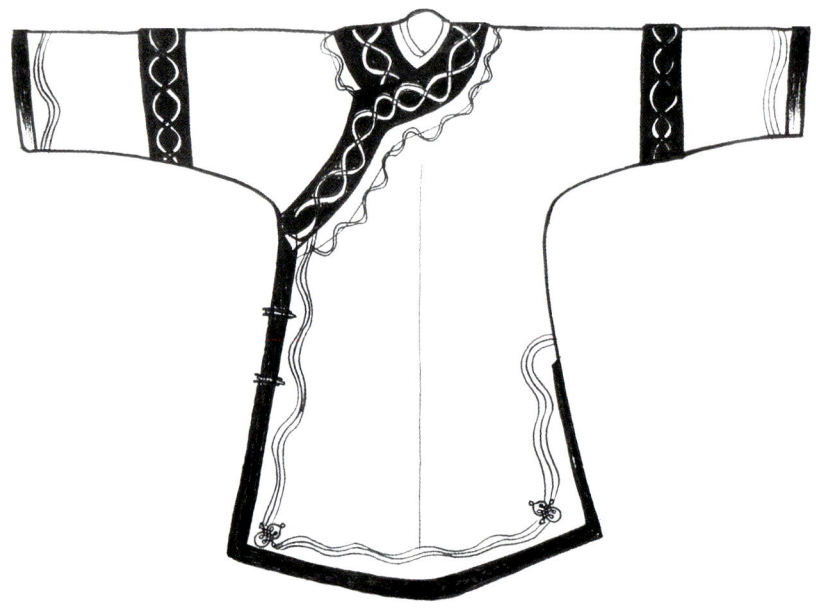

图六　保安族女子长袍整体平展效果线稿图

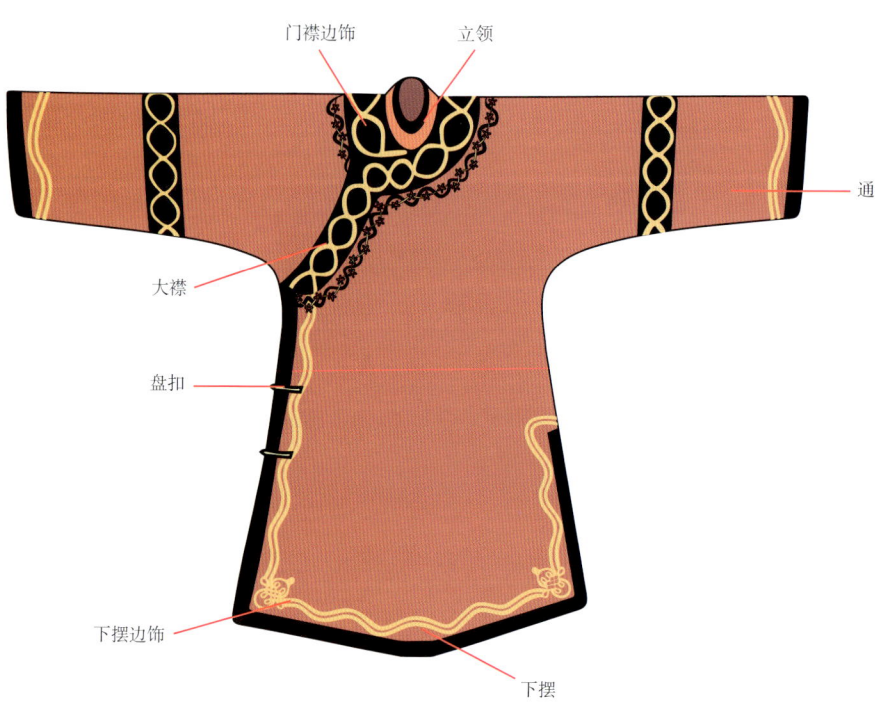

图七　保安族女子长袍构造名称图

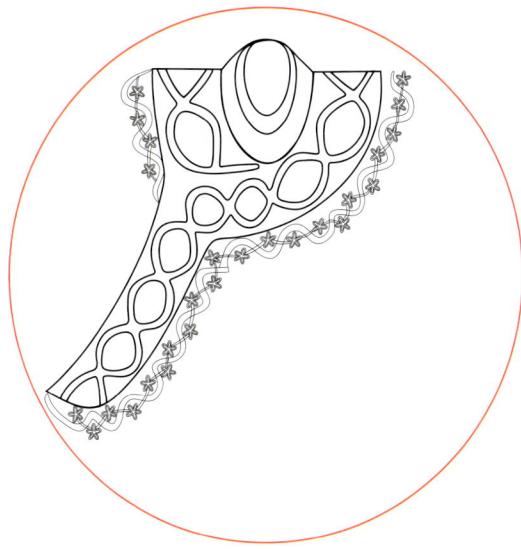

图八 保安族女子长袍局部图

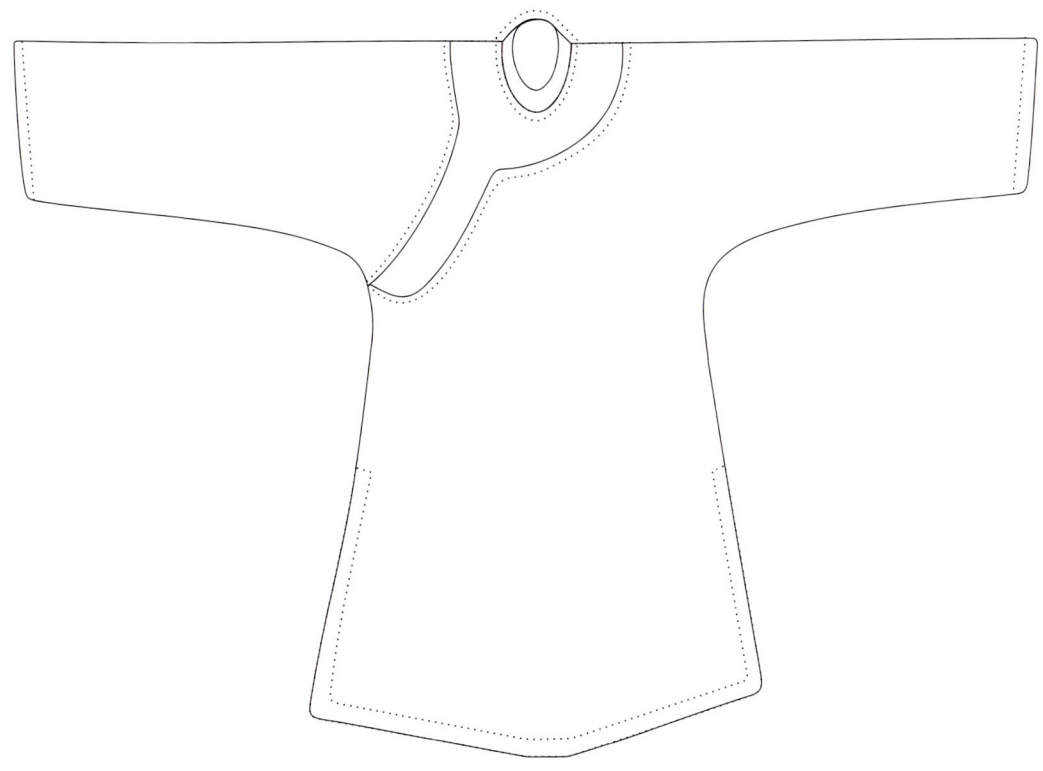

图九 保安族女子长袍绲边位置图

保安族连把腰罗蹄

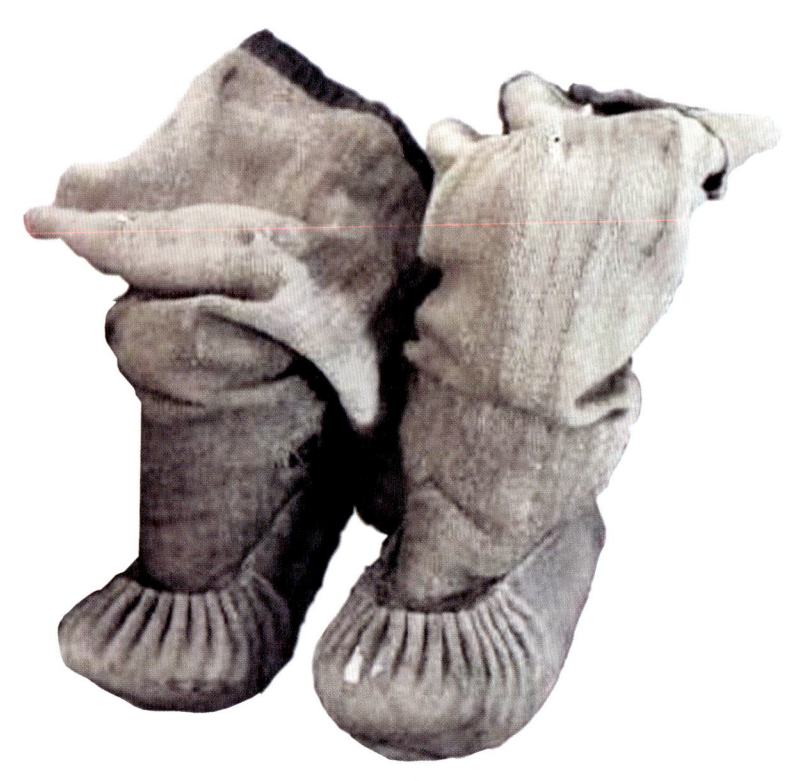

图一　保安族连把腰罗蹄主图

连把腰罗蹄是一种用牛皮缝制而成的鞋子。也作"罗踢"。据积石山保安族东乡族撒拉族自治县文体局局长周永祥讲[1]，保安族男性通常在冬季放羊和夏天雨季或是外出劳动时候穿着"罗蹄"。本案例的连把腰罗蹄由牛皮制作而成，皮革底，鞋尖有接头，筒边沿压锯齿花纹，纹样似罗蹄的褶子，靴帮为褐子。

罗蹄的鞋帮和鞋底是同一块独板皮子，独板皮子前边剪成半圆形，并用皮绳穿起十几道褶子，用皮条缝上耳扣。绱上"腰子"，就是"连把腰罗蹄"。腰子通常用褐子制成，由于早期保安族服饰受藏族和蒙古族服饰的影响较多，故而最早也有借鉴蒙古靴和藏靴、用毛毡做成的腰子。褐子是一种在现代工业布匹出现之前，北方游牧民族用来缝制衣物、裕褴、帐篷的手工羊毛线粗布。褐子和罗蹄缝制在一起，具有良好的防水、避风、隔潮、耐晒、保温的作用。冬季穿时，保安族人还会在"罗蹄"中装上羊毛、麦草防寒保暖。[2]

保安族在同仁时期另一种典型的过冬足衣叫"毡窝子"。毡窝子由"罗蹄"演变而来，制作时，首先用布纳出鞋底，再在底层包一层皮子。鞋面为按照脚型一次性整体制成的毛毡。毛毡结构紧密、没有接缝，所以具有很好的防水防风效果。毡窝子内部空间较大，所以有时人们也在鞋子里面置入干草作为鞋垫。通常，保安族的男女在冬季都会穿"毡窝子"，但由于毡窝子比较沉重，故而一般在家中穿着，不穿着它走长路与劳作。

罗蹄和毡窝子的原材料都取自牲畜，是保安族放牧生活的佐证。连把腰罗蹄借鉴吸收了藏族和蒙古族足衣的特点，但同时又有保安族自身的特色。类似毡窝子的毛毡制足衣广泛流行于西北地区的游牧民族，除毡窝子外，还有靴勒较高的毡靴，和勒帮、足底都很薄的毡袜。毡靴的靴勒、靴面质地坚硬，穿着会影响腿脚的灵活性，易导致受伤；毡袜则由于太薄而必须另穿套鞋，且清洗较为困难。相较之下，毡窝子较为灵便，且有较好的保暖效果。二者相较，把腰罗蹄轻便耐用，毡窝子易制易得，各有所长，在早期保安族的生活中各司其职。罗蹄和毡窝子在保安族的使用，反映了早期保安族在青海同仁地区居住的过程中，与当地藏、蒙古等民族友好相处、相互交流、相互借鉴学习的历史，体现了保安族文化的包容性。随着保安族迁往临夏，开始半农半牧的生活，罗蹄和毡窝子也逐渐被更加精致的足衣替代，现在已经十分少见。

图片来源
图一、图九　井欣萌　制图
图二、图四至图七、图十　祝燕琴、宋姣　制图
图三、图八　万方中国学位论文全文数据库

注释
① 时佳.保安族服饰研究[D].北京：北京服装学院.2012.19-20.
② 时佳.保安族服饰研究[D].北京：北京服装学院.2012.19.

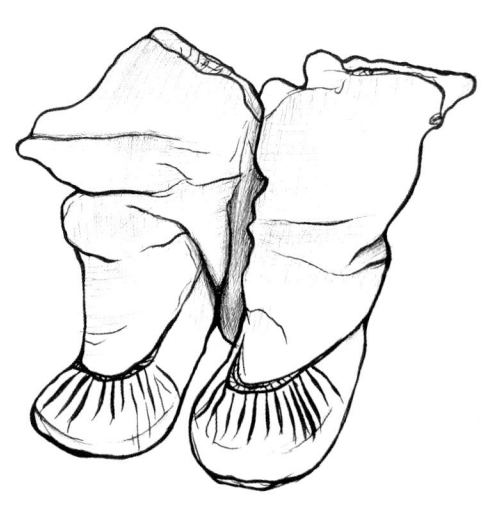

图二　保安族连把腰罗蹄实物示意图

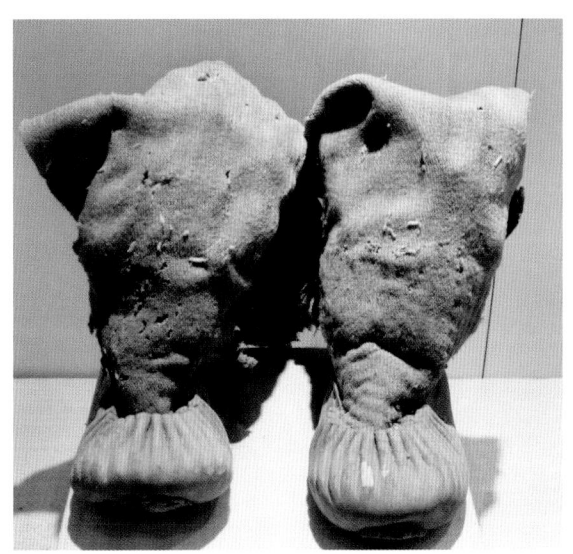

图三　保安族连把腰罗蹄实物图

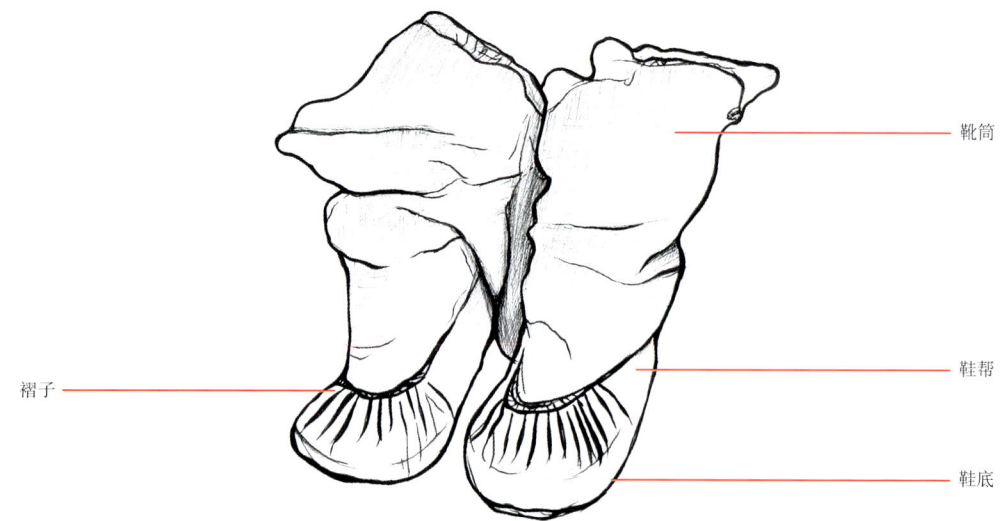

图四 保安族连把腰罗蹄名称示意图

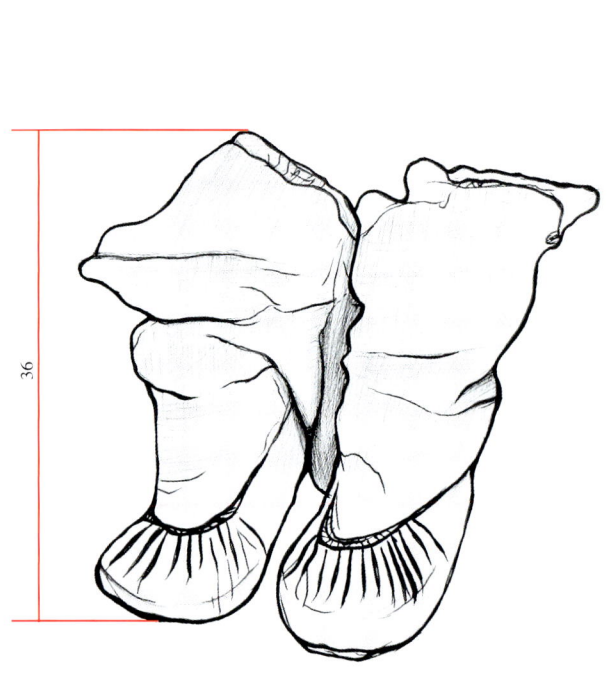

图五 保安族连把腰罗蹄尺寸图（单位：cm）

图六 保安族连把腰罗蹄穿着效果图

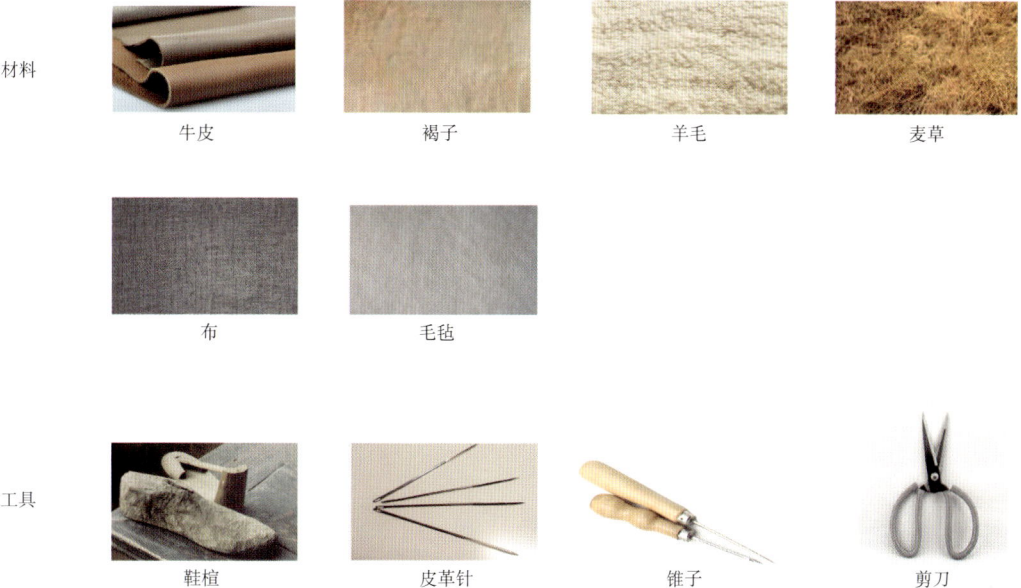

图七　保安族连把腰罗蹄材料与工具图

图八　保安族毡窝子实物图

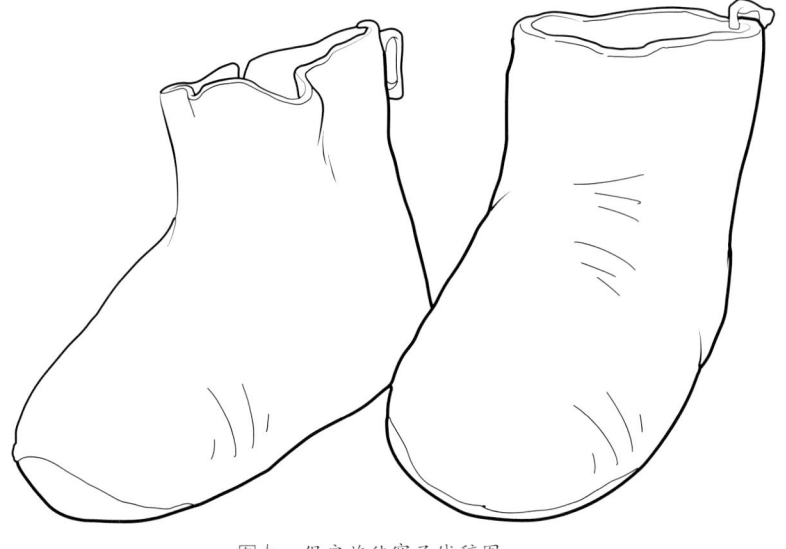

图九　保安族毡窝子线稿图

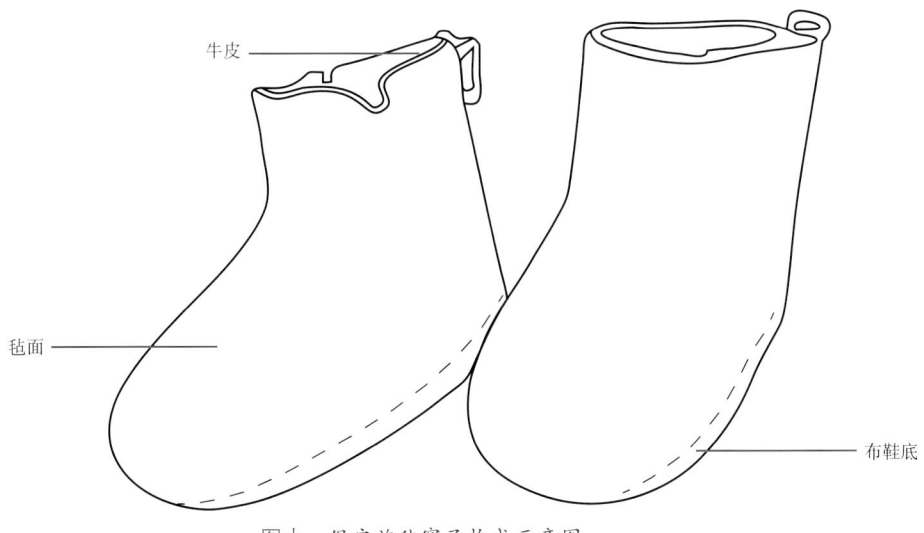

图十　保安族毡窝子构成示意图

高赵家保安族鞋袜

图一 保安族鞋袜主图

保安族传统"鞋袜"叫"礼拜鞋",是西北地区最为常见的足衣。鞋袜材质一般多为黑色或蓝色的缎布,袜筒高过脚踝,内衬纯棉花布,有单、夹、棉三种。"鞋袜"底厚约为0.2厘米左右,比一般袜底要厚,但是比鞋底要薄。一般成年男子到清真寺做礼拜时,会将鞋袜穿着在鞋子里面,到清真寺后脱下鞋子跪下参拜,鞋袜既能起到保暖的作用,也可以保护脚掌。保安族妇女在家中礼拜时也穿着"鞋袜",式样与男子的"鞋袜"基本相同。

保安族"鞋袜"通常由妇女在家中手工缝制,再以各色丝线在足底和后跟绣出各种纹样。鞋袜图案一般采用菊花、佛手、石榴、桃花等。保安族人偏爱菊花,从地理角度分析,无论是青海同仁还是积石山,均冬季寒冷,而菊花耐旱耐寒,能够抵抗恶劣环境,是保安族人的精神向往和民族性格的表达。桃花则多被妇女刺绣于绣花鞋垫,既寓意美好爱情,又有避邪、保平安的含义。而佛手常与石榴、桃子并用,佛手象征多福,石榴象征多子,桃子象征多寿,即"三多"[①]。这种刺绣图案多见于"鞋袜"后跟绣片处。本案例鞋袜袜底采用菊花和海棠图案,后跟绣片则采用佛手图案，典型地表达了保安族人民对生活的美好期许和热爱。

保安族鞋袜有着丰富的社会与文化内涵，不仅仅是保安族日常生活穿着的服饰，也是其宗教信仰、民族精神与历史的体现。在保安族的生活中，"鞋袜"的绣片一方面起到装饰作用，另一方面也用于固定使袜子更加耐磨。保安族等西北民族有踩鞋跟的习惯，在家中也多是在炕上休息或吃饭，在踩鞋跟、坐在土炕上或礼拜时，随时可以看到鞋袜上精美的刺绣。积石山县地处崎岖路段，交通不便，人们常常徒步行走，而脚掌和脚后跟是磨损较为严重的区域，绣片不仅使这两个部位更加厚实耐磨，也能在磨损时更换，降低鞋袜的损耗，是保安族人勤俭节约的体现。

目前，保安族只有少数老年人仍旧穿着这种"鞋袜"。随着时代和生产力的发展，这种"鞋袜"逐渐被各种新材质、新工艺的袜子所取代。在近代，保安族还出现了一种由尼龙袜改造而成的鞋袜，底部为黑底棉布彩色抢针绣花鞋垫，袜面是尼龙袜子，也是由保安族妇女手工改造而成[2]。这种对于鞋袜材质和制作方式的改良，是保安族人善于适应环境、善于吸收外来文化、具有文化包容性的象征。

图片来源
图一至图二　井欣萌　制图
图三至图十一　申明倩、祝燕琴　制图

注释
[1]时佳.保安族服饰研究［D］.北京：北京服装学院硕士论文.2012.12-01.
[2]时佳，徐雯.小民族的大文化——刍议保安族"鞋袜".艺术设计研究.2012.29.

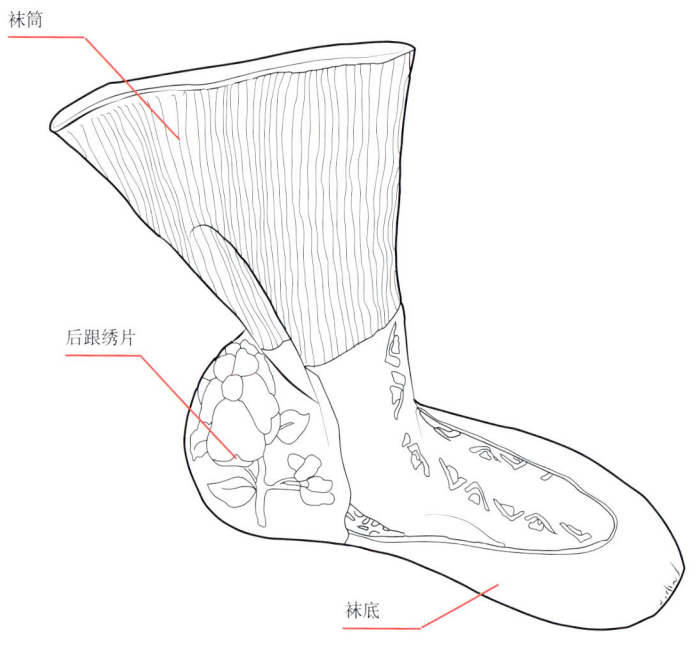

图二　保安族鞋袜解析名称图

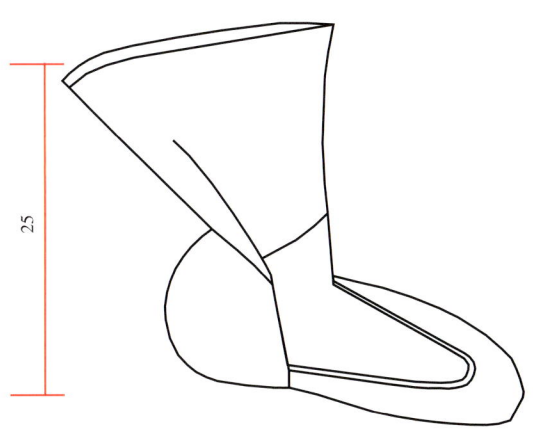
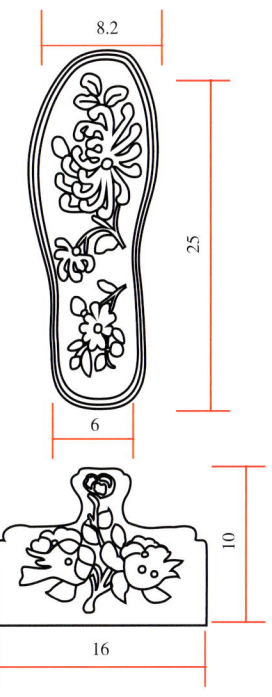

图三 保安族鞋袜尺寸图（单位：cm）

图四 保安族鞋垫效果图

图五 保安族鞋垫线描图

第二章 保安族传统服饰

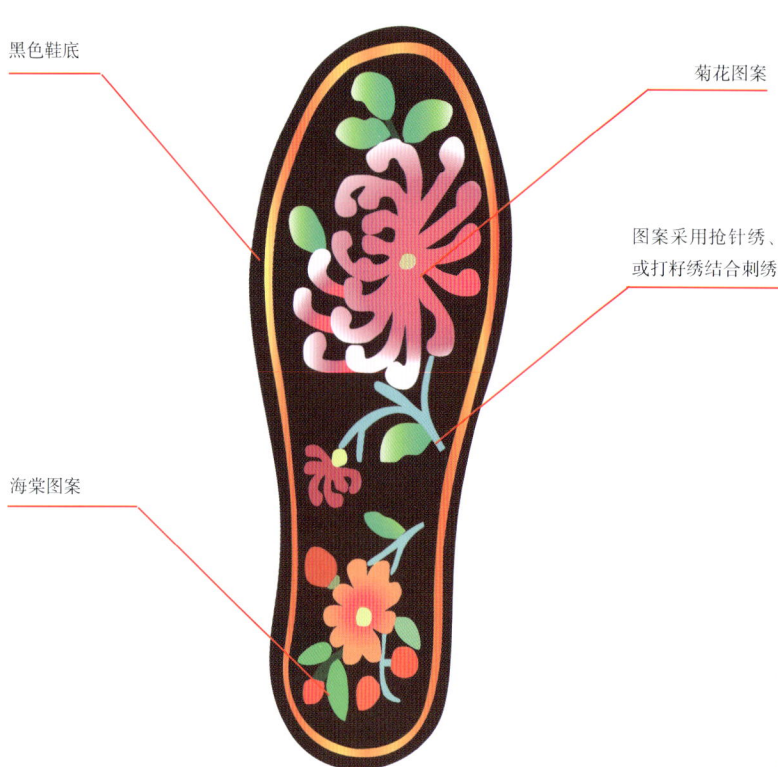

黑色鞋底　　　菊花图案

图案采用抢针绣、锁绣或打籽绣结合刺绣完成

海棠图案

图六　保安族鞋垫解析名称图

图七　保安族鞋垫图案

图八　保安族鞋垫绣花图案配色方案

图九　保安族鞋袜后跟绣片效果图

图十　保安族鞋袜后跟绣片线描图

		图案解析	
袜底	 ![袜底]	 ![菊花]	菊花孤芳高洁、凌寒自开的特性，象征保安族民族性格，倾注了保安族人民对爱情、对生活充满希望的炽热感情
		![海棠]	海棠有"花中神仙"称号，表达着保安族人民从容淡泊的情愫，海棠与菊花相配，寓意"捷报寿满堂"
后跟绣片	 ![后跟绣片]	 ![佛手]	佛手常与石榴、桃子并用，佛手象征多福，石榴象征多子，桃子象征多寿，即三多。多见于鞋袜后跟绣片。佛手与菊花相配，象征福寿

图十一　保安族鞋袜细节分析图

保安族女子绣花浅口尖脚鞋

图一 保安族绣花鞋主图

绣花鞋是保安族女性日常穿着的鞋子，保留了中国传统的刺绣技艺和制鞋方法，鞋帮以深色布为底刺绣，鞋尖处有球穗，鞋底为传统的千层底布鞋。本案例为保安族妇女春夏穿着的绣花鞋，鞋码一般为标准鞋码35至38码。

本案例绣花鞋造型极具特点，鞋头呈尖脚，略微上翘，鞋口较浅，鞋面上缀有彩色线穗，线穗随脚步起舞，在空中飘逸，具有动态美。绣花鞋由鞋面、鞋底两部分组成。鞋面以深色布或素色布为底，上用五彩丝线绣成菱形格纹和条纹，菱形格纹形状与条纹都有一定的粗细排列变化，深色菱形图案外勾一条浅色细边，鞋尖两侧的图案对称，每侧都有两组颜色、排列方式不同的几何图案组合，讲求鞋面图案的和谐统一。鞋头处图案最密集、用色最复杂，色彩极为艳丽。保安族绣花鞋的装饰重点多在鞋头部分，鞋尖装饰上球穗，与鞋面上的几何形态形成方圆对比。鞋帮部位相对简洁，铺陈一些线条，鞋跟部位稍做或不做装饰，在装饰分布上形成了一定的节奏。鞋后跟处有红布做的"提跟子"，既美观，又实用，而且保安族人有踩鞋跟的习惯，"提跟子"可以使鞋子更加结实不易损坏。鞋底为用麻线纳制的千层白布底，穿着舒适合脚。鞋底为手工纳制的千层底，通过多层棉布叠加制成袼褙，再将几个较硬的袼褙叠加、用麻线缝合。此类绣花鞋多为青年妇女春夏季穿用，鞋勒较低，穿着凉爽，鞋面选用棉布布料，透气吸汗。保安族主要从事农业活动，棉布材料可以就地取材。由棉布制成的鞋制作简易，鞋底结实，穿着舒适，是中国民间地区非常常见的制鞋方法，可以看出保安族人民对于其他民族传统技艺的吸收借鉴。保安族绣花鞋上也会绣有花卉图案，多为在鞋头部分绣一整朵花卉，两侧辅以绿叶装饰，花瓣颜色鲜艳，与单色鞋布形成强烈的对比。也有的绣花鞋从鞋面到鞋垫上都有绣花。绣花图案都有一定的寓意，比如桃花象征美好的爱情、梅花代表贞洁的美好品质，体现了保安族的民族性格和独特的审美取向。"青缎子鞋面（哈）斜裁上，什样锦花草（哈）绣上；阿哥（啦）坐的着地边上，好似像六月的会场。"[1]这首保安族传唱的爱情"花儿"，透露了很多关于保安族刺绣的信息，可以看出刺绣是保安族女性的生活中很重要的一部分。

保安族的刺绣技艺多为母女、婆媳间传承，保安族女子从小就开始学习刺绣技法，女子的刺绣技能也是评价其是否心灵手巧的重要标准。保安族没有文字，刺绣图案便是寄托保安族女子内心情感的渠道，借助带有美好寓意的刺绣图案，保安族女子通过针线无声地表达着内心对生活幸福美满的期盼和祝愿，展现了保安族的审美观念和纯朴大方的民族性格。

图片来源
图一至图七　姚惠婧　制图
注释
[1]董克义.甘肃保安族史话.[M].兰州：甘肃文化出版社，2009.169.

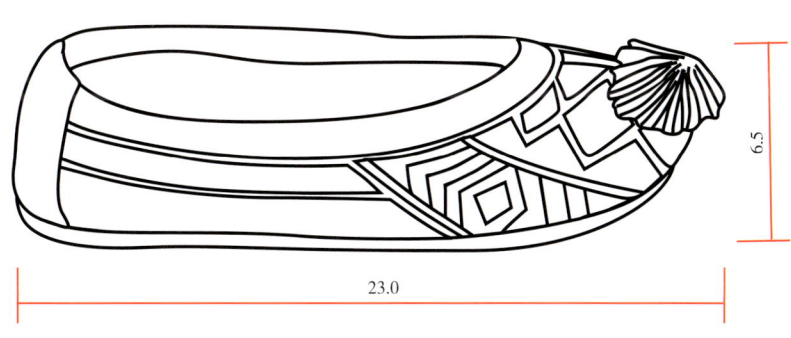

图二　保安族绣花鞋尺寸图（单位：cm）

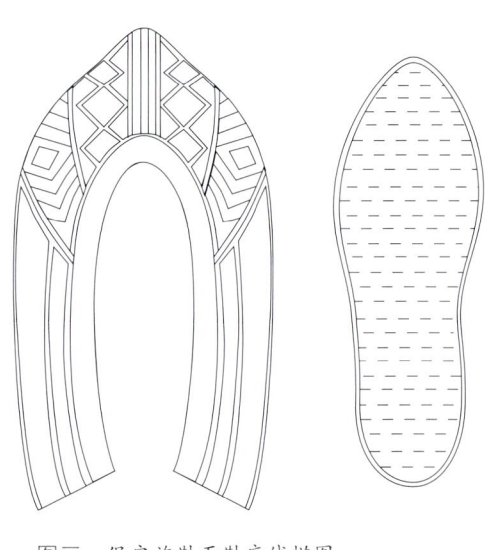

图三　保安族鞋面鞋底线描图

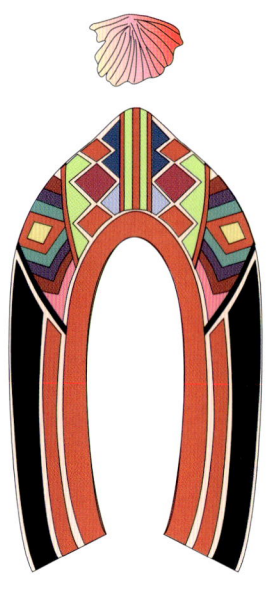

图四　保安族鞋面开片图

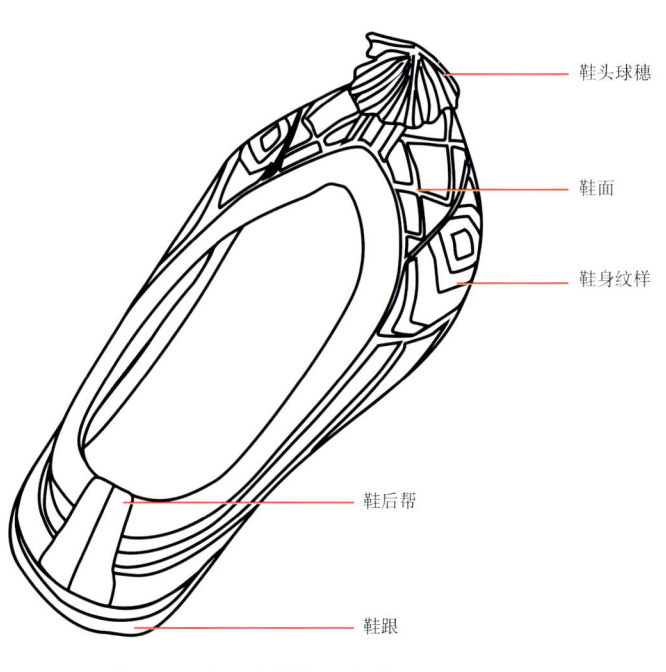

图五　保安族绣花鞋名称图

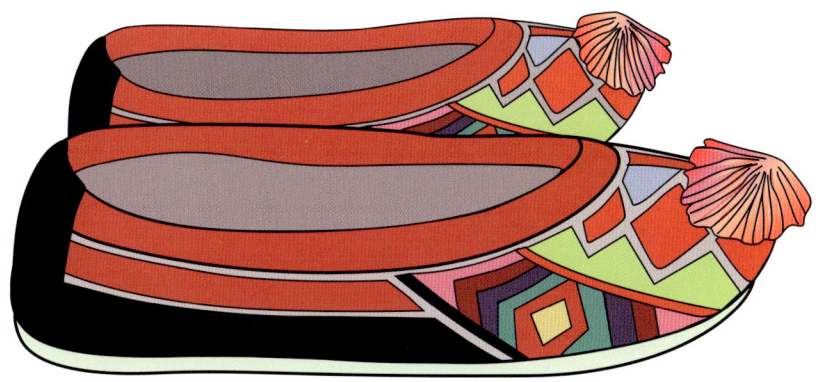

图六 保安族绣花鞋侧视效果图

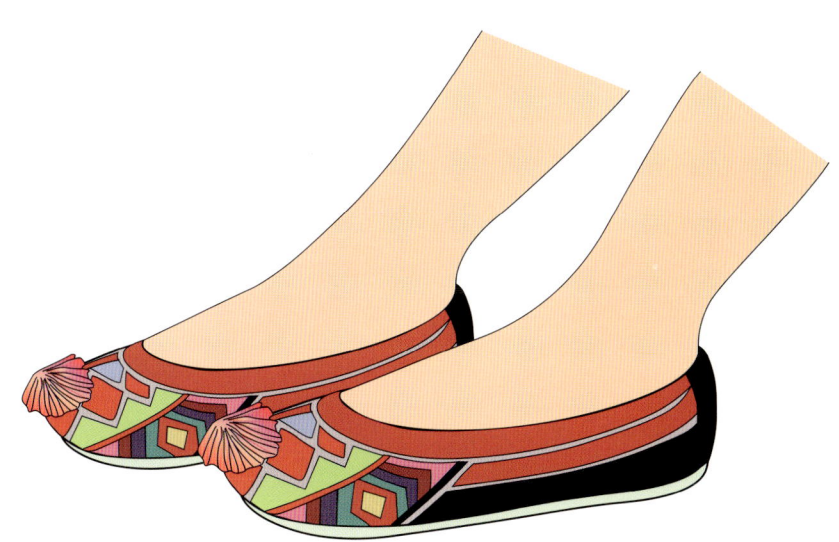

图七 保安族绣花鞋穿着展示图

第二章 保安族传统服饰

保安族男子星月号帽

图一 保安族号帽主图

号帽是保安族男子戴的无檐白色小圆帽，亦称"礼拜帽"，是穆斯林的通用头饰。保安族信仰伊斯兰教，这种信仰影响着他们的日常生活、民族心理、风情民俗等各方面。一般来讲，保安族人会根据季节的变化和场合的不同选择佩戴合适的号帽。春夏秋三个季节戴白色帽最多，冬季戴灰色或黑色，儿童多选择颜色较为鲜艳的号帽。

从形态上看，保安族号帽无帽檐，在礼拜磕头时，便于前额和鼻尖着地，行动更为方便。号帽造型简单、轻巧，但又能起到保持头部清洁、防风防沙的功能。

从颜色上看，保安族男子平时喜戴纯白色或有星月图案的保安号帽。20世纪初，保安族进行了传统服饰的梳理工作，将保安族男子传统头饰定名为"保安号帽"。保安号帽多为白色底，中部、帽顶镶有彩带，上绣星月图案。保安号帽的彩带多为青色、蓝色，星月多用金黄色线绣成，代替了保安族服饰中的"号头"。偶尔也有米黄、浅蓝等其他颜色搭配。"星月"则是伊斯兰教信仰的标志，"月"是指"新月"象征着上升、新生、幸福、吉祥等。

从材质上看，号帽一般选用棉布、呢绒等布料制作，也有用白棉线钩制的。迁往大河家居住后，保安族主要从事农业，能通过种植获得更为丰富的粮、油、棉、桑、麻等生活资料，服饰原料不再局限于畜类产品，更多地采用自织自染的棉麻土布，保安男子头饰制作随之更加精致，布料也更加细腻。随着社会的进步与生产力的提高，的确良、涤卡等化纤面料逐渐应用于号帽的制作中。

保安族号帽是保安族宗教信仰的体现，也是服饰与其生活习惯及宗教信仰相适应的结果。号帽上的星月图案，一方面是其宗教信仰的标志；另一方面，也意在与其他信仰伊斯兰教的民族相区分，体现其民族的特点与个性。号帽的演变，从侧面反映出了保安族人生产能力的进步与生活环境的演化变迁。与传统的穆斯林号帽相比，保安族号帽色彩更加丰富，颜色对比强烈、层次分明，体现出保安族人对美好事物的追求与向往，也体现出保安族人手工艺技术发展的过程。

图片来源
图一至图四　井欣萌　制图
图五至图十　申明倩、祝燕琴　制图

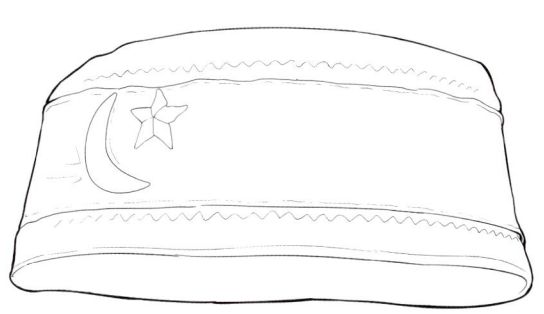

图二　保安族号帽主图线稿图

图三　保安族号帽主图效果图

图四 保安族号帽立体图

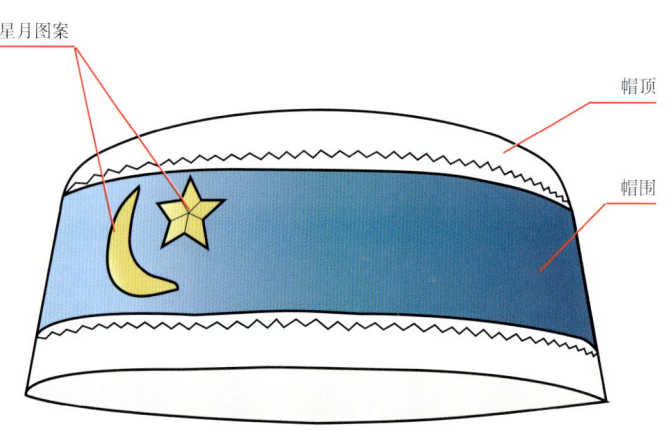

图五 保安族号帽解析名称图

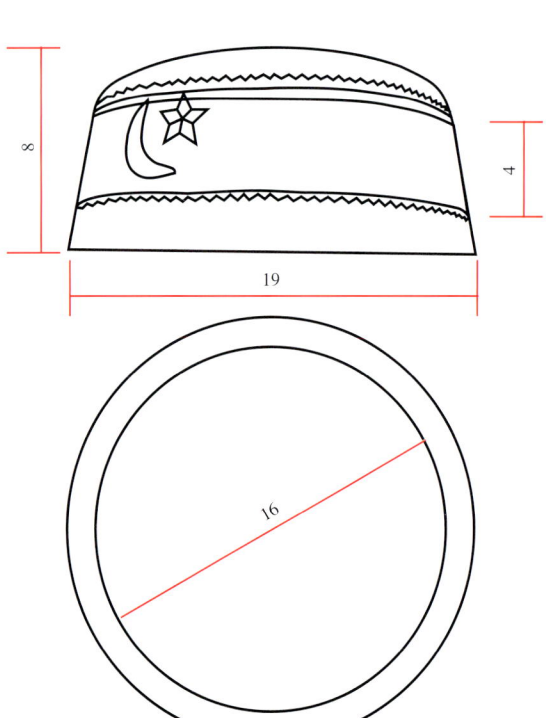

图六 保安族号帽尺寸图（单位：cm）

图七 保安族号帽装饰图

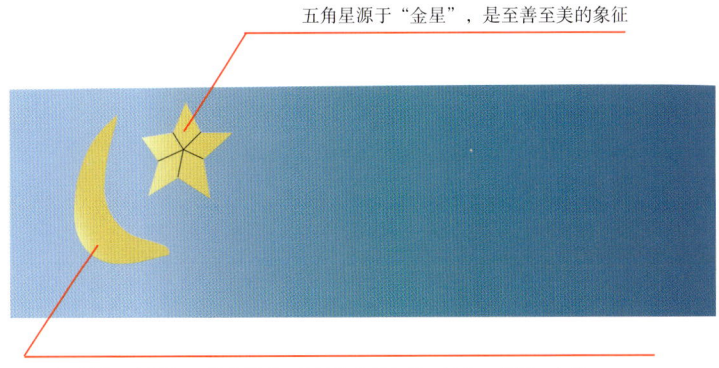

图八　保安族号帽装饰解析图

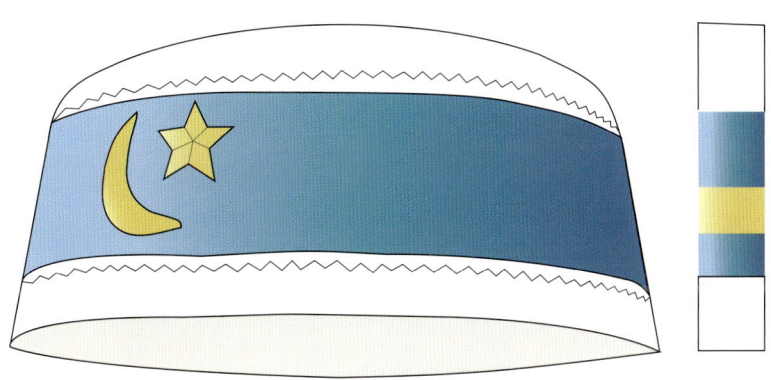

图九　保安族号帽配色方案图

	色彩	布料	图案
	 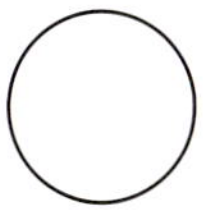 最纯洁、最洁净的色彩，白色也象征着虔诚与持重		  源于"金星"是至善至美的象征
	色彩灿烂，代表了少数民族尚金的习俗		
	蓝色为天空的色彩，代表着博大与纯净		  象征新生、幸福、吉祥、初始光亮、战胜黑暗。

图十　保安族号帽细节解析图

保安族男子礼帽

图一 保安族男子礼帽主图

礼帽又作大檐帽，用于保暖和遮阳，通常在节日或做客时佩戴，既作为装饰，也表示礼貌。本案例是保安族男子戴的平顶礼帽，通高约12厘米，帽径约30厘米，采选于甘肃大河家梅坡村。

保安族礼帽为男性头饰，冬季所戴礼帽多为毛绒制作，夏秋季节所戴礼帽多用草编。冬季礼帽一般以灰色、黑色和藏青色为主，深沉的颜色便于搭配冬季的其他服饰，同时深色对于男士也更显成熟稳重。夏季礼帽多采用浅色，更为清爽凉快。礼帽通常由帽顶、帽围、帽箍和帽檐4部分组成。本案例采选的礼帽采用毛绒制作，通常先将帽顶、帽围、帽箍和帽檐裁切，帽围头尾缝合成桶状，其次将帽顶与帽围缝合在一起，接着将帽檐"纳檐"，最后将帽檐与帽围缝合在一起。帽顶略向下凹呈三角形，便于帽子的拿握，佩戴时可将食指置于凹槽处，拇指与中指捏住帽顶前端，剩余几指置于帽围之侧。礼帽帽顶的凹三角形具有指示性，三角的尖部指示头部的前面，三角形的底边指示头部的后面。因帽顶形状为前收后放，故其下的帽围也是前面略尖，后面略圆。礼帽的帽围设计也考虑到头部并非规则的球体，前面略尖的造型可以塑造脸型，使人看上去更为精神抖擞。保安族礼帽与蒙古族、藏族礼帽的差别仅在于边檐略小一点。过扬的帽檐在抬头时，阳光易直射眼睛产生不适，礼帽的帽檐部分前部微卷上翘，后部略平。帽檐前部略扬高于视平线，防止头微倾时影响视线。同时，在审美上，帽檐略扬还可以使头部造型更为爽朗，整体造型更为挺拔，与向下垂落的大衣形成对比，拉长身线。礼帽之所以在节日与庆典中佩戴，一方面是因为它具有保暖和遮阳挡光的功能，另一方面在社会生活中具有礼节的含义。中国作为礼仪之邦，注重礼节的思想贯穿于生活中的方方面面。不同的场合对人的着装要求也不同，[1]保安族人通常每天做五次礼拜，在做礼拜时叩头要求额头和鼻尖着地，故平日佩戴号帽更为方便，有檐的礼帽在节日佩戴更为方便合适。礼帽表现出佩戴者注重礼节修养，是对其他人以及节日庆典的尊重。

礼帽是伴着经济快速发展、多民族文化交融，且人们对服饰审美观念的转变下流行起来的。保安族在其民族服饰的设计与发展中，将自身对美的观念融入其中，注重洁净大方和朴素美观的生活理念。保安族人戴的礼帽是多民族文化融合再创的成功尝试。

图片来源
图一　张明山　摄影
图二至图八　宋姣、祝燕琴　制图

注释
[1] 杨宏峰主编，马少青编著：《中国保安族》，宁夏人民出版社，2012年5月，第46页。

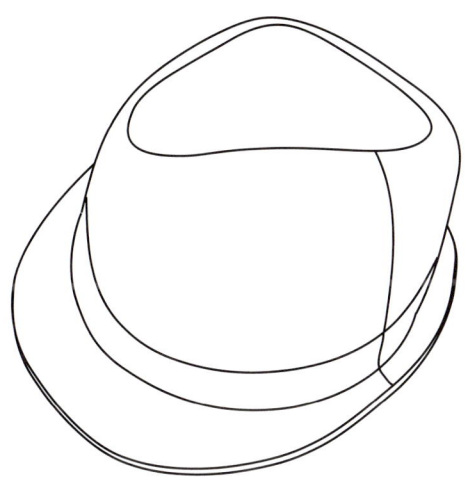

图二　保安族礼帽线框图

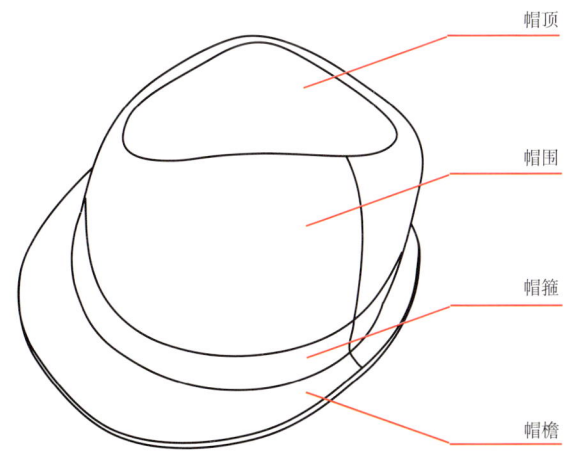

图三　保安族礼帽解析名称图

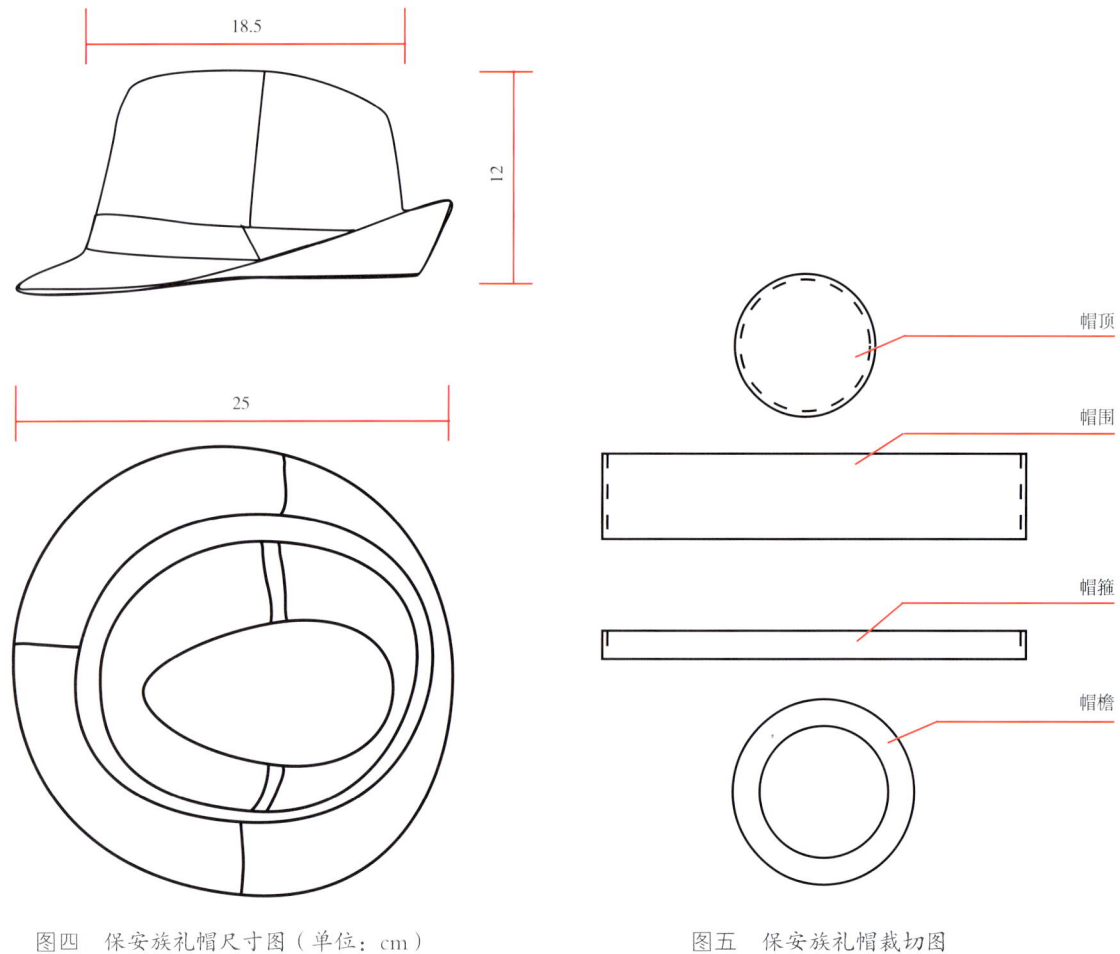

图四 保安族礼帽尺寸图（单位：cm）　　　图五 保安族礼帽裁切图

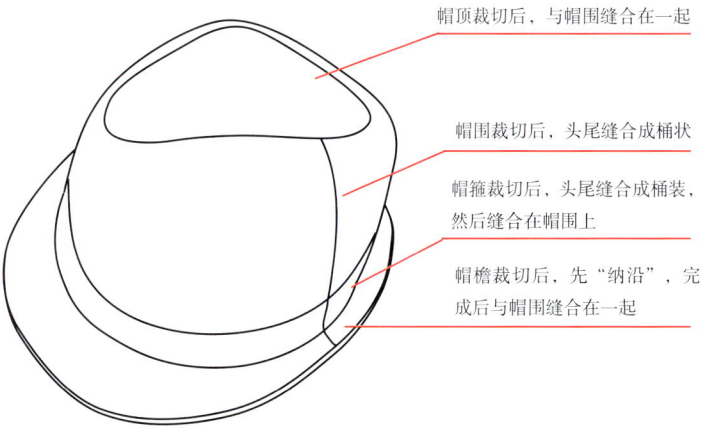

图六 保安族礼帽制作工艺图

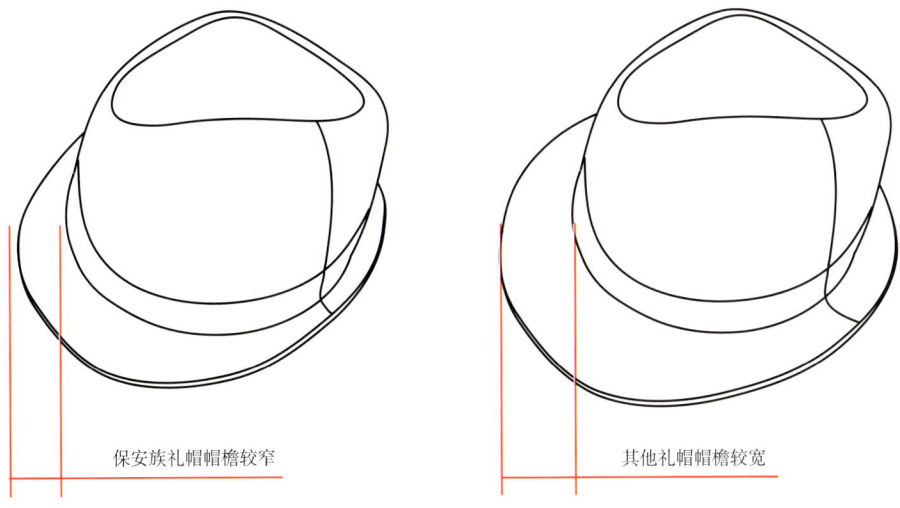

保安族礼帽帽檐较窄　　　　其他礼帽帽檐较宽

图七　保安族礼帽帽檐宽度对比图

图八　保安族礼帽使用图

第二章　保安族传统服饰

保安族女子盖头

本案例为黑色绸纱盖头，现存于积石山县民俗博物馆。保安族盖头是宗教信仰的产物，是从头顶下罩，罩住全脸，遮住头发、耳朵、脖颈，露出眼孔的方形纱巾盖头。保安族妇女戴盖头符合伊斯兰民族的服饰穿戴习俗，它反映着伊斯兰民族的居住生活环境、宗教信仰及其审美价值观念，是伊斯兰文化的重要组成部分。[①]

保安族盖头材质上多为绸纱，质地柔软。保安族盖头根据使用人群的不同分为已婚和未婚。颜色上已婚妇女多用黑色或者绿色。保安族少女多戴"咪哪盖头"，为苹果绿色。区分保安族妇女是否结婚还可通过头上插花的方向判定，通常花朵朝上为未婚，花朵朝下为已婚。[②]保安族盖头分为素面和附纹饰的盖头，纹饰主要集中于头顶，多为植物花卉和抽象的几何图案。纹饰图案注重疏密，点状图案细密多集中于头顶，形成面状。线状图案延伸向下，与盖头、头发自然下垂的方向一致，线条弯曲富有韵律美感。制作时多用针线缝制。穿戴时，通常将盖头从头上套下，垂于肩上，在下颌处可扣合，巾面覆盖于面颊两侧，将右边的头巾拉向左肩扣好，其余拉向右肩扣好。保安族盖头在客观上起到了遮挡风沙、遮蔽烈日和固定长发的作用，避免在做饭时长发影响视线，体现了保安族以洁净为美的生活理念。

保安族盖头增强了族群的内部认同感和归属感，加强了节日宗教活动的仪式感。盖头作为穆斯林的象征符号，在具有装饰美观功能的同时，自然形成了视觉识别系统，可

图一　保安族盖头主图

以快速传递信息。

图片来源
　图一　张明山　摄影
　图二至图十　宋姣、祝燕琴　制图

注释
① 时佳.保安族服饰研究[D].北京:北京服装学院.2012.
② 余粮才.保安族传统服饰及其民族心理表征研究[J].天水师范学院学报.2007.

图二　保安族盖头款式图

图三　保安族盖头款式图

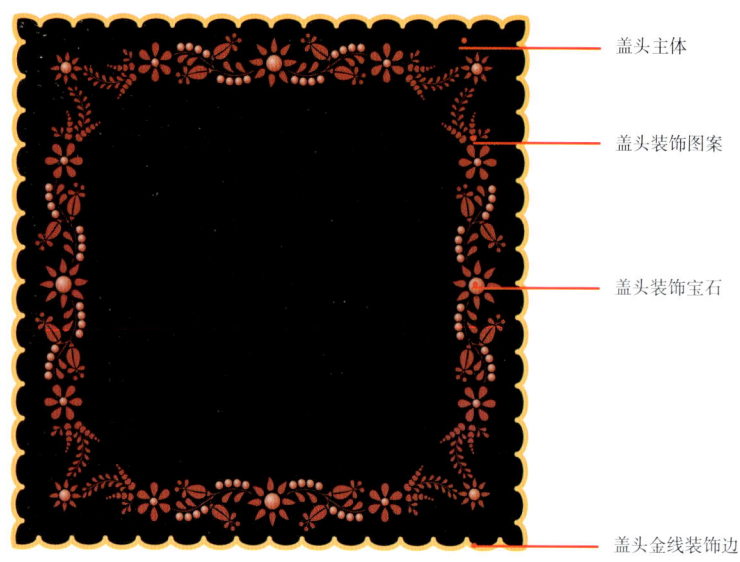

盖头主体

盖头装饰图案

盖头装饰宝石

盖头金线装饰边

图四　保安族盖头解析名称图

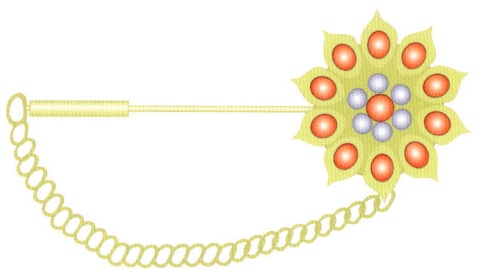

图五　保安族盖头配饰——金色别针

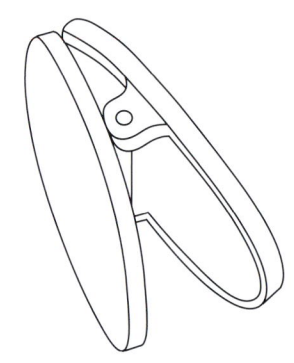

图六　保安族盖头配饰——夹子

图七　保安族盖头图案

图八 保安族少女佩戴绿色盖头

图九 保安族已婚妇女佩戴黑色盖头

图十 保安族老年妇女佩戴白色盖头

保安族女子绉绉帽

图一 保安族女子绉绉帽主图

绉绉帽,西北方言也叫"绌绌帽"。是保安族早期的女性头饰,多为少女佩戴。"绉绉"即指帽檐上的折皱边子。绉绉帽通常由帽顶、帽饰、帽穗、帽边4个部分组成。帽型为圆形,顶为圆顶,有些无顶。

绉绉帽的材料通常采用纱、绸、棉布,主体颜色多为淡蓝色、粉红色或墨绿色。本案例绉绉帽由墨绿色绸制成,帽体大略可分成上、下两部分,上部的帽顶较为光滑,下部的帽檐用丝线缝出褶皱(即"绌绌"),帽子侧边缀一朵布绸制山丹花,并坠两条丝线红绿穗子,戴上后显得典雅大方、活泼俊俏,且有古代游牧民族的雄风,是富有保安族特色的头饰。

绉绉帽可以用于固定长发,同时也有一定的保暖作用,亦可以使头发保持清洁。立体的绢花和丝线穗子也有很好的装饰作用,将实用和审美很好结合在一起。从样式的角度来看,绢花、穗子、帽体分别对应点、线、面,线面结合,结构合理,松紧相间、长短搭配适中。帽檐上的"绌绌"丰富了帽子的色彩和层次感，使绉绉帽富有对比的韵律，也体现出保安族妇女的心灵手巧。

在长期的生产生活中，保安族服饰在本民族的社会结构、经济生活、自然环境、宗教信仰和风俗习惯等因素作用下，形成了自己独特的社会文化内涵，保安族服饰的文化内涵和审美情趣是多方面的，表现在式样、色彩、纹饰、配饰等各方面。从绉绉帽上可以看出他们所喜爱的色彩大都对比强烈而又和谐统一。①从色彩上来看，绉绉帽主体颜色相对淡雅，帽侧山丹花颜色鲜艳明快，与帽体形成强烈对比；红、绿色帽穗色彩对比强烈，垂于脸侧，更衬托出保安族少女的面庞，使人看起来面色红润。保安族少女通常将长发编成两条长辫，以红、绿色丝线绑紧固定，下缀彩色发花，与头顶绉绉帽的帽穗、帽饰相呼应。在色彩单调、气候严寒的高原地区，头戴绉绉帽的保安族少女如同绽放在山野间的一朵朵鲜花，在枯燥的环境中呈现出跳脱活泼的颜色，端庄而飘逸、自然而典雅。从符号的角度来看，山丹花红艳、姿态婀娜，能在环境恶劣的高原上生长。对于一些游牧民族，山丹花象征着热情、奔放、团结，制成头饰佩戴，更显示出保安族少女婀娜的身姿与热情的性格。

图片来源
图一、图十　井欣萌　制图
图二至图九　宋姣、祝燕琴　制图
注释
①时佳.保安族服饰研究[D].北京：北京服装学院硕士论文.2012.01.

图二　保安族绉绉帽线框图

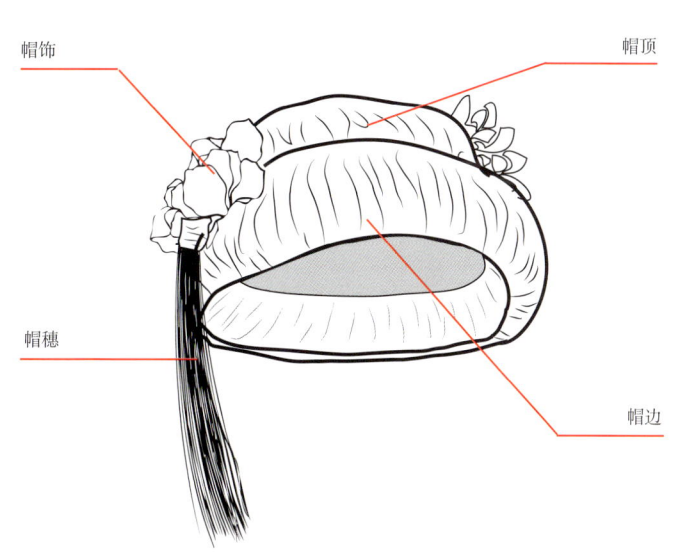

图三　保安族绉绉帽解析名称图

第二章　保安族传统服饰

图四 保安族绉绉帽色彩图

图五 保安族绉绉帽配饰图-牡丹花

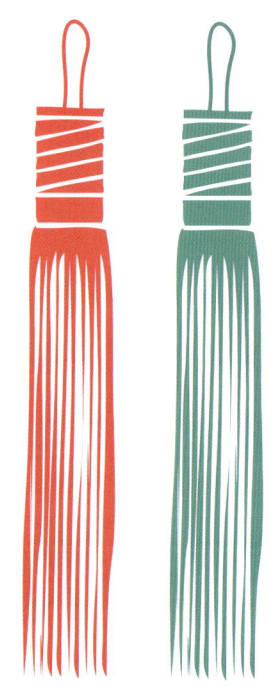

图六 保安族绉绉帽配饰帽穗图

图七 保安族绉绉帽佩戴线稿图

图八　绌绌帽佩戴示意图

图九　保安族绌绌帽佩戴效果图

图十　保安族绉绉帽佩戴情境图

第二章　保安族传统服饰

保安族针插

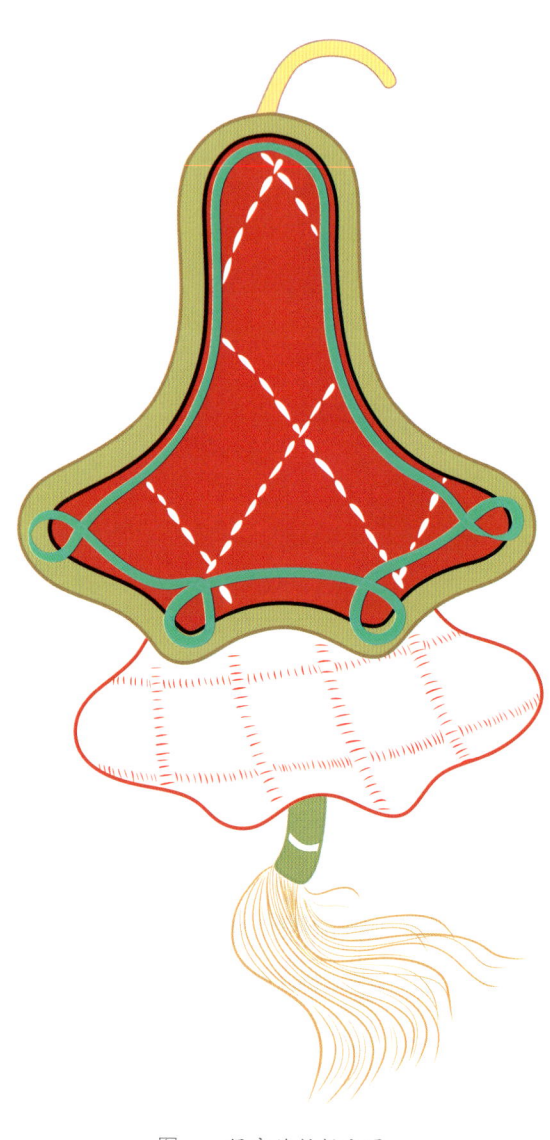

图一 保安族针插主图

针插，也称针孔子、针葫芦，是保安族妇女随身佩带用于存放针的小袋子，形似荷包，可把针插在内芯上，随用随取。针插是保安族集功能性与观赏性为一体极具研究价值的生活用品。本案例针插通高10厘米左右，分为外套和内芯，上小下大，中有收腰，形似葫芦。[①]

本案例的保安族针插由上下两部分（内外两层）组成，下半部分用来存放针，上半部分为针罩，用以罩住下半部分。针插常以织布、绸缎为材。针插的制作工艺通常为双面刺绣和叠绣。制作流程分为五步，绘制各类吉祥图案做打样、上绣花绷刺绣、依图裁切、缝制填充成立体造型、配饰。针插具有良好的实用价值，存放针线方便耐用。它体积小重量轻，可以挂于衣物上节省空间，通常系于腰间或上衣内襟，故又被称作"压襟"。保安族针插既实用又美观，结构设计针存取自如并保证安全，外观设计上精美大方。保安族针插的外观设计主要可以概括为：造型多变、设计精巧、结构合理、使用方便、图案美丽、绣工简洁直率、做工精细、琉璃流苏等配置得当。针插通常根据造型命名，极具装饰性。形似鸡心形，上大下小的针插称之为"鸡心针插"。保安族针插的装饰图案要求饱满匀称，图案有繁有简，色彩搭配合理，强调对比。针插上的装饰纹样主要包括花卉、鸟、兽、草、虫以及抽象的几何形等。处理纹样色彩的方法主要有两种：一种是浅底深花，花在前，光色在后，纹样采用不同程度的暗色，使绣品富有立体感。另一种是深底浅花，花在后，光色在前，主要纹样采用明色。在细节的点缀上，通常在针罩的下方配以制作精细、小巧玲珑的琉璃和流苏。

保安族针插是在人们喜闻乐见的文化中不断发展和丰富起来的，人们将内心丰富细腻的情思寄托于针插之上，其纹样形态寓意着保安族人对美好生活的向往。

图片来源
图一　高瞻　制图
图二至图八　宋姣、祝燕琴　制图
图九　濮晓琳　制图

注释
① 董克义.甘肃保安族史话[M].兰州:甘肃文化出版社，2009.170.主图为书上图片复原.

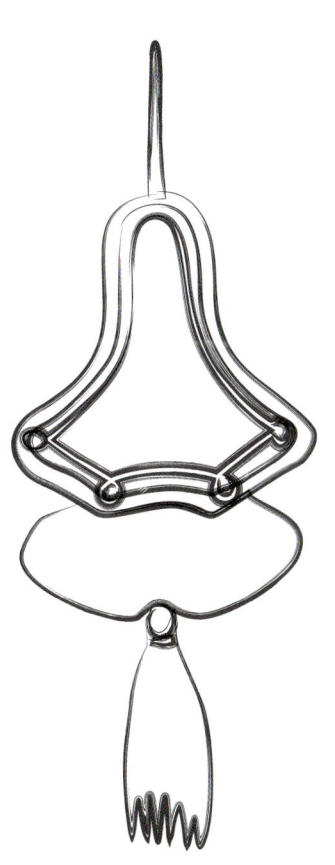

图二　保安族针插线描图

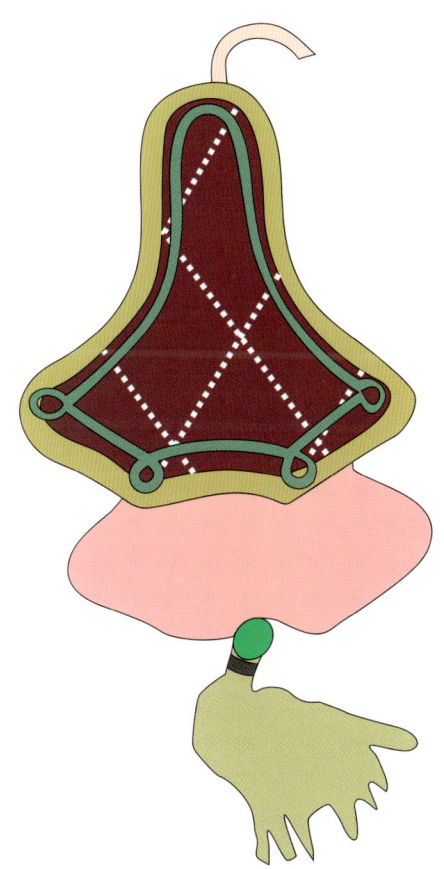

图三　保安族针插彩色复原图

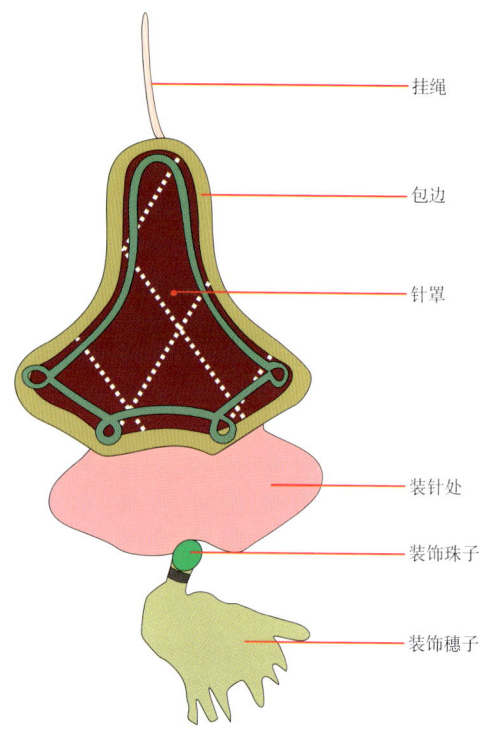

图四　保安族针插解析名称图

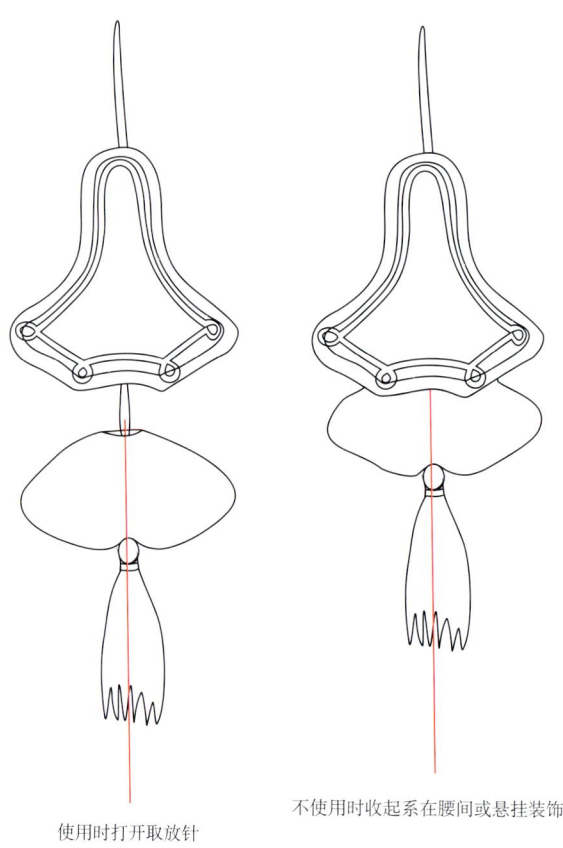

使用时打开取放针　　　不使用时收起系在腰间或悬挂装饰

图五　保安族鞋针插使用分析图

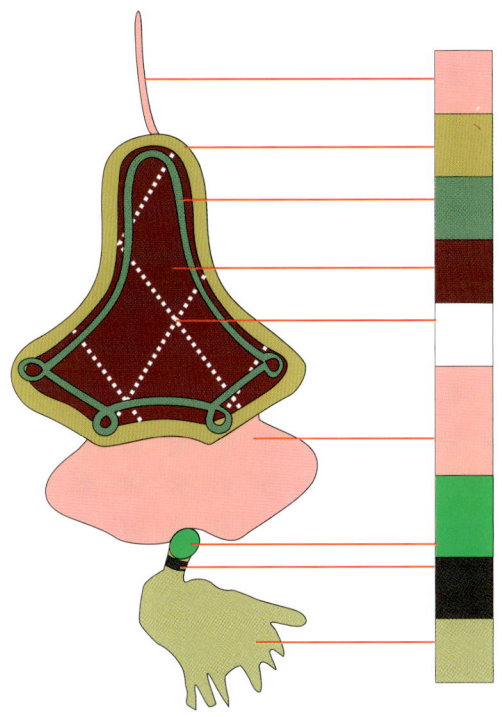

图六 保安族针插色彩构成图

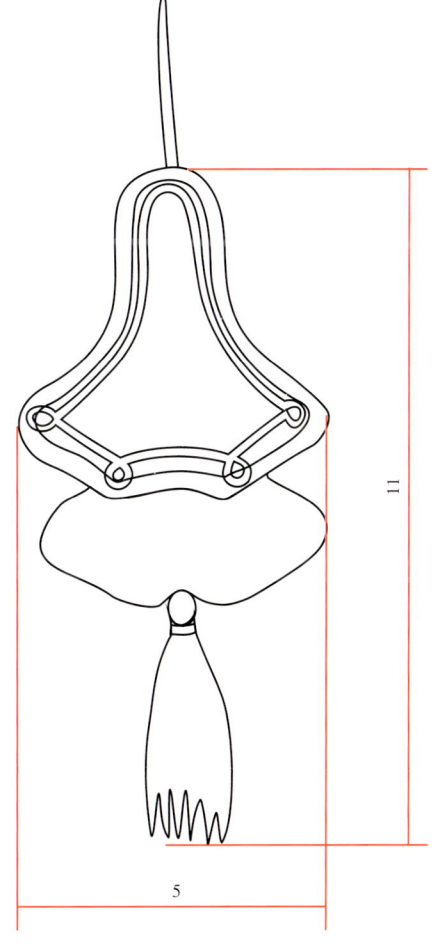

图七 保安族针插尺寸图（单位：cm）

第二章 保安族传统服饰

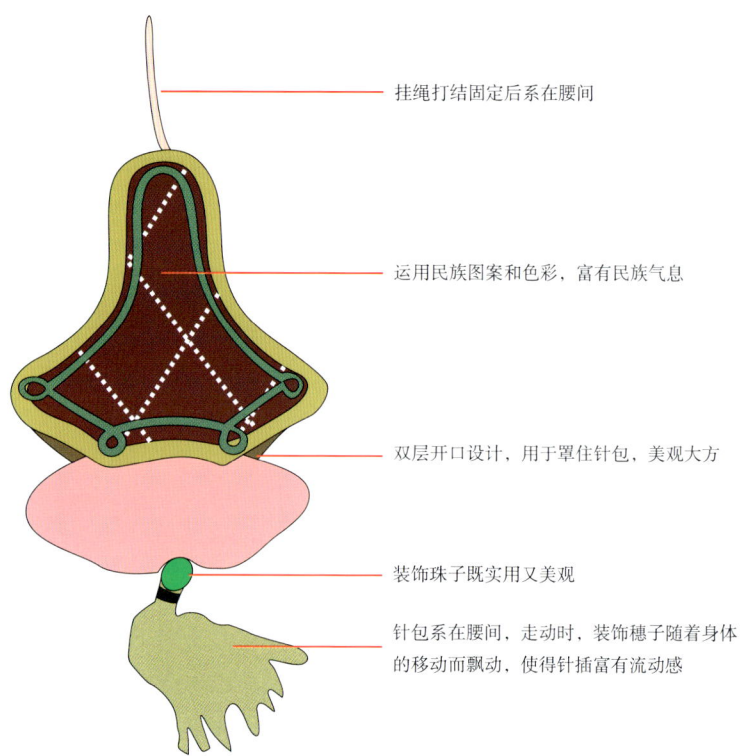

挂绳打结固定后系在腰间

运用民族图案和色彩，富有民族气息

双层开口设计，用于罩住针包，美观大方

装饰珠子既实用又美观

针包系在腰间，走动时，装饰穗子随着身体的移动而飘动，使得针插富有流动感

图八　保安族针插设计分析图

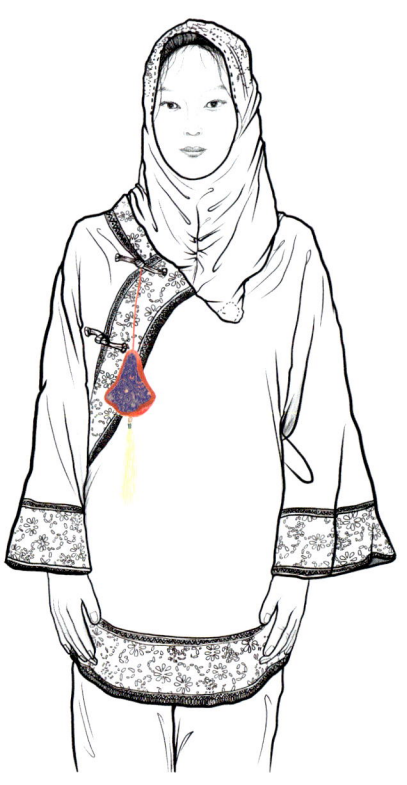

图九　保安族针插穿戴效果图

第三章 保安族传统餐饮

保安族地锅锅洋芋

图一 保安族地锅锅洋芋主图

地锅锅洋芋，保安语叫"煲木洋芋"，是保安族群众在田间地头烧制食用洋芋的一种方法。洋芋即马铃薯，也称土豆。每逢农历八月中旬，是洋芋成熟的季节，家家户户男女老少便拉着架子车或开上三轮车，带上铁锨镢头到洋芋地里挖洋芋。

味道上好的地锅锅洋芋不仅要选料得当，更重要的步骤则是掏地灶、垒地锅锅：事先准备好干硬的土块，大如拳头，小如核桃，根据烧制洋芋的多少在垄上选定位置。先在土坎的顶面确定一个圆，铲平，再在土坎迎风的一面挖一个灶门，再从顶面一直向下，与灶门挖通，最后再将灶膛拓宽，形成类似"瓮"的形状，最后，找一块封门的石头或大土块备用。然后围绕土坎顶面的圆形，将土块从大到小一圈圈垒上去，逐圈内收，最后垒成一个宝塔形，用浮土将底部周围壅住，然后用干麦草或洋芋茎秆向内烧火，四五十分钟后，"塔"上的土块内侧被烧得通红、外侧彻底变黑时停止烧火，从门中扒出炉灰埋好，既可以防止失火，也可以避免烧出的土豆有烟熏味。随后，用另外的土块将门封严，用烧火棍或筷子将"塔顶"二、三层土块捣落入锅膛，在其底部捣碎、摊匀，然后一边将洋芋逐个掷入锅膛，一边将土块逐层一个个捣落下去。捣落土块和掷洋芋要同步进行，以保证洋芋和烧红的土块间隔相混；同时，速度要快，以防地锅锅热量散失过多。当锅膛被填充到与剩余的"塔身"齐高时，说明锅膛已满，用铁锹背将四周的土块敲碎，用散落下来的碎土块将顶部露出的洋芋覆住，用锹背将顶部和周围敲实，敷上一层干土，再敲实，最后敷上一层3至5厘米厚的湿土，敲实，防止漏气散热。这样，一笼洋芋就"下锅"了。

大约一个小时后，地锅锅洋芋便可以挖开食用。假如对洋芋是否烧熟没有把握，可用一根小竹棍测试一下：将竹棍从地锅顶部插下去10至15厘米，再抽出来，如果竹棍一端留有粉末状的洋芋渣并散发着熟洋芋的气息，说明洋芋已烧熟；如果没有，说明洋芋还未烧熟，还须等候一段时间。

俗语说"洋芋是庄稼人的宝，一日三餐离不了"，在洋芋的众多吃法中，地锅锅洋芋实属独特，它就地取材，实用简便，工序简单，一切取之自然，自有一种天然的野趣。地锅锅洋芋广泛流行于西北地区，农忙间歇，农民常在田埂上烧一地锅洋芋，饱腹的同时也享受收获的喜悦。地锅锅洋芋不需任何佐料，味美清香，散发着乡野的淳朴情趣，弥漫着原始朴实的泥土芬芳。如今，地锅锅洋芋作为西部人一种独特的饮食民俗，引来无数到西部观光旅游者的青睐，都想尝一尝"地锅锅洋芋"的美味。地锅锅洋芋皮黄而不焦，瓤酥而味纯，几十米外都能闻到醇香。开锅后，一家人围绕土锅席地而坐，其乐融融，既有浓郁的田园风味，又别具野外聚餐的乐趣。

图片来源
图一至图八　井欣萌　制图

图二　烤好的洋芋示意图

1. 在田垄上掏出一个地锅

2. 用备好的干土块从大到小垒成塔状，再用干麦草或洋芋茎秆向内烧火

3. 土块内侧烧红、外侧烧黑后熄火铲出地锅内部的余烬

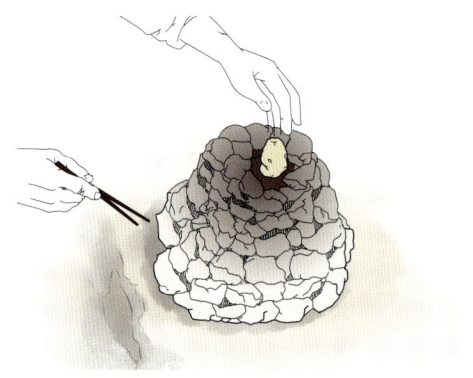

4. 一边将洋芋逐个掷入锅膛，一边用将土块逐层捣落下去

5. 敷上一层干土盖住洋芋，最后敷上一层3至5厘米厚的湿土，敲实，以防止漏气和散热

6. 大约一个小时后，可以挖开食用

图三　保安族烤洋芋操作步骤图

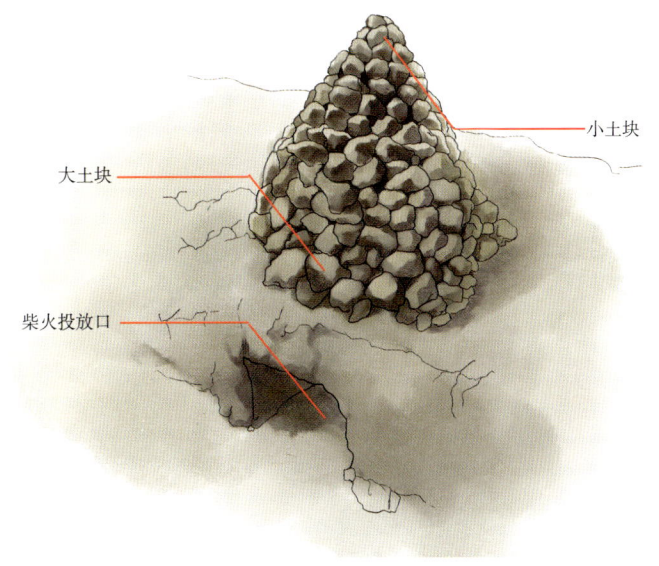

图四 地锅锅示意图

图五 地锅锅剖面示意图

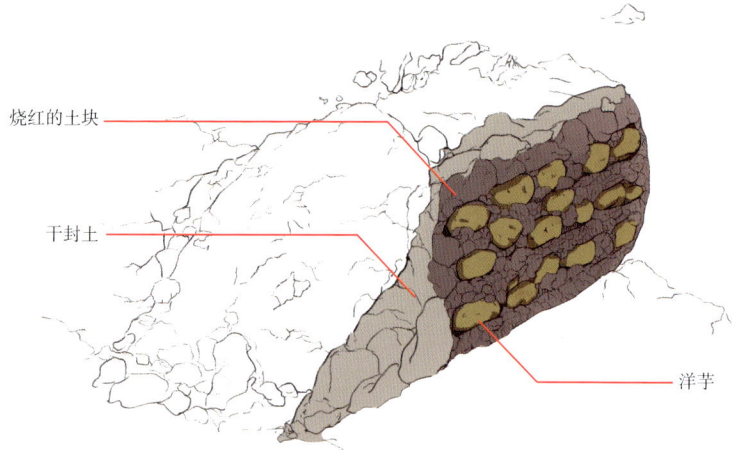

图六 填平的地锅锅剖面图

烧红的土块
干封土
洋芋

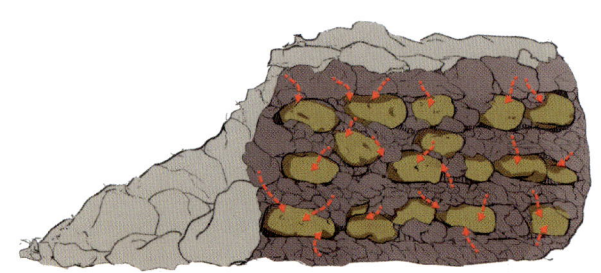

图七 地锅锅加热洋芋示意图

图八 地锅锅与人体蹲姿对比图

保安族油香

图一　保安族油香主图

油香，是包括保安族在内的信仰伊斯兰教民族的传统食品，原为阿拉伯部分地区待客食品，传说在元代传入中国。油香通常直径约7~8厘米，色泽金黄，味醇香，外酥内软。掰开内瓤镂空如大蜂窝状，香气扑鼻。

油香的主要原料有面粉、清油、盐、矾、碱，辅助材料有鸡蛋、红糖、薄荷粉、糯米、地瓜等。按原料、配料的不同，可分为"糯米油香""薯粉油香""甜油香""地瓜油香"等多个品类。保安族制作油香，首先要将面粉加矾、盐、水和成面团，发酵以后再揉入鸡蛋、清油，然后揪成七八十克重的面剂，擀成直径七八厘米的圆饼，再用刀划出两道刀痕或戳出一个圆洞，随后入锅炸至焦黄鼓起即成。有些油香表面会用刀划出两道寸许长的痕迹；还有的则是简单在油香中央戳一个小洞。这种做法，一来传说为纪念有功的骆驼，刀口象征骆驼的两峰；二来油香较厚，刀痕便于油香更快被炸透，避免夹生。保安族在炸油香时，一般都要请年长有经验的妇女来掌勺。在圣纪、开斋节、婚礼、丧葬等重大仪式场合中，做油香是比较讲究的。油香的食材一定要洁净、合法；制作时，掌勺人一定要先洗大净小净，否则不能进入厨房；炸油香时需点上香，放入面饼炸时要念"泰斯米"。同时，也忌讳没有洗过大小净的人和不洁之人进入厨房。穆斯林认为，炸油香时别人进入厨房，就会惊动了油，炸出的食品就会色不佳、味不正。吃油香的时候也有讲究，一般不直接咬食，而是用手撕成小块，放入口中食用；若用于待客，则由主人将油香摆开，再与客人分食。

油香是具有穆斯林民族特色的传统食品，是宗教在民族饮食习俗形成中的作用和表现。传说油香的名字为穆罕默德从麦加迁往麦地那时，在一老汉家品尝油炸面饼，未吃面饼，先闻油香而起。因而，在包括保安族在内的穆斯林的生活中，油香不仅仅是一种食物。油香的香气，也是一种链接世俗与神圣的介质。如今，每逢开斋节、古尔邦节、圣纪节等穆斯林的传统节日，保安族家家都要炸油香。有的家里过节纪念亡人，也要炸油香来表示尊祖继俗。油香的香味伴随着穆斯林从诞生、命名、满月、抓岁、割礼、婚姻到丧葬、祭奠的整个人生旅程，油香在穆斯林的生命中具有了"迎来送往"和"生死与共"的意义。[1]因此从家族血缘的角度讲，油香的香气，也链接着保安族人的过去、现在和未来。

油香除了具有宗教仪式中的神圣性，也有作为市场售卖品的世俗性，充分融入了现代的生活方式。另一方面，除了用于家庭仪式，无论节庆、诞生、婚礼、葬礼，油香也用于保安族人招待贵客、馈赠亲友。因此，油香也起到了群众之间联络感情、增进友谊的作用；是保安族与其他各族人民沟通、联系的纽带，团结友好的"信物"，连接着家族甚至民族内外。

图片来源
图一至图六　井欣萌　制图
注释
[1]禹虹，李德宽.场景、分类与符号转换：回族油香的人类学阐释.北方民族大学学报（哲学社会科学版），2011.15.

面粉中加入水、盐、碱、矾等配料和面

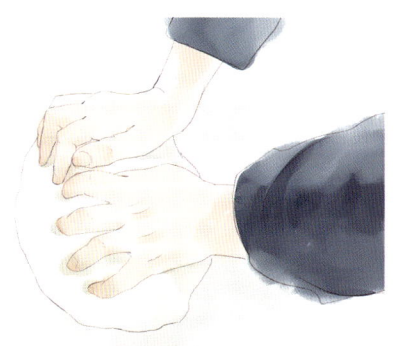
加入鸡蛋揉面

将发好的面切成面剂

图二　保安族油香原料准备工作示意图

图三 擀油香示意图

图四 炸油香场景图

图五　掰开食用场景图

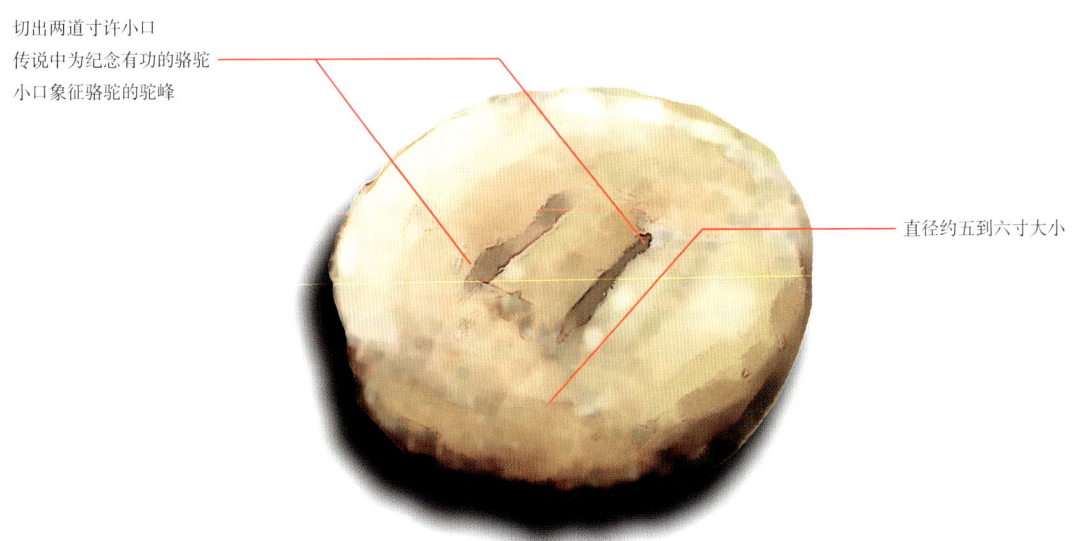

切出两道寸许小口
传说中为纪念有功的骆驼
小口象征骆驼的驼峰

直径约五到六寸大小

图六　油香解析图

保安族馓子

图一　保安族馓子主图

馓子，又称"寒具""粔籹""细环饼""捻头"等，与油香、干馃、凉面共称为保安族四大面食。与许多其他信仰伊斯兰教的民族一样，每逢开斋节、古尔邦节等民族节日，保安族人家都要炸制馓子招待客人，馈赠亲友邻里。炸好的馓子色泽金黄、口感酥脆，深受保安族人喜爱。馓子又分为"盘馓"和"酥馓"两种，"盘馓"为细长的条状，"酥馓"则是在盘馓的基础上压扁再炸制，因此为面片状。

馓子的制作食材除了面粉，还有盐水、红糖水、花椒水、鸡蛋、香豆粉、精油和蜂蜜等。而其制作工艺大体分为和面、揪面剂、饧面、抻面、油炸五个步骤。首先，需将面粉和其他原材料用温水调好，揉成面团。为便于其后的抻面，面团要揉足揉透。保安族妇女常聚在一起揉面炸馓子，或在面板上揉，或双膝跪地，膝下垫着羊毛毡子，围着矮炕桌，运用臂力、腕力加身体的重量用力揉面。面揉透后，要揪成100克左右的面剂，用湿布盖好饧面。待面饧好，首先将面剂略微压扁，在面剂中间用手指掏出一个小洞，揉成面圈，再将面圈逐渐搓长，直到搓成筷子粗细的圆条。若做盘馓，需要将面盘绕套在油炸专用的长筷子上整形；若做酥馓，则需要将圆条窝好、揉条压扁，用刀切去不整齐的边。炸盘馓时，要先将一头折叠浸入油中，略微过油，将另一头折叠过来油炸。整体定型后抽出筷子，炸至金黄后捞出。酥馓则盘绕后下锅油炸即可。炸好的盘馓条杆匀称、焦酥香脆、色泽黄亮；酥馓酥脆松软，入口即化，二者各有特点。

馓子的出现可以追溯到春秋战国时期，现在，我国许多民族与地区也都有制作馓子的习俗，各地馓子的形状、吃法各有差异。与其他地区的馓子相比，保安族酥馓体积更大、条杆更粗、形态更为平直；与东乡族酥馓相比，保安族的酥馓体积略小一些；在西北地区，汉族一般在腊月底制作馓子，过年时用于招待客人，在正餐前食用。保安族、回族等一些信仰伊斯兰教的少数民族群众则会在每年古尔邦节、尔德节、圣纪节，以及婚丧大事中，都把馓子作为招待客人的主要面食品。俗语有"点心香，月饼美，回回的馓子甜又脆"一说。从保安族形成以来，馓子就已经作为该族的传统饮食，其食材和做法也变得系统而全面。馓子色泽黄亮，香脆味甘，备受西北人民喜爱。现在，馓子已成为保安族人团结和睦友爱的象征，是不可缺少的点缀节日气氛的食品。在保安族家庭，做馓子的过程，也是一家之中不同年龄、不同辈分的女性聚在一起相互交流、加强联系的过程；炸馓子手艺的传递，也是亲情的传递。另一方面，馓子也已经商品化、现代化，成了常见的街头小吃。

图片来源
图一至图七　井欣萌　制图

盘馓

酥馓

图二　保安族酥馓盘馓对比图

图三　保安族妇女在矮炕桌上揉面示意图

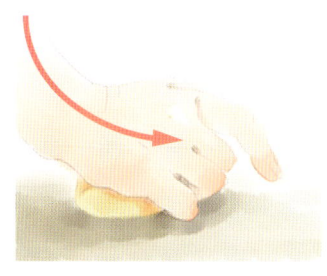 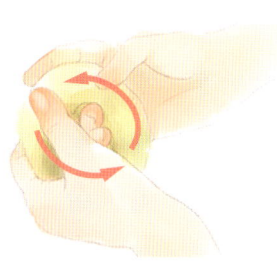 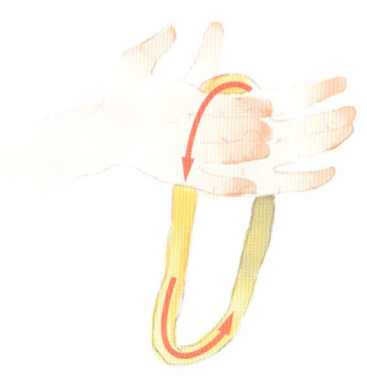

1. 在案板上将面剂揉成面饼　　　2. 在饧好的面饼中间掏一个洞　　　3. 边拉边捏边搓成大圈,用双手不断滚搓

图四　搓馓子步骤图

图五　保安族妇女搓馓子示意图

第三章　保安族传统餐饮

087

1. 将馓子盘成椭圆形馓圈绕 7 至 8 圈并两头对接　　2. 将筷子穿进馓圈固定　　3. 分两边炸馓子，边拉扯边摆动

图六　保安族炸馓子流程示意图

图七　用馓子招待客人场景

保安族青麦包子

图一 保安族青麦包子主图

保安族日常食品偏重面食，有馒头、花卷、煎饼、炕锅馍馍、包子、汤面条、臊子面、凉面、浆水面和捏面筋等。其中，包子是保安族待客必不可少的食品，形制精美，别具风味。根据馅料不同，包子有肉包子、菜包子、糖包子（糖角子）、枣包子、青麦包子等。青麦包子，保安语称"拾格子满通"，是保安族独具特色的主食。在麦收前，保安族家家都要做青麦包子。

青麦包子的食材并不复杂，但需要经历约一年的漫长准备过程。制作青麦包子最重要的步骤就是处理麦穗。把刚灌浆还未完全成熟的麦穗或绿青稞折回来，束成小把，经过蒸煮、晾干、脱壳等工序后，悬挂于房梁，风干能保存约一年之久。使用时，要先蒸煮或在羊肉汤中泡胀数个小时，取出后用擀面杖擀成糁子，拌以牛、羊肉茸泥、葱花、油和调料作为馅心，制成包子。蒸熟后蘸辣椒油、蒜泥、陈醋等佐料享用。在食用时，根据保安族传统，应当先用手掰成小块再送入口中，忌直接用嘴咬食。青麦包子的皮和馅料原料都是小麦，却做出了两种截然不同的口感和味道。这种做法起源于何时已无从知晓，但却被保安族人一代一代传承下来，成为保安族人眼中珍贵的美食，在重大节庆、招待贵客时食用。保安族选取干麦穗或麦索做包子馅，主要是和气候有关。保安族先民在中亚地带居住，气候干旱、农作物收获周期长。因此，有时需要提前收获或储存粮食。"青麦包子"与"麦索"的做法，推测最初与青

第三章 保安族传统餐饮

黄不接时期人们不得已采收未成熟的麦子食用有关。

青麦包子是甘肃临夏地区保安族特有的主食。其他类似的做法还有以麦索为馅的"麦索包子"等。如今,随着小麦品种的改良和生产力的提升,人们已经不需要再以这种方式度过"青黄不接"的日子,"青麦包子"这种吃法却保留了下来,并演变成一种特殊的风味,转化为农家"尝新"的方式。另一方面,干旱的气候也会使谷物易于风干贮存。将青麦穗风干,既可以更好地储存,又能让它最大限度地散发出粮食的清香。青麦包子丰富了保安族人的生活,使保安族人能在一年四季都享用到青麦的美味。另一方面,也使包子的馅料不再局限于蔬菜或肉类,丰富了包子这种食物的含义。

图片来源
图一至图六　井欣萌　制图

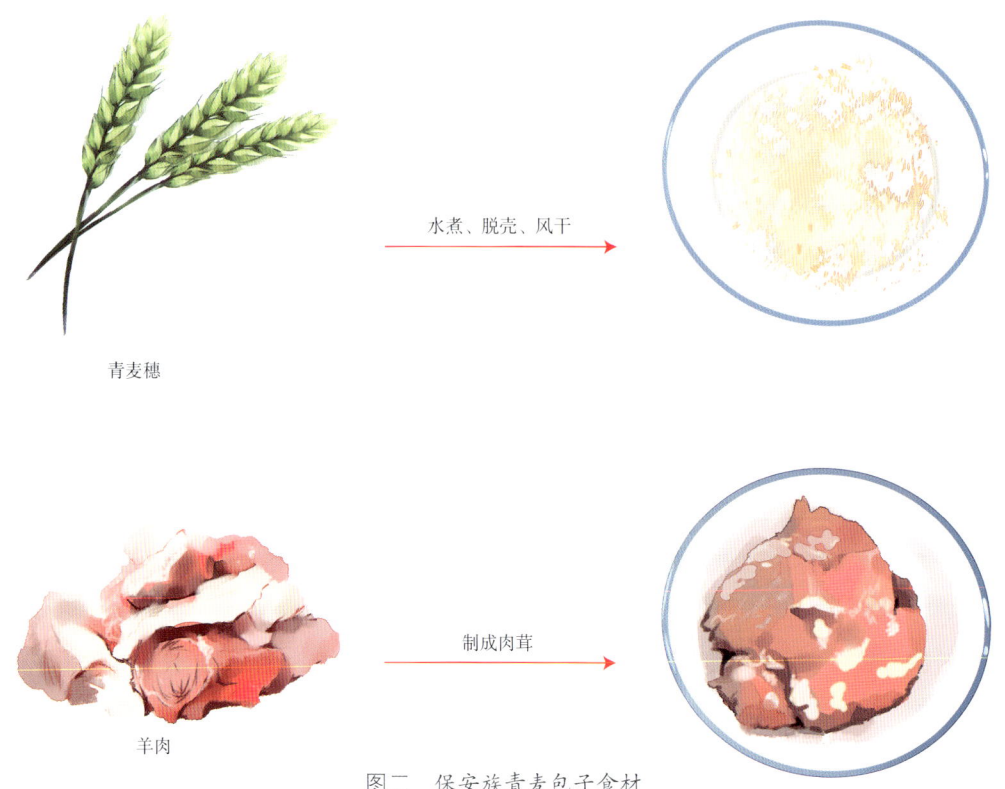

图二　保安族青麦包子食材

图三　保安族青麦粒擀成糁子加工示意图

揉面　　　　　　　　　　　　　切面剂、擀面皮

将青麦糁子拌以羊肉茸泥和调料制作馅心　　　为面皮填馅，右手从顶部从右至左旋捏成褶

图四　保安族青麦包子制作流程示意图

图五　保安族蒸包子示意图

图六　保安族青麦包子食用示意图

保安族三炮台

图一 保安族三炮台主图

三炮台又称"盖碗茶",源于盛唐时期,明清时期四川地区汉族饮茶习俗传入西北,与当地穆斯林饮茶习俗相结合,形成了独树一帜的、具有浓郁地方特色的茶品。保安族三炮台原料有春尖茶、红枣、桂圆、枸杞、大块冰糖、酸杏干、葡萄干等,也可放入玫瑰花、菊花、莲藕心等其他原料。饭后饮用三炮台茶去腻生津,滋补强身,是深受西北地区人民喜爱的日常饮品。河州俗语有"宁丢千军万马,碗子不能不刮",可见三炮台茶的受欢迎程度。同时,沏三炮台,也是保安族摆宴席、招待贵客时的重要礼节。

沏三炮台茶至少要用两壶开水。第一壶水通常仅做洗茶、洗料水用。首先要将各色原料洗净、处理妥当,同茶叶一起放进盖碗,然后浇上刚烧开的开水,浸泡五分钟左右后倒掉。倒第二壶水后再泡五到七分钟方可饮用。在保安族,喝三炮台碗茶时忌用嘴吹,需一手端碗,一手握盖,并用碗盖随手顺碗口由里向外刮几下,一则可以刮去茶汤面上的漂浮物;二则可以搅起茶料,使茶叶和茶料的汁水相融。由于饮用三炮台碗子茶有一个"刮"的过程,因此,三炮台茶也称为"刮碗子茶"。三炮台茶适合多次冲泡,在喝茶的过程中不断添加开水,第一泡茶汤以茶味为主,清香甘醇;第二泡因糖的作用,有浓甜透香之感;第三泡开始各色干果的味道浸透出来,次次有味,且次次不同。客人喝茶时,通常一次不喝尽。需要添水时就把盖子翻开,立在茶船上即可。如果已经喝够了，就把茶水全部喝干，用手把碗口捂一下，主人会意就不再续水。

保安族冲泡三炮台所用的盖碗也有所讲究。茶具由茶盖、茶碗、茶船三部分组成，故称为"三炮台"或盖碗茶，其寓意为"天盖之，茶盖；地载之，茶船；人育之，茶碗"。它包容了朴素的人文思想。三炮台碗设计十分科学，茶盖、茶碗、茶船各有其用，茶船是碗的底座，是饮茶者端的，喝茶时用它既不烫手又能盛洒出的茶水，碟中间有个圆坑，刚好可以把碗底凸出部分放进去，十分稳妥，碗中的茶水一旦溢洒出一些，会有碟子接着，不至于洒在手上或身上；茶碗碗口宽大，便于清洗茶垢，符合保安族重视清洁的传统；盖子的大小既能略入碗沿内，又不会掉入碗内，当茶汤不酽时，用它顺碗口轻轻一刮，茶汤即刻浓酽。①保安族的盖碗上，往往还会有"干枝梅"的图案，既起到装饰作用，也体现了保安族如梅花般坚忍、热情的民族性格。

三炮台茶气香、味甜、口感滑润爽口，且富有养生价值，红枣补血养神、枸杞甘平质润、补益肝肾；冰糖则补中益气、和胃、润肺、有生津、清热的功效；桂圆补益心脾、养血安神，葡萄干可以补气血，强筋骨，利小便。现在，三炮台广泛流行于西北地区乃至全国各地，西北诸地也已有了玻璃或一次性塑料杯的简易包装产品，便于过路旅客品尝享用。

图片来源
图一、图三至图十　井欣萌　制图
图二　宋姣、祝燕琴　制图

注释
①潘梦阳.宁夏清真风味小吃.中国旅游.1998.

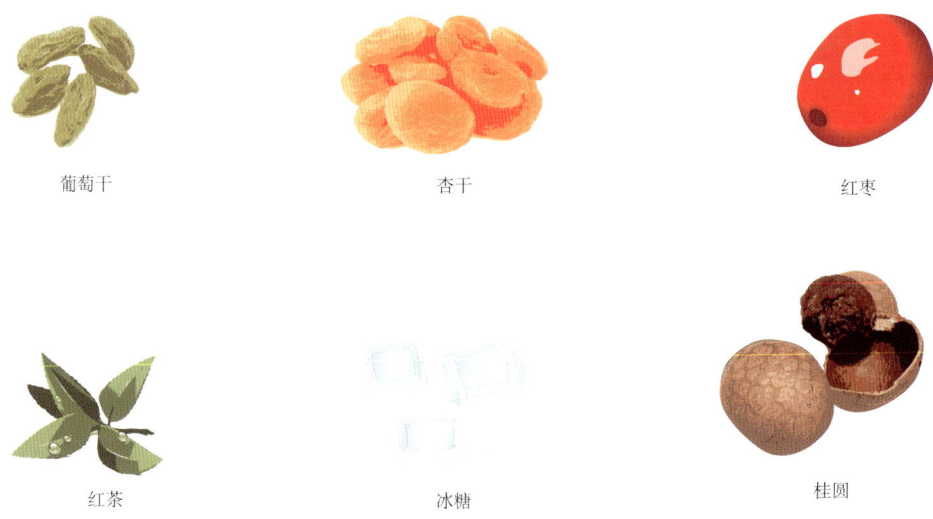

图二　保安族三炮台茶料分解图

图三　保安族三炮台茶料细节

图四　保安族三炮台茶具示意图

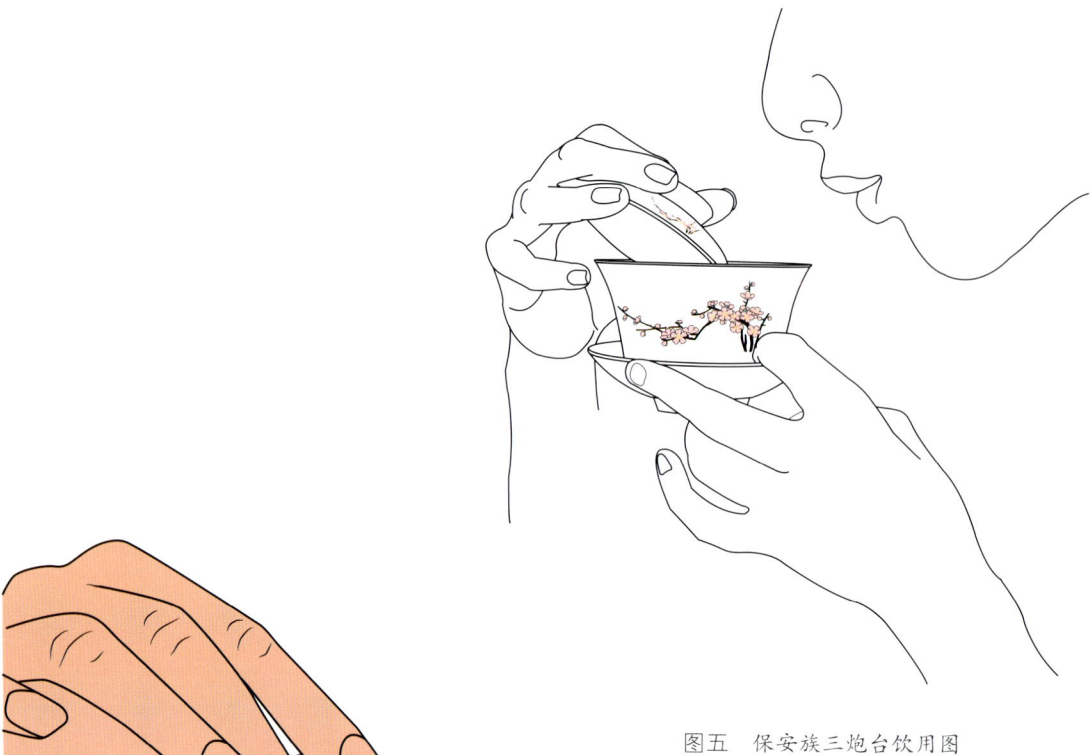

图五 保安族三炮台饮用图

图六 保安族三炮台饮用图（刮茶）

图七 保安族三炮台场景图（杯盖侧置，需要添水）

图八 保安族三炮台开盖图

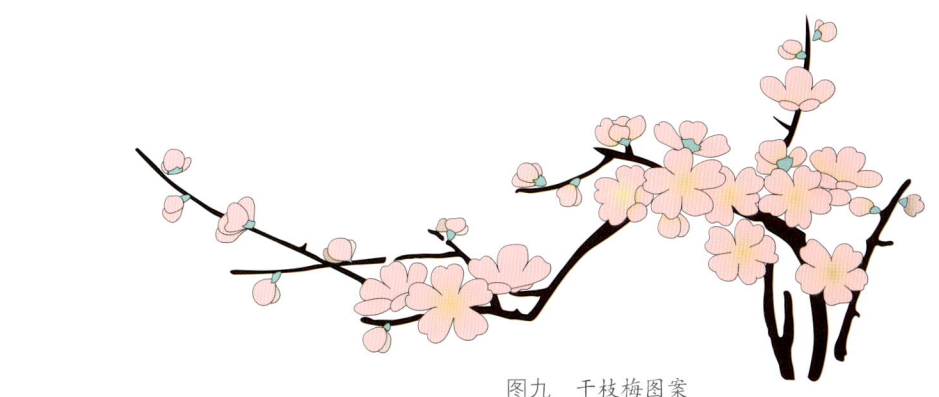

图九 干枝梅图案

图十 保安族三炮台斟茶图

第四章
保安族传统生活用具

保安族腰刀

图一 保安族腰刀主图

保安腰刀是保安族传统的手工艺制品，主要产于甘肃省积石山保安族东乡族撒拉族自治县大河家镇、刘集乡及周边地区。保安腰刀与户撒刀、英吉沙小刀共称为中国少数民族的三大名刀，在材料、形态、结构、锻制工艺上都具有本民族的特色。保安腰刀的品种繁多，有八个大类，共二十多个品种，有"什样锦""雅吾齐""西瓜头""双落""满把""扁鞘""双刀""细螺""波日季""哈撒刀""蒙古刀"等。保安腰刀大小各不相同，一般为5寸、7寸、10寸，也有长刀，本案例为什样锦折花腰刀，现藏于甘肃省积石山县博物馆，总长约17.5厘米。

保安腰刀主要由刀体、刀柄和刀鞘三部分组成，整体造型朴实大气。刀体是反复锻打的精铁再加钢淬火而成，刚柔相济，锋利坚韧；刀面上一般刻有"一把手"图案或者刀匠的印章。保安腰刀锋利坚韧原因来自"加钢背铁"的特殊工艺，将铁和钢充分锻打融合，既保证了刀刃的锋利，也增强了刀的韧性，使之不易卷边变形。保安腰刀中的上品是"折花刀"，整个刀身从刀背到刀刃上布满青白相间的花纹，青纹是钢，白纹是铁，这些花纹或像树纹，或像水纹，十分优美。每一把折花刀的纹路都独一无二，出现什么样的花纹全凭工匠的个人经验和打制方法。刀柄由红、黄铜片和铝片、牛角等材料叠合铆成，刀柄的制作工艺一般是一层压一层牛角、红铜片、黄铜片和铁片，连压几层，间隔以木块，最后钉上铜盖嘎，刀柄的材料颜色不一、厚度不同，层层叠加，经过打磨抛光后，呈现出独特的点线面构成的装饰美感。刀鞘多为铁鞘铜箍，内有木芯，与刀体严丝合缝，防止滑落。刀鞘上刻有复杂优美的装饰性花纹，多为点线形式，增加了刀鞘外观的层次。传统的保安腰刀制作工艺相当复杂，如一把什样锦腰刀工序有40多道，最多可达80道工序。除了"夹钢背铁"外，淬火（俗称"沾水")也是保证刀刃锋利坚韧的关键。作为装饰工艺品之外，保安腰刀也集防身、割物等多种功能于一体，其刀鞘上的镊鞘可以放入镊子，银制的镊子可以对食物试毒，非常实用。保安腰刀也是保安族男性常见的配饰和生活用具。

关于保安腰刀的来源，有很多传说。各种传说都反映了其历史可以追溯至元代，保安族祖先在蒙古军队中就有很多掌握一定冶铁技术的铁匠。后来保安族人向其他民族的刀匠学习打刀方法，经过不断技术完善，演变为现在的保安腰刀制作技艺。保安族也流传着关于"一把手""波日季"等腰刀的传说，以及保安族人民用保安腰刀反抗斗争的民间故事。"夺腰刀"是保安族人喜爱的体育活动。保安腰刀也以其优良的品质深受其他地区人民的喜爱，远销四川、内蒙古、西藏、青海等地，为保安人民提供了经济来源。不难看出，保安腰刀早已融入了保安族人民的日常生活和精神生活中，成为保安民族的文化象征，保安腰刀及其制作技艺被列为首批国家非物质文化遗产，曾被周恩来总理作为国礼赠送给外宾，向世界展示了保安腰刀蕴藏的魅力。

图片来源
图一、图九　张明山、曹学舰　摄影
图二至图八、图十　战怡菲　制图

图二　保安腰刀效果图

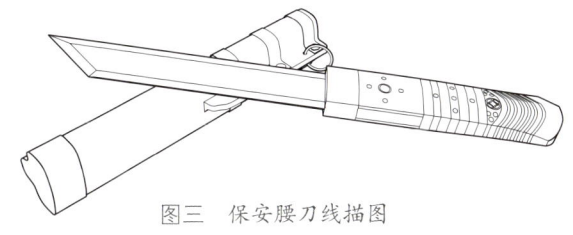

图三　保安腰刀线描图

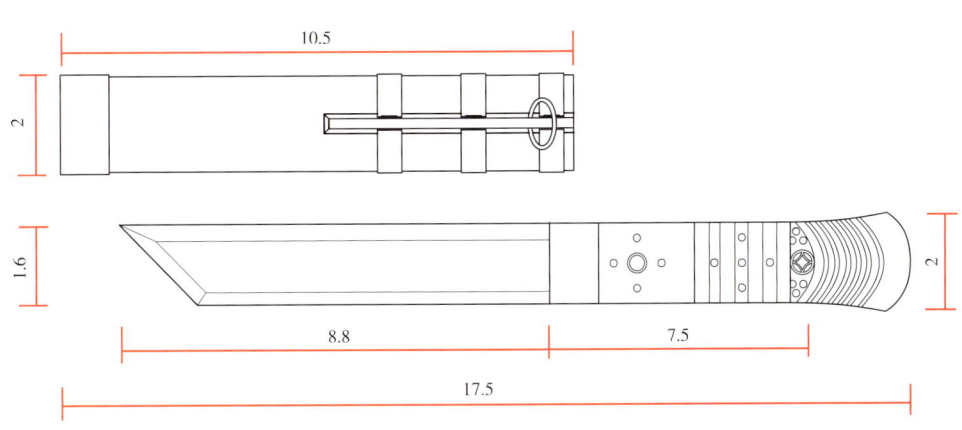

图四　保安腰刀尺寸图（单位：cm）

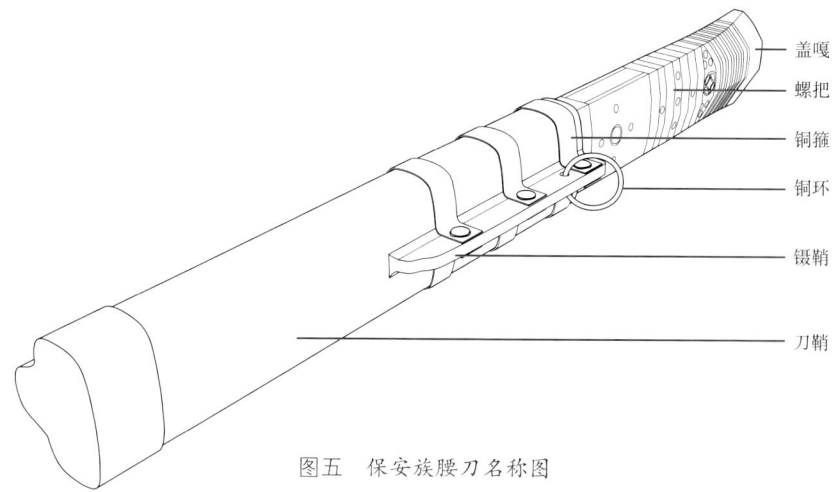

图五 保安族腰刀名称图

图六 保安族腰刀分解图

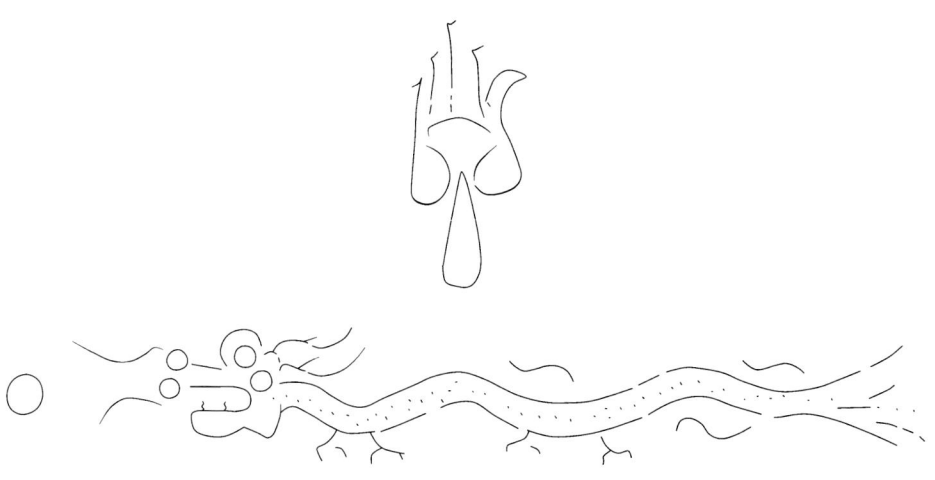

图七 保安族腰刀图案纹样

图八　保安族腰刀折花纹

图九　不同种类的保安腰刀

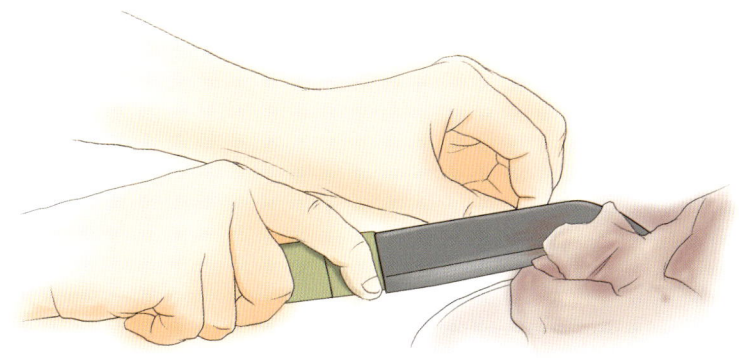

图十　保安族腰刀使用情境图

第四章　保安族传统生活用具

保安族菜刀

图一 保安族菜刀主图

菜刀，保安族语又称"斯斗"，是保安族所用的生活刀具，用来切菜、切肉。打制各种刀具铁具是保安族最著名的手工艺，"保安腰刀"声名远扬。保安族人也会使用由著名的折花刀技艺衍生出来的折花菜刀。本案例总长约28厘米，刀身长约17厘米，刀把长约11厘米，刀宽约9.1厘米。

保安族菜刀的结构简单，主要由铁质刀身和木质刀柄组成。刀刃线条刚直、锋利，刀身从刀背到刀刃逐渐变薄，其纵截面近似一个等腰三角形，刀背厚度约0.8厘米。刀背与刀面的转折处经过圆滑处理，从侧面看，刀背与刀面前端均为光滑柔和的弧线。刀背与刀把相连，刀把微向上斜，中间有环状凸起。向两侧逐渐变薄的刀身有利于减小切割物体时的阻力，增大作用力。保安族人喜食牛羊肉，菜刀刀身逐渐变薄、刀刃锋利的设计更利于切剁大块的肉。较大的刀身反映了保安族人的生活饮食习惯和豪放大气的民族性格。菜刀整体造型虽然简洁，但也有设计上的对比和美感。刀刃的部分较平直，刀背圆滑流畅，正是线条上的方圆对比。刀身的金属质感与木质的刀把，形成了材料上的软硬对比，与人直接接触的刀把选择用易获得和加工的木质，不仅减少了加工的成本，还可以带来使用上的温暖、亲近感。同时，刀柄中间的环状凸起可以贴合抓握，增大摩擦力，在形态上也形成了局部的方圆对比。除了普通的菜刀之外，保安族还有利用特殊的折花工艺打制的折花菜刀，由著名的保安族折花腰刀衍生而来。折花菜刀的制作工艺极为复杂。一般须经过加钢（高温下在铁制工件中加入钢，使其融合）、拧麻花（将工件拧成麻花状）、折叠锻打、打磨、淬火（水中冷却）等多道加工工艺。加钢，目的是使刀身硬度和韧性合理平衡；淬火，目的是提高钢的强度、硬度、韧性和耐磨性。折花菜刀刀身经过反复对折、挤压，从而形成一层一层的花纹，故称为折花菜刀。经过折花工艺打制出的菜刀刚柔相济，兼具锋利与坚韧，结实耐用，质量有了明显的提高，深受保安族人民的欢迎。

保安族菜刀的设计虽然简洁，但处处体现着设计智慧和保安民族独特的制刀文化。折花菜刀更是将传统的折花刀工艺实用化，使折花工艺真正走入生活中，给保安族人民带来便利。著名的保安腰刀，与阿昌族的户撒刀、新疆的英吉沙小刀齐名，为少数民族三大名刀，远销内蒙古、四川、西藏等地，也受其他民族的喜爱。折花菜刀作为保安腰刀的衍生品，兼具美观性和实用性，更有利于折花刀工艺与保安腰刀文化的传播，使保安腰刀打制技艺这项国家非物质文化遗产真正走进现代人的生活中，惠及大众。

图片来源
图一至图二　程民超　制图
图三　王欣　制图
图四至图七　战怡菲　制图

图二　保安族菜刀侧视图

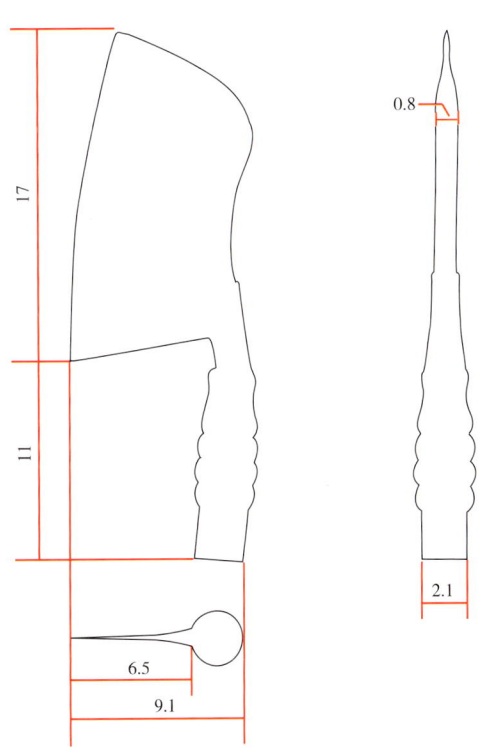

图三　保安族菜刀尺寸图（单位：cm）

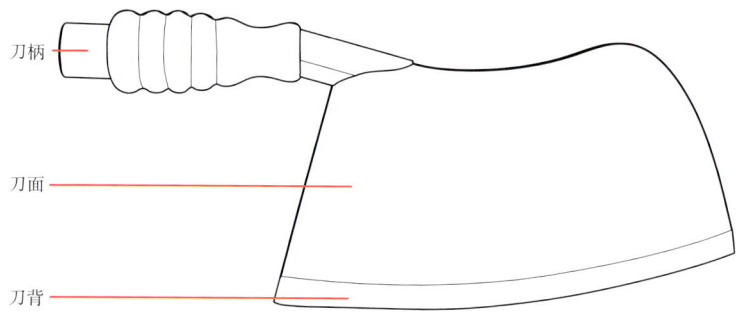

图四　保安族菜刀结构名称图

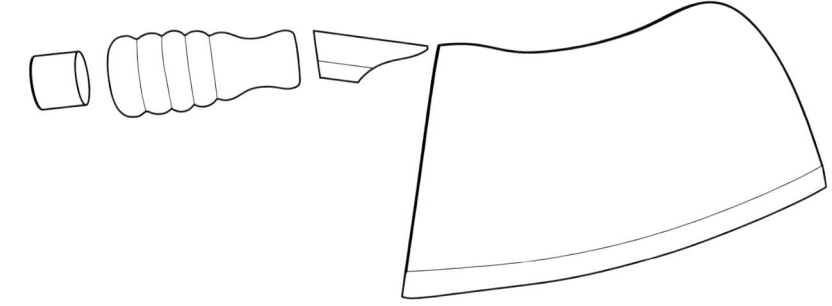

图五　保安族菜刀分解图

图六　保安族菜刀使用图

图七　保安族菜刀使用情境图

保安族汤瓶

图一 保安族汤瓶主图

汤瓶是保安族人日常的生活用具，是大小净清洗时盛水的器具。汤瓶的使用范围较为广泛，在保安族人家中，宾馆，饭店，甚至大巴车上随处可见。本案例汤瓶通高约为20厘米，瓶盖直径约为10厘米，壶腹部最大直径约为17厘米，瓶底直径约为10厘米。本案例的汤瓶为铝制，采选自甘肃省临夏州积石山县。

本案例的汤瓶整体造型曲线较多，汤瓶的壶钮为球形，壶盖略鼓，壶盖与壶柄用铁链牵引，壶嘴高于壶柄，壶身呈梨形腹部略鼓，圆底略收。结构的优良决定了功能体验的优良，壶嘴高于壶盖的设计使得壶中的蓄水量得到最大限度的满足，微倾即可出水，省力，利于老人儿童以及手活动不便的人手持，掌握水量。壶底部的水可通过细长的壶嘴全部流出，节约水资源，适合于甘肃气候干旱、水资源紧缺的地理条件，也与保安族人节约用水的生活方式和理念相适应。随着材料的丰富，除铝制汤瓶外，还有粗陶制、铁制、塑料制的汤瓶。粗陶汤瓶无盖，壶流较短，壶把呈坡形，无垂耳。铁质汤瓶的瓶盖为平口，壶流较为长直，出水时水的射程较远，斜口设计出水不易回流，壶把转曲较直，无垂耳。塑料汤瓶整体颜色为古铜色，略偏黄。整体造型较为圆润，盖钮为球形，方便捏拿，壶盖略鼓，壶流较为弯曲，壶柄的内轮廓贴合手指捏拿的形状，装水多时不易手滑，盖壶与壶柄通常用线牵引，其目的为防止盖子遗失，防止落灰，随时加盖，既卫生又方便。塑料材质的汤瓶通常造价成本较低，多用于公交车、宾馆等公共场所。汤瓶表面的装饰图案较为简洁，装饰多为花卉图案。花卉图案多代表着吉祥的寓意，人们希望身边处处带有吉祥的气息。此外部分塑料汤瓶的表面还会印有清真字样，其余部分基本无装饰，表面较为简洁。汤瓶的设计主要是为了满足信仰伊斯兰教的人大小净清洗的需要。在日常的礼拜、节日庆典前经常会用到汤瓶，使用频率较高。大小净清洗时通常会按照从上到下，从右到左，从前到后的顺序。主要包括漱口、净鼻和洗周身。清洗时需用活水，回流的水不可用，故保安族人大小净清洗时很少用脸盆，主要用汤瓶，让水从壶嘴中一次性流出。

汤瓶使用的频率高，它是适应了保安族等穆斯林民族爱好洁净，节约用水生活方式的设计。它体现了细水长流的设计与生活理念，这种节约用水的行为方式值得提倡。

图片来源
图一　曹学舰　摄影
图二至图三、图七　濮晓琳　制图
图四　高瞻、濮晓琳　制图
图五至图六　高瞻　制图

图二　保安族汤瓶线稿图

图三　保安族汤瓶剖面图

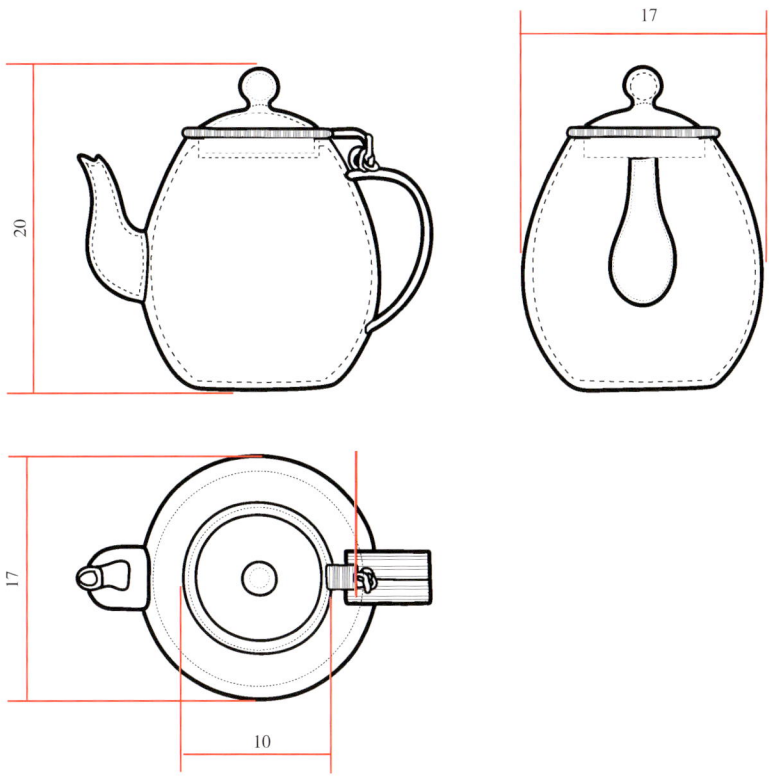

图四　保安族汤瓶三视图（单位：cm）

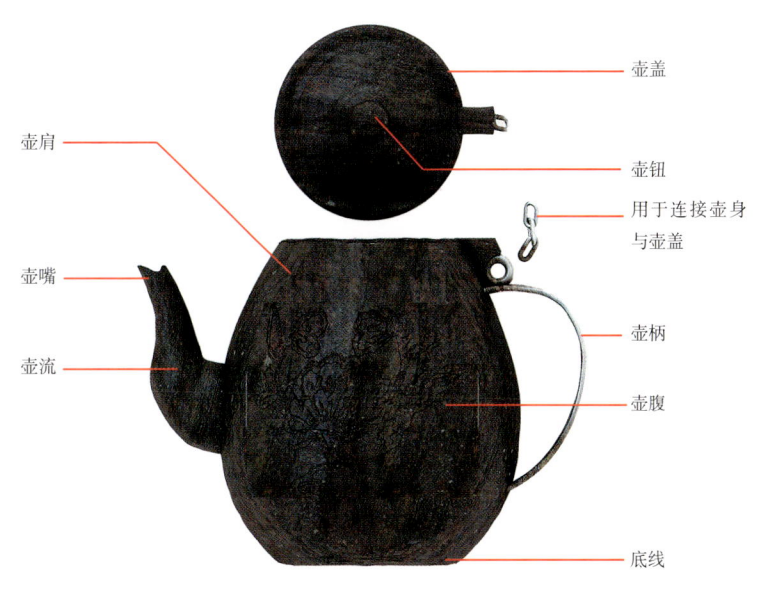

图五　保安族汤瓶名称示意图

第四章　保安族传统生活用具

109

图六　保安族其他汤瓶

图七　保安族汤瓶使用场景图

保安族火壶

图一 保安族火壶主图

火壶，是保安族人的茶具，用于烧水与储水。本案例火壶为现代制品，通体呈紫红色。火壶通高约30厘米，烟筒口径约为4.5厘米，壶盖直径约13厘米，支座高约3厘米。本案例采选的火壶现存于甘肃省临夏州博物馆。

火壶的设计是为了满足烧水与储水结合的需要。壶身造型稳定简洁，线条流畅。圆柱烟筒敛口深腹延伸至壶体内，壶嘴斜口，壶柄方圆相济，壶体下端另有开口与三足底盘支座相连。火壶的形态比例较为均衡协调，烟筒与壶身的高度接近。火壶整体造型上细下粗，器形的重心在下部。烟筒顶部内收，壶体外放，壶底部略回收。视觉角度上，壶嘴、壶盖与壶柄基本在一个水平线上，整体和谐统一。火壶结构精巧，烟筒与壶一体化，壶体近似球体，注水时容积较大。壶流底部平缓，中间略陡，顶部壶嘴微扬。底部壶流的圆角转折在出水时利于缓冲，斜口壶嘴出水舒缓，且倒出水后静置时不易回流滴水。壶嘴旁通常设有辅助提手，呈半包形，因火壶盛水时较重，单手提拿不便，故壶柄与辅助提手同时提拿较为安全省力。部分火壶的壶柄用多层铁圈缠绕，增强摩擦防止滑落。壶体下端有开口，可直接添火加热，通过置入木炭的多少控制火候。火壶以木炭为燃料，木炭多来自保安族人在山上砍的桦木，将其烧至红色时取出，在其上浇水熄灭再晒干即可使用。火壶的制作工艺分为铸造和焊接。先将壶嘴、壶柄和壶身分别铸造，最后焊接成型。本案例的火壶壶身为素面，无繁复的雕花装饰工艺。火壶作为日常生活中频繁使用的饮茶器具，在不同时期又稍有变化，例如现存于临夏州博物馆的一个清代火壶，其形制与现代家用火壶略有不同，整体高度偏矮，烟筒长度缩短，壶身高度增加。保安族人宁可少吃三顿饭，也不可少喝一壶茶，通常边烧边喝，他们认为用沸水泡的茶味道更清香，烧煮的沸水形似"牡丹花"，在保安族中寓意吉祥美好。

火壶适应甘肃寒冷气候，其制作工艺、形态比例、结构设计等方面较成熟。加热与盛水的一体化设计类似现代家电中的插电烧水壶，其设计体现出西北地区人民的造物智慧，具有独特的民族风情，是适合本民族特殊地理、气候条件的精彩的创意设计。

图片来源
图一、图三至图四　祝燕琴、宋姣　摄影
图五至图七　宋姣、祝燕琴　制图
图八　高瞻　制图

图二　保安族火壶线稿图

图三　保安族火壶效果图

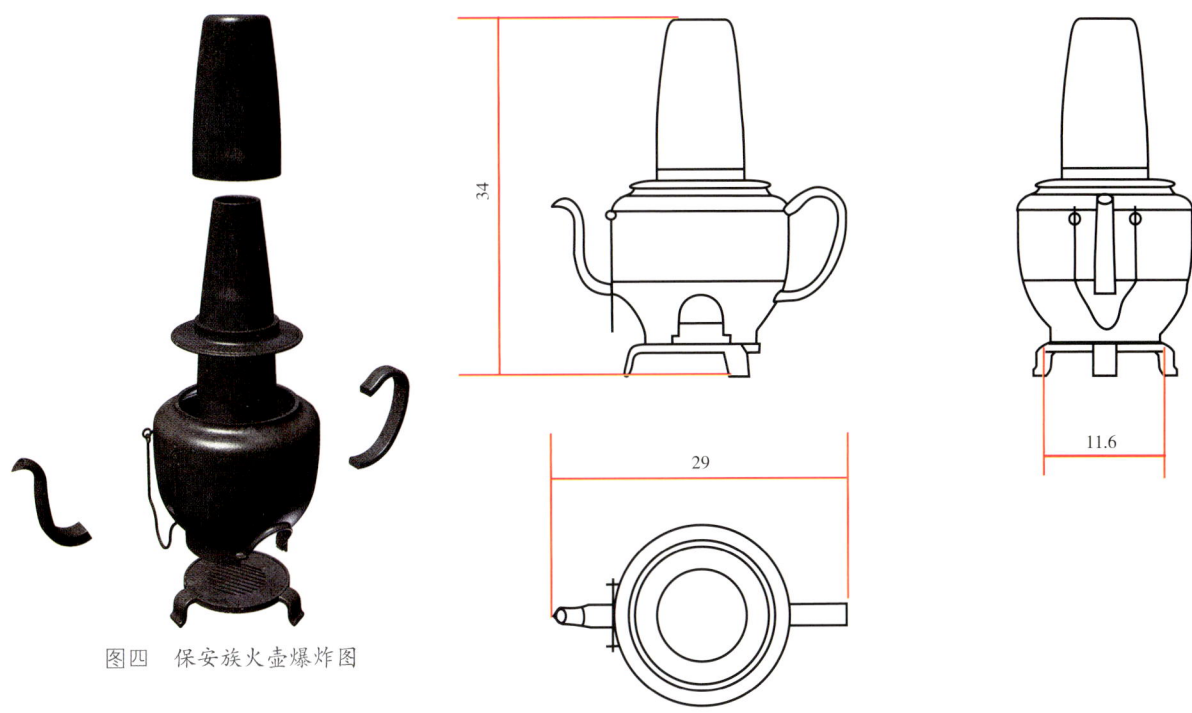

图四 保安族火壶爆炸图

图五 保安族火壶尺寸图（单位：cm）

图六 保安族火壶名称示意图

第四章 保安族传统生活用具

113

图七 保安族火壶制作工艺图

图八 保安族火壶使用场景图

保安族灯台

灯台是保安族人日常生活所用的照明器具。灯台整体呈竖高状,顶端是灯盏,其下为承盘,中间由灯柱贯穿,最下为底座。本案例灯台通体高度大约为22厘米,灯盏高3厘米,灯盏口径为8.5厘米,灯柱高14.4厘米,底座高2.8厘米,底座直径为10厘米。该灯装饰较少,采用金属工艺制作。[①]

该灯台整体造型简约小巧,便于移动。灯盏设计成碗状,形似花苞具有含蓄美感,收口设计可在有限空间内存放更多灯油。承盘设计成瓷盘状,直径大于灯盏,防止移动时灯油洒落。底座是梯形圆柱,形似抓手,可稳定放于桌面上。该案例中的灯台以黄铜为主要材质,黄铜具有耐氧化抗腐蚀、造价低易加工、经久耐用等优点。此灯台采用熔模铸造法加工而成,是将液体金属浇入由熔模形成的空腔中,待其冷凝形成铸件的方法。制造灯台时首先以50%石蜡和50%硬脂酸配制的材料制成灯台蜡模,接着在蜡模表面浸挂一层以水玻璃和石英粉配制的涂料,加入硅砂于固化剂中硬化。重复挂涂料、撒砂、硬化三个步骤直到结壳厚度为5~10毫米为止。其次把带有灯台蜡模的型壳放在80~90℃的热水中,使蜡料熔化后从浇注系统中流出。把脱蜡后的型壳放入加热炉中,烧去型壳内的残蜡和水分,使型壳强度进一步提高。将型壳从焙烧炉中取出后,周围堆放干砂,加固型壳,然后趁热浇入黄铜液。凝固冷却后用人工或机械方法去掉型壳、切除浇冒口,清理后就完成了灯台的制作。使用时,在灯盏里放置灯芯并倒入灯油,点燃

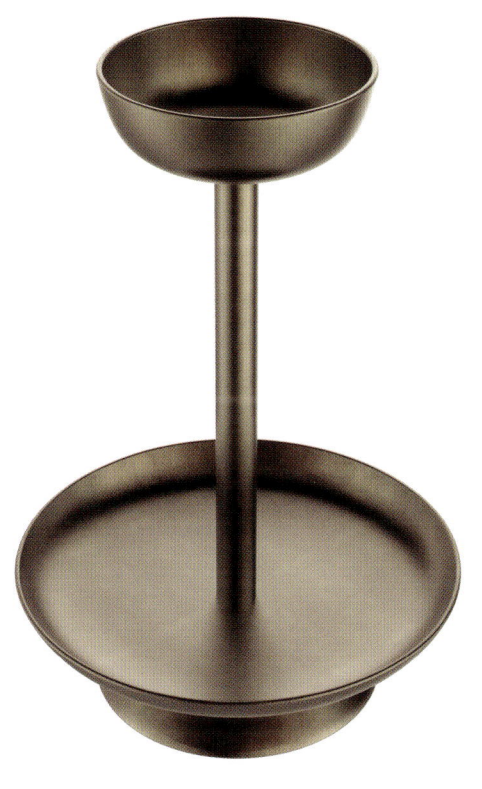

图一 保安族灯台主图

第四章 保安族传统生活用具

灯芯即可照明，照明时一般置于桌上，也可在行走时一手持握灯柱，一手托住底盘使用。此外除本案例灯台外，在甘肃临夏积石山还有黄铜清油灯、现代铜灯、现代铁制煤油灯。

该灯台为保安族人日常的生活照明用具，存在和使用具有普遍性。其设计形制较简单，线条凝练，没有繁复的装饰，设计人性化，具有民间灯具的朴实与实用。此灯使用方便，体现出了普通大众的审美爱好和功用要求。它体现了以人为本的设计理念，科学与艺术统一的造物观念，不但具有便捷的实用功能，同时又给人以审美愉悦。

图片来源
图一　《中国保安族》马少青
图二至图三、图十　祝燕琴、滕佳华　制图
图四至图九　滕佳华、祝燕琴　制图
图十一　张明山　摄影

注释
①杨宏峰主编，马少青编著.中国保安族.2012.5，第48页，本案例主图为书上图片复原

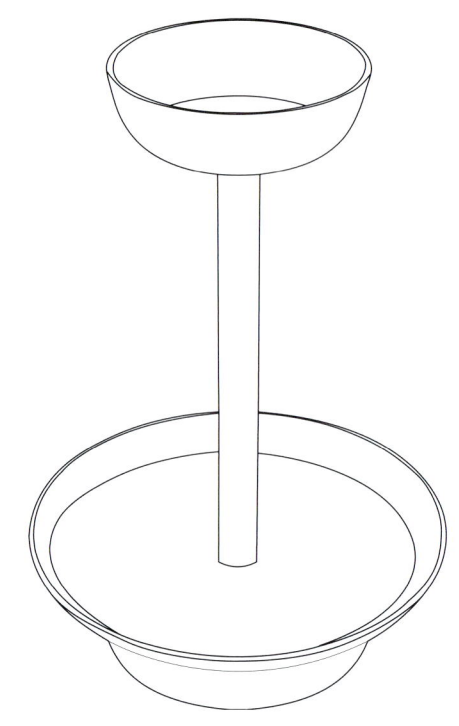

图二　保安族灯台线稿图

图三　保安族灯台效果图

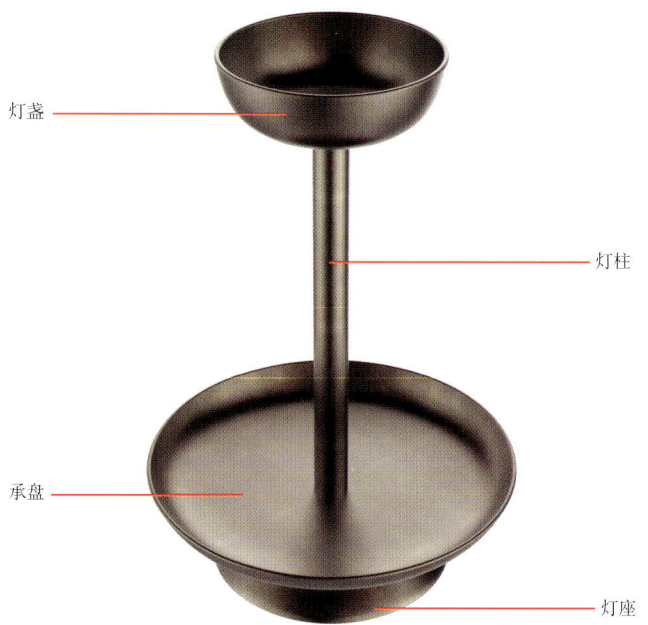

图四　保安族灯台解析图

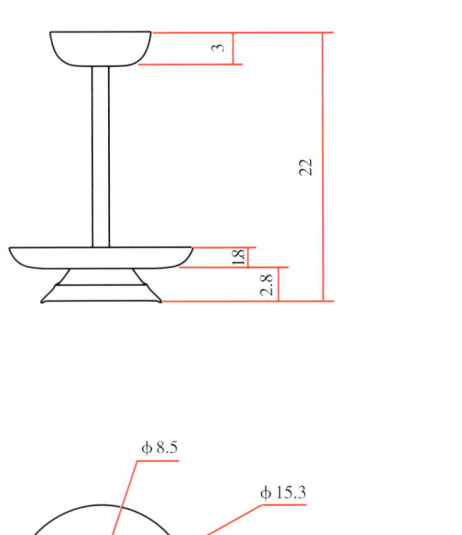
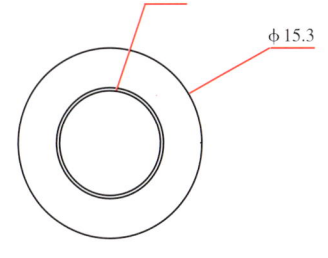

图五　保安族灯台尺寸图（单位：cm）

图六　保安族灯台解析图

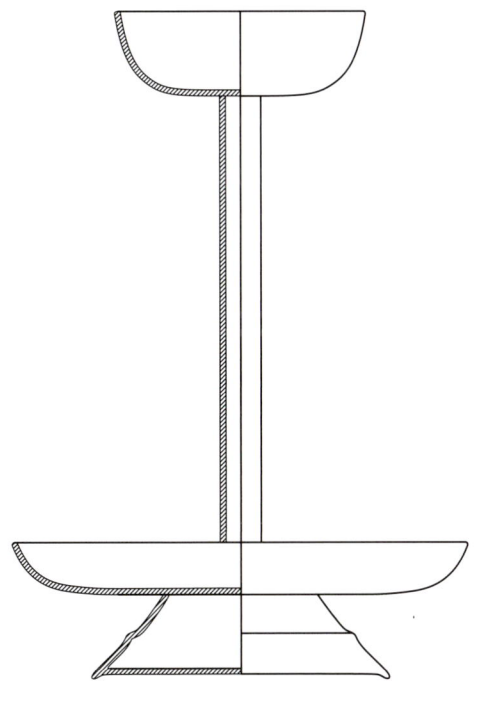

图七　保安族灯台剖视图

第四章　保安族传统生活用具

117

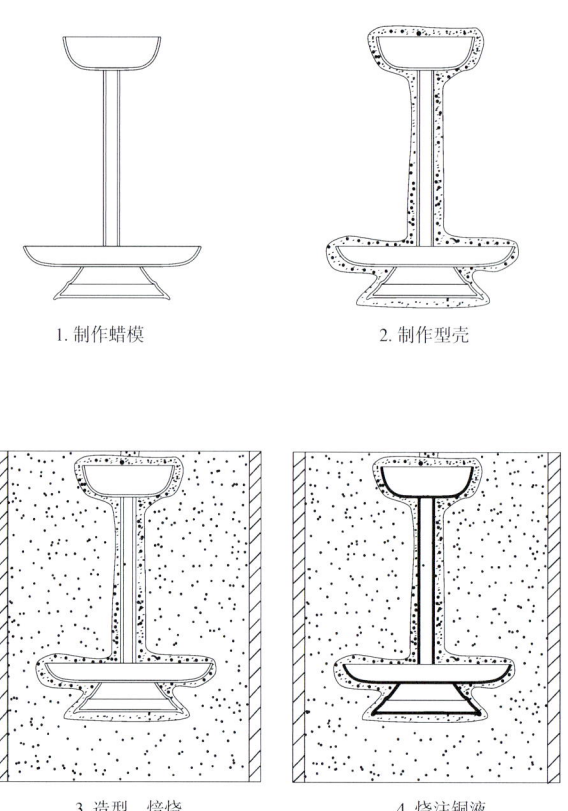

1. 制作蜡模　　2. 制作型壳

3. 造型、焙烧　　4. 烧注铜液

图八　保安族灯台工艺图

图九　保安族灯台使用方式图

图十　保安族灯台照明示意图

图十一　保安族其他灯台

第四章　保安族传统生活用具

保安族绣花枕头

图一　保安族绣花枕头主图

保安族是我国十个信仰伊斯兰教的少数民族之一,也是积石山县特有的少数民族。保安族的服饰、保安腰刀、保安族绣花枕头、保安族绣花荷包等都具有较强的民族特色。在保安族,绣花枕头很普遍,几乎家家都有,数量多、材料杂、技法精湛,图案丰富。保安人的绣花枕头几乎每家每户都会自行缝制。少女婚嫁前要自己准备的嫁礼,其中就包括绣花枕头。本案例采选拍摄于甘肃省积石山民俗博物馆图片,加以绘制复原,宽约为45厘米,长约120厘米。

旧式绣花枕兴盛于清末民初,流传至今。手工绣花枕用布缝制而成,枕头较长,两端呈正方形、长方形、圆形三种,常缝绣着图案加以装饰,俗称枕顶。因此绣花枕头分为有枕顶和没枕顶。由于枕头有对称的两端,所以枕顶绣花一般是成对绣制,其图案的题材与内容相对应。[①]绣枕顶面料多选用绸缎、棉布,通常在中间绣上图案,四周绣上花边,本案例是有顶绣花枕头,枕顶形状为正方形。本案例的绣花枕头绸缎质地,枕套采用黑色,两侧枕顶采用红色,一侧的枕顶绣上傲雪寒梅。纵观枕顶正中主体部分,寒梅独立在其中,四朵绽放的梅花与零星的花朵,加上绿叶点缀。红色的底印上花瓣。傲雪寒梅体现出高洁、坚强、谦虚的品格,给人以立志奋发的激励。另一侧的枕顶则绣盛开的海棠,表达了保安族对美好生活的向往。绣花枕头主要装饰在枕顶部位,绣花布局大方得体,简洁大气。该案例做工精巧,巧妙精微,栩栩如生,绣工精细,绣工匀整,构图饱满,色彩搭配鲜艳,既有实用性,又是精美的工艺品。刺绣图案以花草为主。刺绣是保安族妇女非常喜爱的一项传统民间工艺，她们用刺绣装饰居室和服饰，甚至传达爱情，丰富自己的物质和精神世界。保安族民间刺绣技艺的传承主要是女承母艺，媳承婆艺。保安族民间刺绣品丰富多彩，主要有鞋垫、鞋袜底、绣花鞋、腰带、肚兜、绣花衣服、帽子、"咪哪"、耳套、枕顶、手绢、钱包、针插、荷包、桌裙、床裙、炕围子、门帘、床帘等。刺绣技法多样，常用有错针绣、乱针绣、网绣等。[2]

保安族绣花枕头图案、花边图形的选用、色彩的搭配、技法的选用，都有很多讲究与学问，从中可以感受到保安族妇女对美好生活坚定、热情的向往。

图片来源
图一至图八　李淑梅　制图
注释
[1]马云，李宁，梅杨姿.陕南枕顶绣技艺图案装饰艺术研探.
[2]时佳，北京服装学院硕士论文.北京服装学院.2012.

图二　保安族绣花枕头绣图线稿

图三　保安族绣花枕头左视效果图

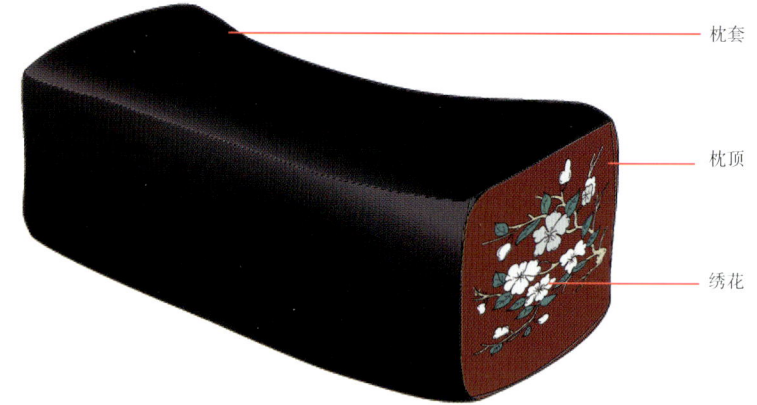

图四　保安族绣花枕头解析名称图

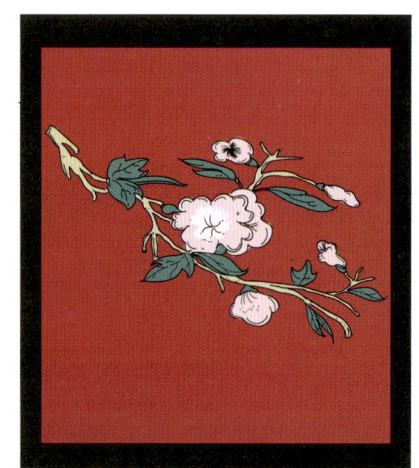 

图五　保安族绣花枕头枕顶效果图

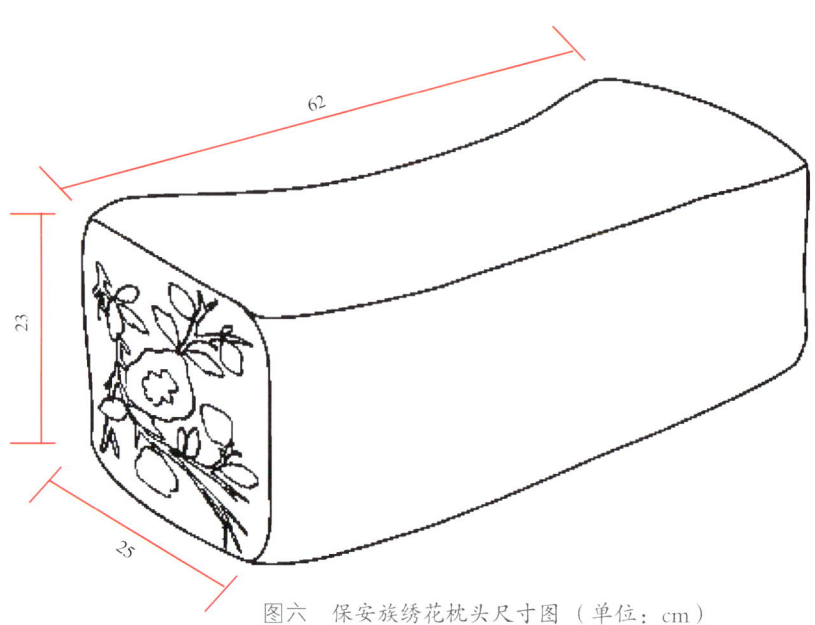

图六　保安族绣花枕头尺寸图（单位：cm）

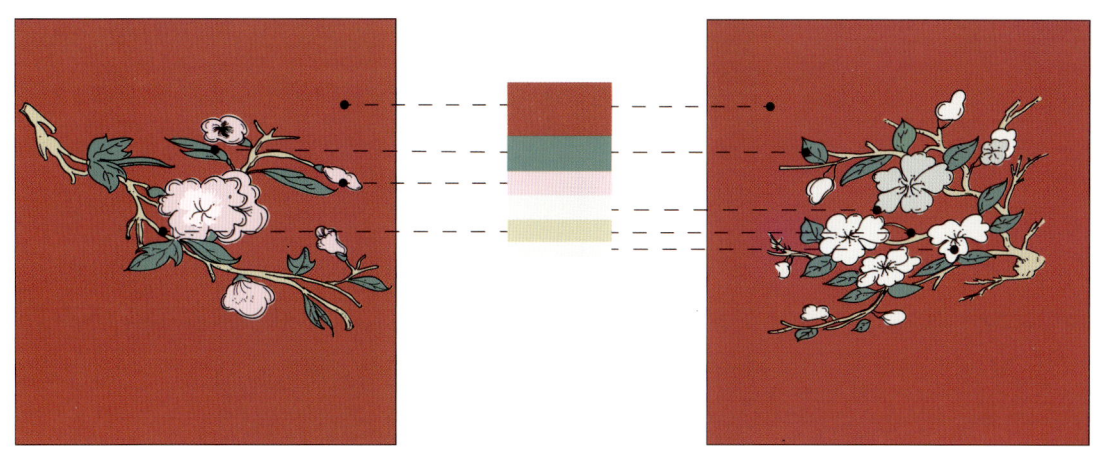

图七 保安族绣花枕头色彩构成图

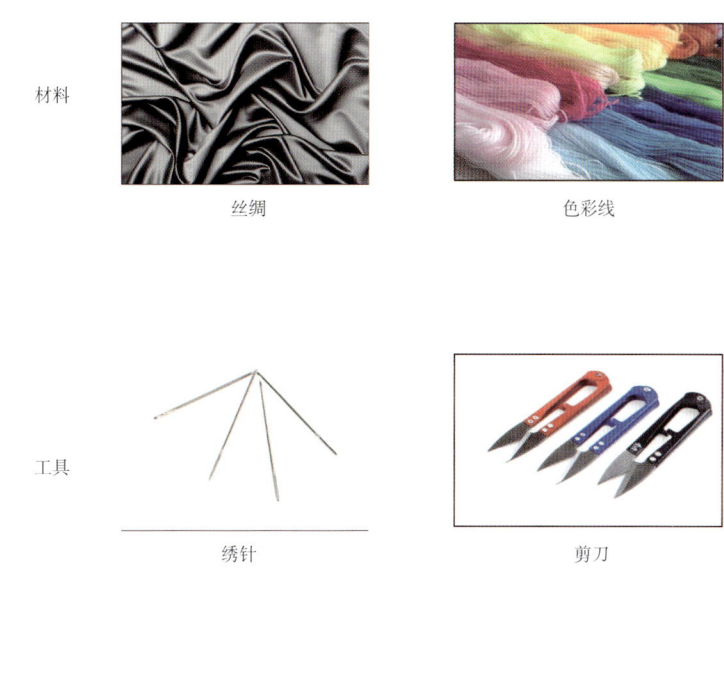

图八 保安族绣花枕头制作工艺图

第四章 保安族传统生活用具

123

保安族六角帽盒

图一 保安族六角帽盒主图

保安族是我国十个信仰伊斯兰教的少数民族之一，主要聚居于甘肃省临夏回族自治州积石山保安族东乡族撒拉族自治县境内。保安族是以信仰伊斯兰教的色目人和蒙古人为主，融合了一定数量的土族、撒拉族和藏族等民族而形成的全民信仰伊斯兰教的民族。男子平时头戴"白号帽"，穿白衫，外套青布夹夹（类坎肩），穿翻领大襟长袍，袍摆饰以宽度不等的彩色布条、绸缎或氆氇，足蹬长筒马靴。[1]本案例六角帽盒是专放号帽而制作的彩绘木盒。本案例采选拍摄于甘肃省积石山民俗博物馆图片，加以绘制复原。

本案例六角帽盒，造型方正简洁，装饰图案生动丰富。六角帽盒为正六棱柱，上下两个正六边形边长约为24.5厘米，四周六个面高约85厘米，长约24.5厘米。六角帽盒的长宽都是根据号帽而定，一般号帽的直径约为19厘米，高约为8厘米，将号帽放入盒中还可留有空余。六角帽盒在造型上，体型小巧，其形体结构并不复杂，没有多余的装饰附件。正六棱柱底部有脚底加以支撑、稳固。六角帽盒的装饰以花卉为主，生动精致。盒身髹饰彩绘，通体以棕红色为底，以黄色漆绘制花卉、云气、花瓶、寿桃、书镇等。整体效果突出，整体棕红色与黄色搭配，形成强烈对比，棕红色给人以庄重、沉稳之感，黄色有明朗、温软之感，这两种色彩搭配在一起，在视觉和心理上，都能产生极强的吸引力。六角帽盒只在三面有图形装饰，绘制在盒盖盒身，方便于盖盒盖。绘制的花卉图案造型轻巧、线条流畅。三面的图案组合各不一致，从左至右依次为书卷、菊花与梅花、荷花，加以寿桃、书镇等表达美好的寓意。正面髹饰四君子之菊、梅。菊，素雅留芳，是高洁情操、坚贞不屈的象征。梅，凌寒留香，是传春报喜的吉祥象征。右面髹饰以莲花与莲蓬，周敦颐《爱莲说》："出淤泥而不染，濯清涟而不妖。"李商隐《赠荷花》："唯有绿荷红菡萏，卷舒开合任天真。"图中的"荷"与"和"谐音。"藕"与"偶"谐音。"因和得偶"寓意因和善而得佳偶。[2] 左面髹饰书卷、书镇、寿桃，寓意长寿，用以祝寿。

保安族制作六角帽盒专门放置号帽，并对其精心绘制、设计。造型简洁，使用方便，装饰质朴纯然，这体现的是保安族人对伊斯兰教虔诚的信仰，同时绘以寓意吉祥美好的花卉、图案表达着保安族人对美好生活的向往以及对美的追求。

图片来源
图一 曹学舰 摄影
图二至图八 李淑梅 制图

注释
① 桑吉才让.保安族服饰及工艺美术的社会文化内涵[J].青海师专学报.2006.5.
② 文轩.中国传统吉祥图典[M].北京:中央编译出版社,2010.5.518.

图二 保安族六角帽盒主图线稿图

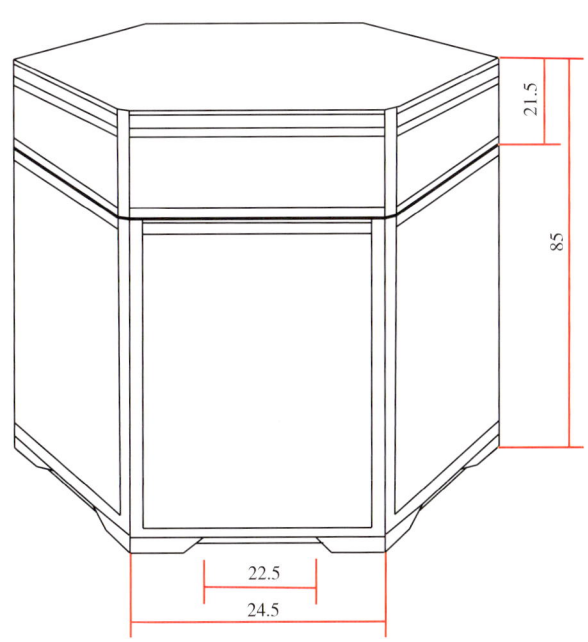

图三 保安族六角帽盒尺寸图（单位：cm）

图四　保安族六角帽盒纹样图

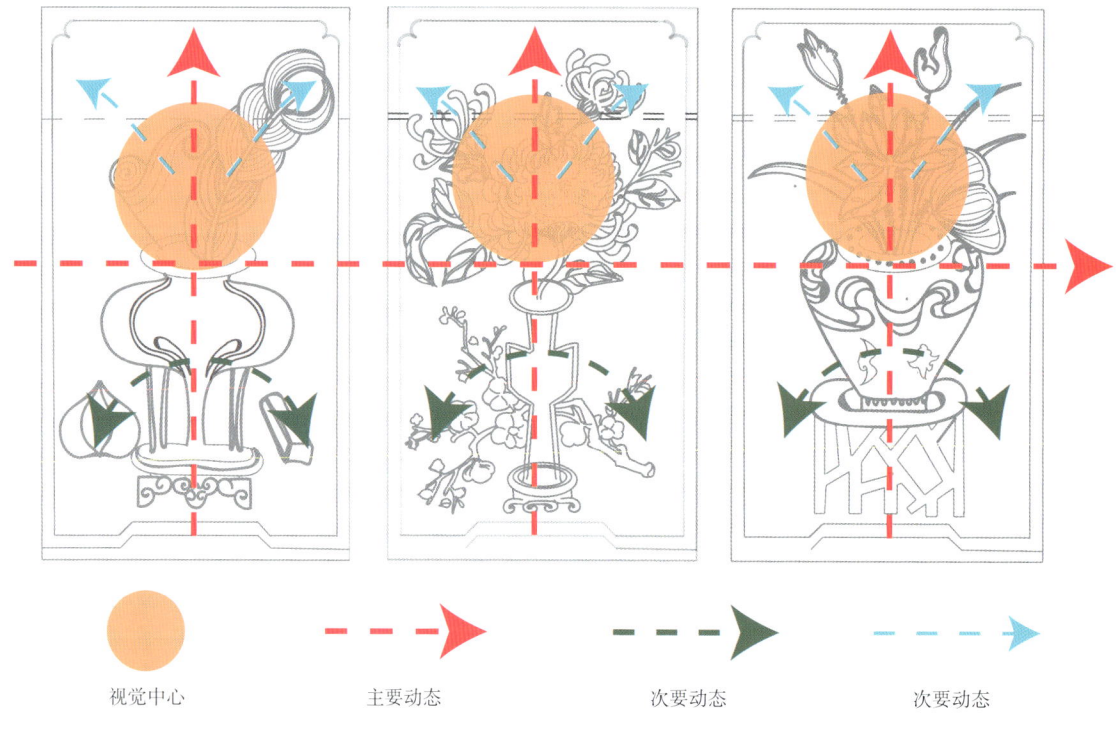

视觉中心　　　主要动态　　　次要动态　　　次要动态

图五　保安族六角帽盒纹样结构分析图

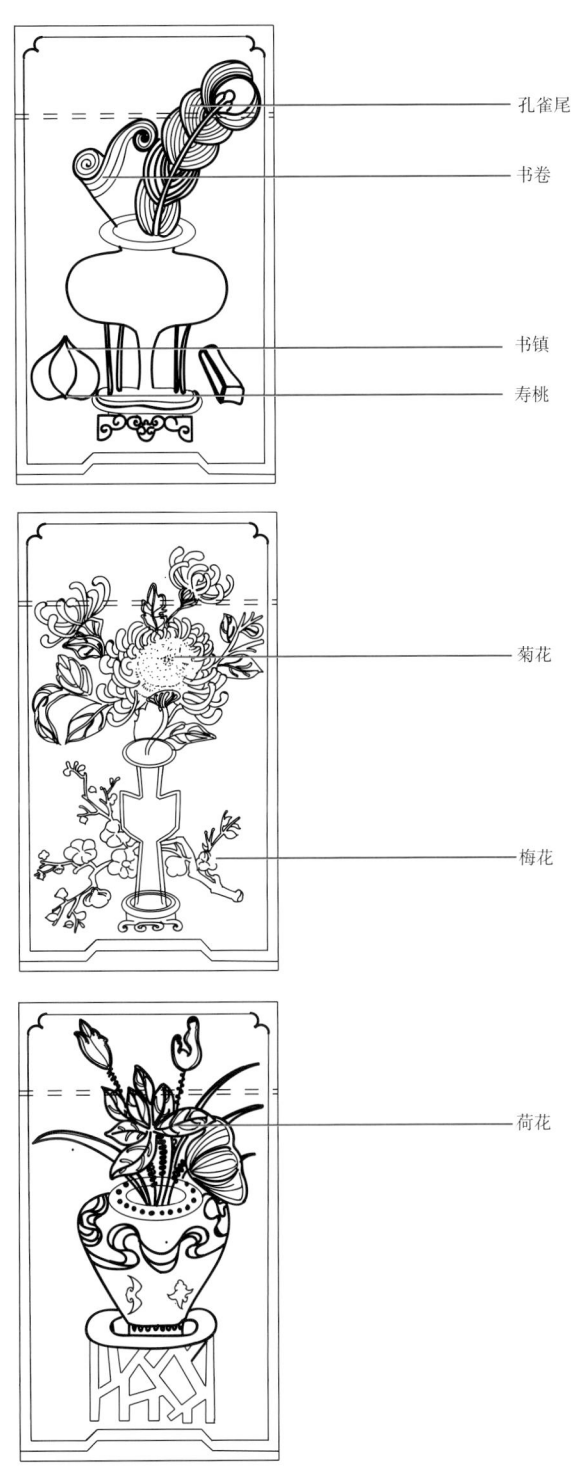

图六 保安族六角帽盒吉祥纹样名称图

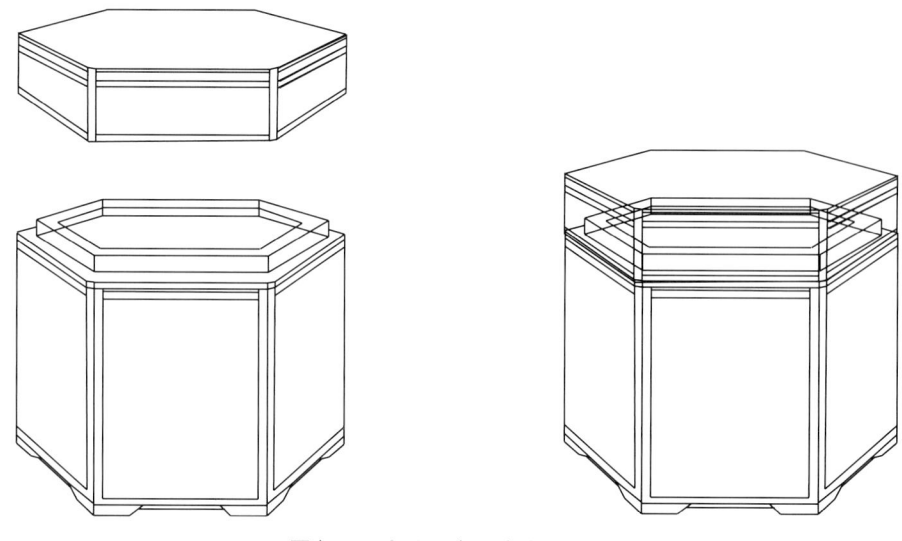

图七　保安族六角帽盒盒盖结构图

图八　保安族六角帽盒使用方式图

保安族炕桌

图一 保安族炕桌主图

保安族聚居的甘肃临夏属我国西北地区，深居内陆，昼夜温差大，冬季漫长而寒冷，因此，保安族有屋广炕大、冬季多在炕上活动的习惯。现在保安族的民居，一般都独家独院，室内陈设结构简单明了，利用火炕取暖，炕上铺着毛毡，供人坐卧。[①]因此，炕是保安族人生活中必不可少的一部分。炕桌，即为放置在炕上的矮桌，供人们在床上吃饭、写字等时使用，十分方便。本案例炕桌采集自甘肃积石山大墩村，由实木制成；桌面呈方形，长宽约58厘米，高约25厘米。

炕桌作为保安族必不可少的生活用具，真实反映着保安族人生活的方方面面。通常，保安族的炕桌由当地常见的硬质木材制成，轻便灵活、耐磨损，便于日常中的搬动；且制作材料廉价易得。

炕桌通常低矮、扁平，其高度符合人体盘坐时的高度要求，使人在使用炕桌阅读、饮食时可以保持舒适的姿态；炕桌的宽度通常与炕相适应，以保证人在炕上摆放炕桌后仍有足够的空间盘坐；同时，炕桌的高度也适合支撑人的起身。

保安族炕桌形态朴实，没有过多的雕刻装饰；但桌面往往绘制有各式各样的图案，所用颜色通常素雅、稳重。本案例所采选的炕桌桌面绘制有白色石榴花果纹样。石榴是保安族聚居地的常见植物，常被种植于院落中，象征着多子多福。该图案整体边框与炕桌相同，为方形。四周角隅图案化方为圆，起到连接与过渡的作用。石榴花图案则整体呈圆形，以三朵石榴花为中心向四周延伸枝叶，两颗形态饱满的石榴点缀其中，使点、线、面兼具，丰富了画面。其枝叶大略呈向上的态势，形态舒展，生机勃勃。将本为不同时间出现的石榴花、果置于同一画面内，在写实的同时又富有浪漫的想象力。

炕桌各部分结构以榫卯固定，而不用胶粘合，大大提高了炕桌的稳固性。炕桌的各部分相互支撑，使得它在轻便的同时又能承载比较大的重量。由于炕桌需要时常搬移、挪动，炕桌脚容易受磨损，导致炕桌不稳定，因此该炕桌附有一个木楔，可塞在被磨损的桌脚下，起稳定作用。

炕桌在我国的使用历史悠久，广泛应用于我国北方地区。简单精巧、结实耐用是其特点。保安族炕桌形态、结构都与我国汉族常见的炕桌相同；而桌面彩绘形式又与藏、蒙古等邻近地区民族相似。这体现了保安族对于其他民族文化强大的包容性。但在相似的同时，与汉族常见的炕桌相比，保安族炕桌通常无过多雕刻装饰；与其他民族所用炕桌的彩绘相比，保安族炕桌的桌面彩绘色彩更为淡雅庄重，形态更为简单、抽象，这又显示出了保安族人自身的创造性特征和注重简朴实用的民族性格。其彩绘题材则多选自保安族生活中常见的植物，有一定的写实性，又是保安族人生活环境的反映。因此，炕桌不仅仅是一件简单的家具，更是保安族历史的见证、宗教信仰与民俗风情的映射。对保安族人的生活、研究保安族的历史都有着重要的意义。

图片来源
图一　张明山　摄影
图二至图七　井欣萌　制图
注释
①马少青.中国保安族［M］.银川：宁夏人民出版社，2012.46.

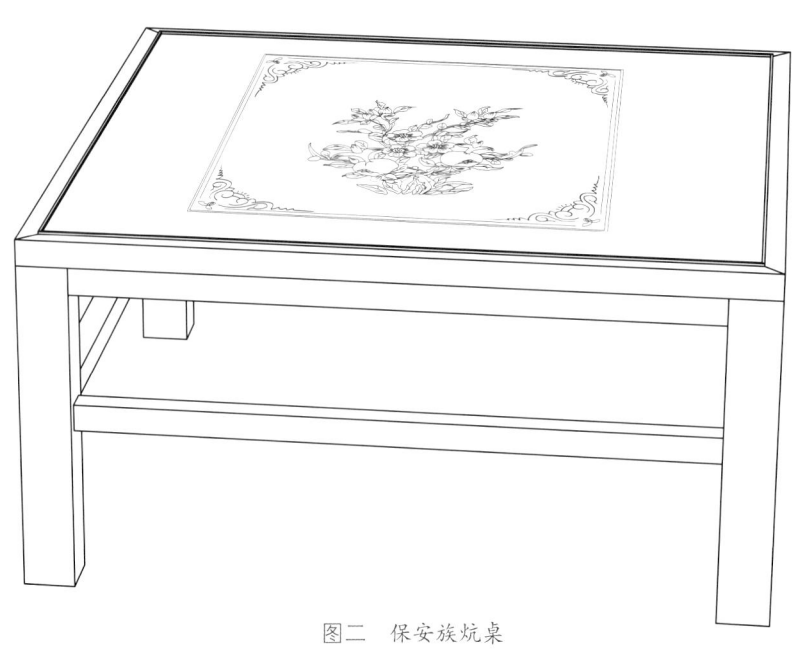

图二　保安族炕桌

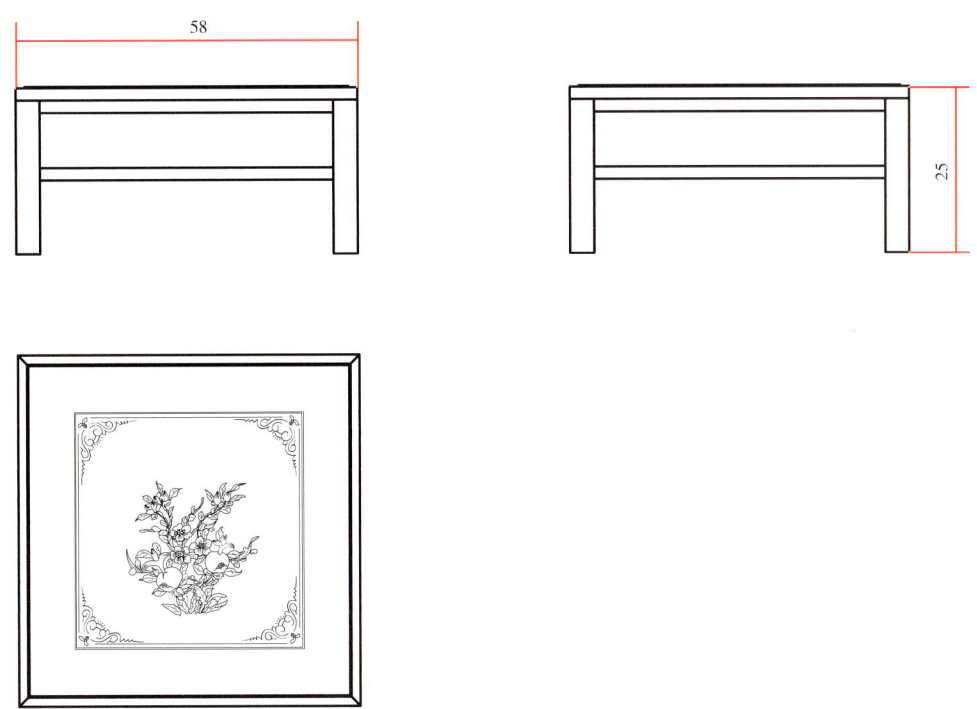

图三　保安族炕桌保安族炕桌尺寸图（单位：cm）

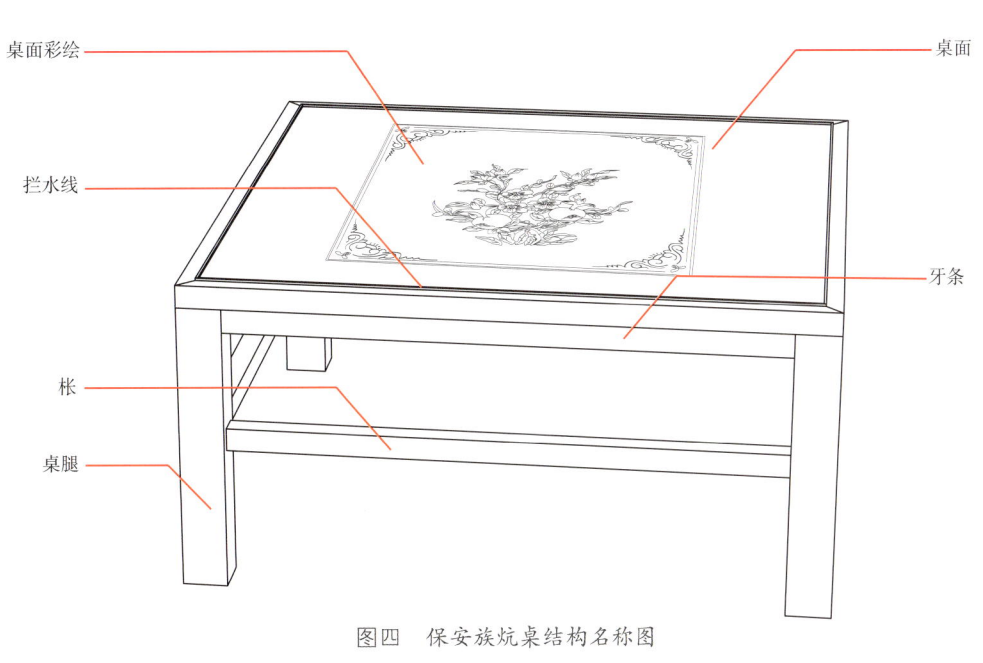

图四　保安族炕桌结构名称图

图五 保安族炕桌桌面彩绘示意图

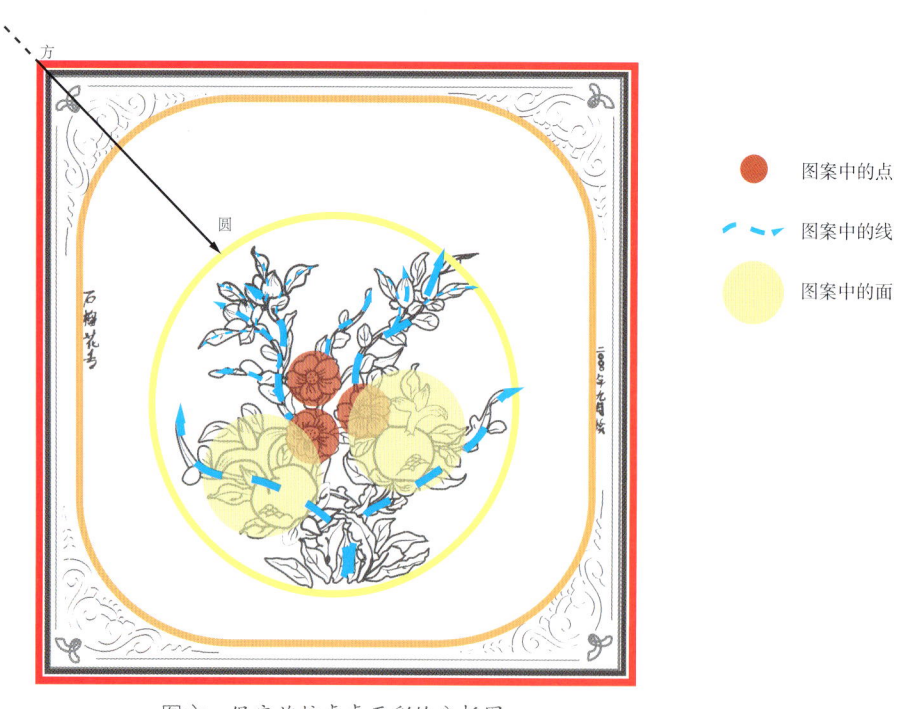

图六 保安族炕桌桌面彩绘分析图

● 图案中的点
- - 图案中的线
● 图案中的面

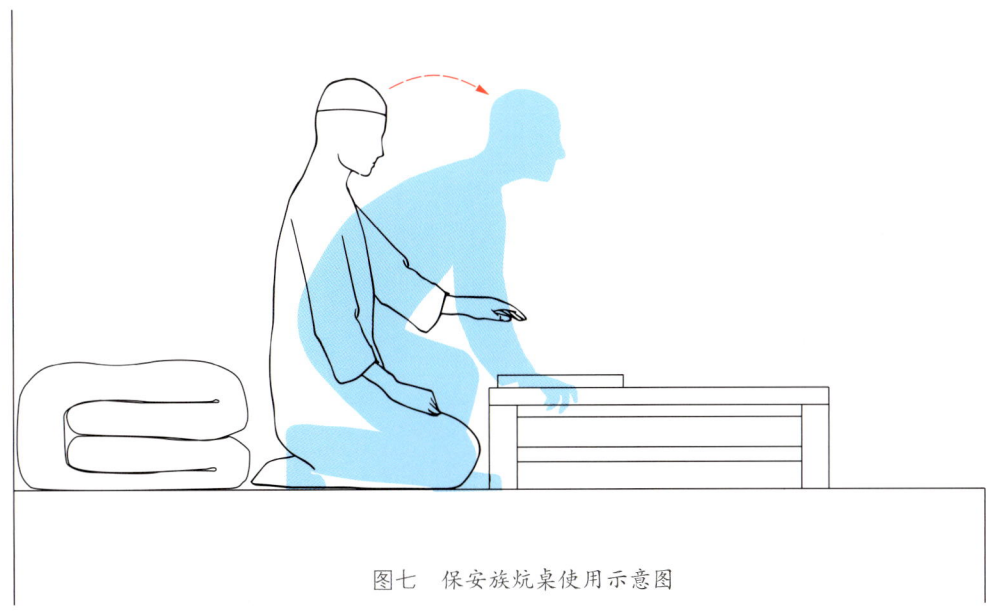

图七 保安族炕桌使用示意图

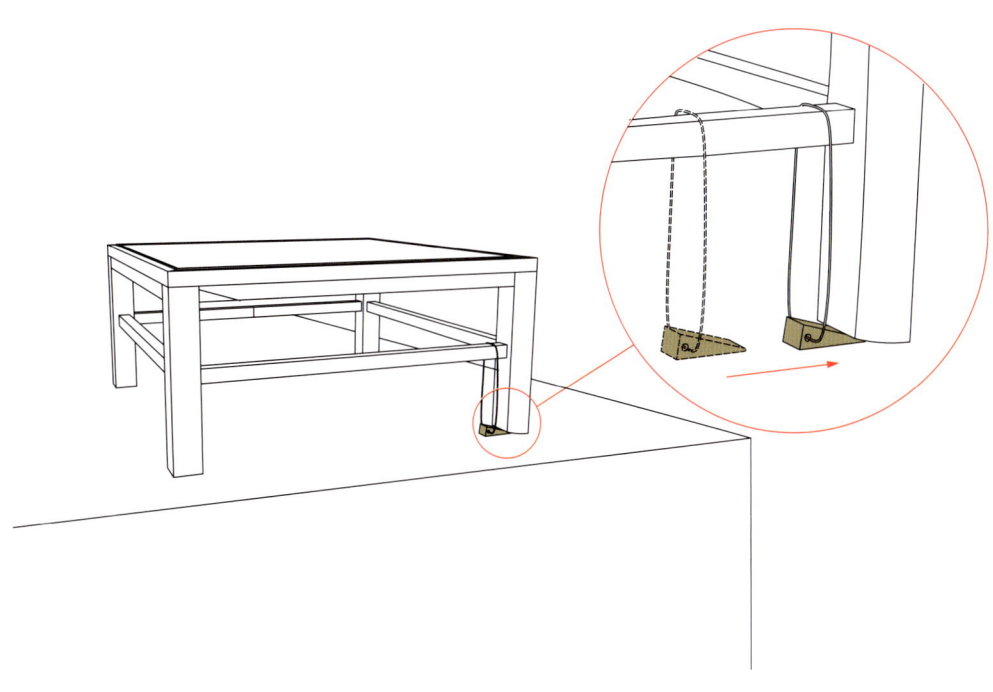

图八 保安族炕桌附带楔子使用示意图

第四章 保安族传统生活用具

保安族板车

图一 保安族板车主图

板车，当地方言又称"架子车"、"牛车"，是一种以其平板部分载货或载人的非机动车辆，是一种常见的运输工具。板车通常由人力作为动力，也有使用牛、驴、骡等牲口牵引。本案例为保安族现代的一款用硬木制造的人力板车，也是我国板车中较具典型性的一种车型，长约256厘米，宽约140厘米，轮径约111厘米，现藏于甘肃省积石山县博物馆。本案例根据其尺寸作建模复原。

该板车通体为木质材料，整体结构简单，由车架、车轮、扶手等部件构成。板车主体为一块平板，四周有围栏和挡板防止货物旁落。从车板前端延伸出两根把手作为拉车的着力点，车把的前端装有一个横杆，方便将绳索套在拉车的牛身上。从结构来看，板车在设计上比较独特的是承重设计。承载货物的重货栏位置较低，位于轮子轴心水平高度之下，这种设计的好处在于货物的承放量相较于一般高度略大，货物的重心偏低，驾驭车辆比较轻松，不易翻覆。板车的前进方式一般为使用者在车把中间，面向车把延伸的方向，背对车板向前拉动板车，当货物较重时，将把手上固定绳带套在拉车者肩头，用肩部牵引作为主力，这样前进比较省力，也可以把绳索套在负责运输的牛身上，人在后面抬住板车保持板车平衡。现代板车也发展出了另一种车把前端没有横杆的形制，使用者站在车把中间，手握双把手，推动板车前进，车板货物在驾驶者视线范围，不易碰到路人或障碍物。在推车时可将轮轴作为支点，利用杠杆原理将货物重量集中于轮轴的前方，在后方推车时借助提升力，只需施加向前的推力便可以使车向前运动，达到省力的目的。板车的操作较为简单直接，通常一个人即可轻松拉或推行几十公斤甚至上百公斤的重物；当承载达到两三百公斤的高负荷时，通常要在车前方的拉木（车把）上系上绳索来辅助牵拉，尤其在上坡或地形起伏不平时更需如此，同时也可在其左右两侧助推帮扶。在这样的配合之下，其超强的负重能力得到了充分的发挥。不使用板车时，一般将板车竖起来靠墙放置，一是节省空间，二是保证安全。在机动货车没有普及的年代，板车在保安族人民运输作物、出行等方面起到了极大的作用。

板车造价低廉，结构简单，用途广泛，适应面广，这类车型在我国具有一定的普遍性，广泛应用于农业生产生活、建筑建设等无须长途跋涉的领域，特别在山区，路面狭窄崎岖，板车可发挥其作用，运送重量相当可观的货物。板车的结构与清代广泛使用的平板牛车结构基本相同，可以看作是从先秦以来双轮车的简化形式，在我国有较长的使用历史，保安族居住的村庄至今依然保存着板车这一运输工具，板车依然是保安族人民必不可少的生活用具。

图片来源
图一、图九　张明山、曹学舰　摄影
图二至图七　战怡菲　制图
图八　祝燕琴　制图

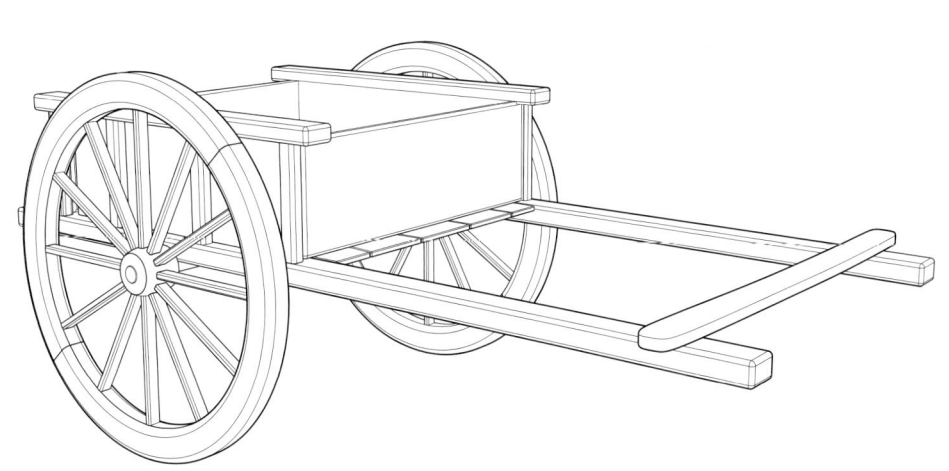

图二　保安族板车线描图

图三 保安族板车效果图

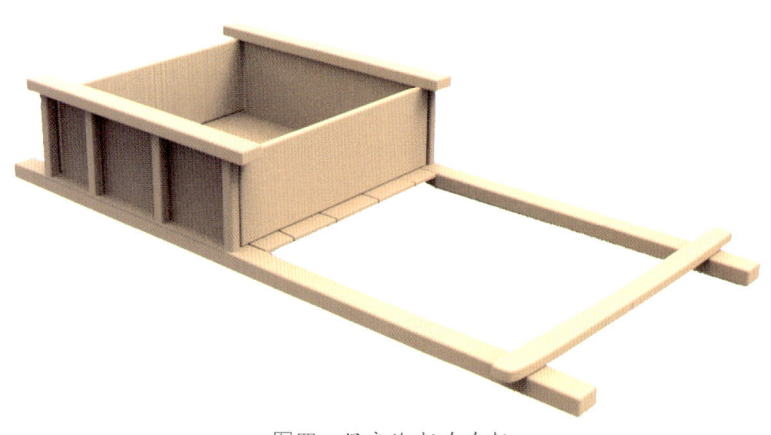

图四 保安族板车车架

图五 保安族板车车轮

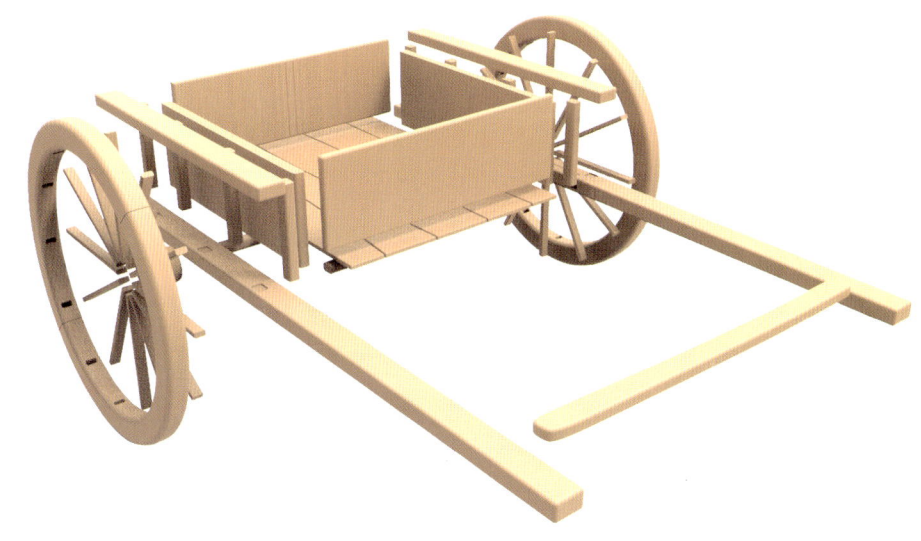

图六 保安族板车分解图

图七 保安族车架底部效果图

第四章 保安族传统生活用具

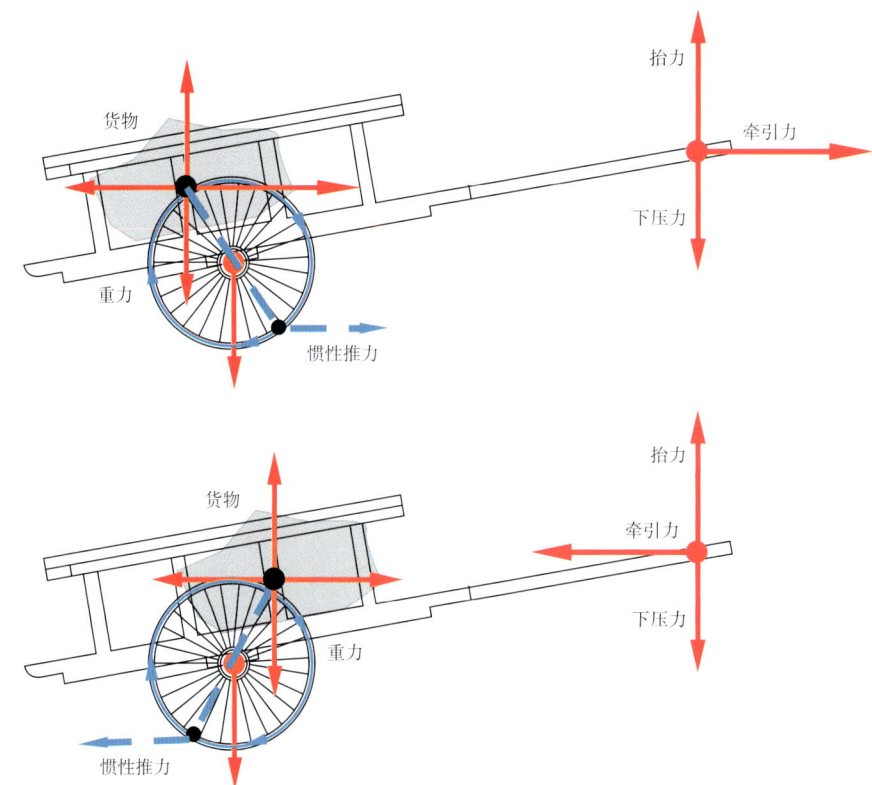

图八 保安族板车受力分析图

图九 保安族不同形制板车

第五章 保安族传统生产工具

保安族犁

图一　保安族犁主图

　　保安族主要聚居在甘肃省积石山，这里位于临夏的西部，西靠巍峨的积石山，北临滔滔黄河，气候温和，宜农宜牧。保安族以农业生产为主，犁作为起垄作亩、覆土埋草的耕地农具，在保安族人民的农业生产活动中占有重要地位。本案例所用的犁长约160厘米，高约75厘米。

　　本案例整体结构由犁尾柄、犁梢、犁铲、犁辕、犁钩等部件组成。该犁的造型为介于直辕犁和曲辕犁之间的一种形制，犁辕为弯折状态，犁辕前端有犁钩，犁钩上系以绳索与牛轭相连，操作灵活自如，便于转弯。犁辕与犁梢以插接的方式相连，犁梢上端有犁尾柄，农夫通过操作犁尾柄来控制犁的方向和工作深度。犁辕和犁梢之间设置有犁箭，增加了犁辕和犁梢的牢固度。犁的材料为木材和金属，其中大部分为木质结构，仅犁铲、犁钩为铁铸造而成，因为犁铲、犁钩是整个器械中的主要功能物件，在使用的时候磨损最为严重，而铁具有非常好的牢固耐磨性。犁通常系在一组牵引它的牲畜或机动车上。也有用人力驱动的。在工作中，农夫自己并不需要用很大的气力，只需一手执犁梢扶正，同时稍用力施压，犁铲即可向下发力，破碎土块并耕出槽沟。借用牛的拉力，并且由于犁辕为弯折状态，降低了犁的受力点，不仅大大减轻了扶犁农夫的体力消耗，又节省了畜力，充分有效地利用畜力。该案例体现出了工作器具的朴素设计思想"用力甚寡而见功多"，创造了一种借力、省力的工作方式和使用方式。保安族聚居地区至今还保留着"二牛抬杠"形式的耕作方式。我国南方地区的曲辕犁相对轻便,便于转弯,因此在多丘陵地形、多散落的水田地的南方地区被广泛使用,而保安族所在的积石山地区,位于我国西北偏远地区,较为闭塞,有着大片平坦的旱作耕地,因此保留了一些直辕犁的形制,以及"二牛抬杠"这种较为早期的耕作方式。现在在保安族村落中依然可见用两头牛拉犁翻新土地的耕作方式以及相应的牛担。保安族早期从事畜牧业,迁徙到大河家后转为从事农业生产,犁的使用反映了保安族人民对于回、汉等其他民族先进的生产方式的吸收与借鉴。

本案例使用方便、造型简洁,经久耐用,将功能设计和审美设计巧妙结合在一起。犁作为古代农耕的主要农具,最初是由一种原始双刃三角形石器发展起来的,被称作"石犁"。随着生产力水平的逐渐提高,出现了青铜犁、铁犁、直辕犁、曲辕犁等多种形制,对我国的农业生产发展起了重要的促进作用,也是保安族农业生产活动中十分重要的一部分。

图片来源
图一　资料来源:《在"田野"中发现历史》　马世仁著
图二至图图七、图九　宋姣、祝燕琴　制图
图八　战怡菲　制图
图十　祝燕琴、宋姣　制图
图十一　张明山、曹学舰　摄影

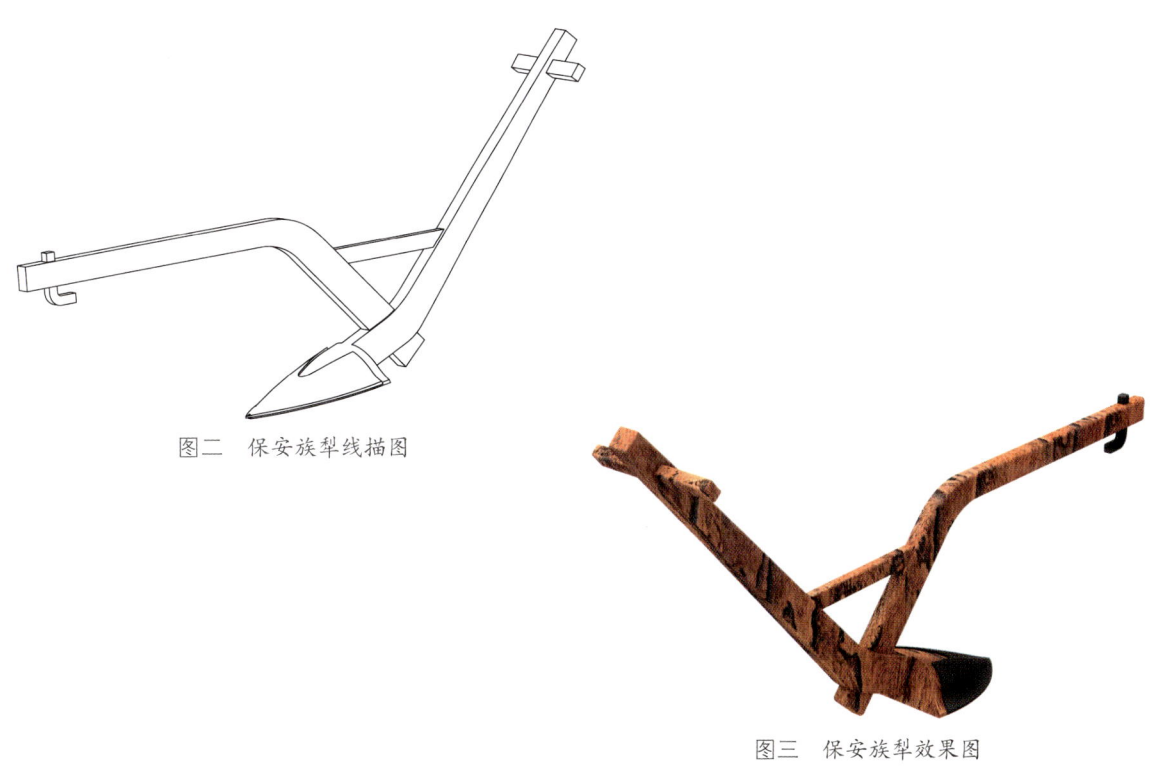

图二　保安族犁线描图

图三　保安族犁效果图

第五章　保安族传统生产工具

图四 保安族犁解析名称图

图五 保安族犁分解图

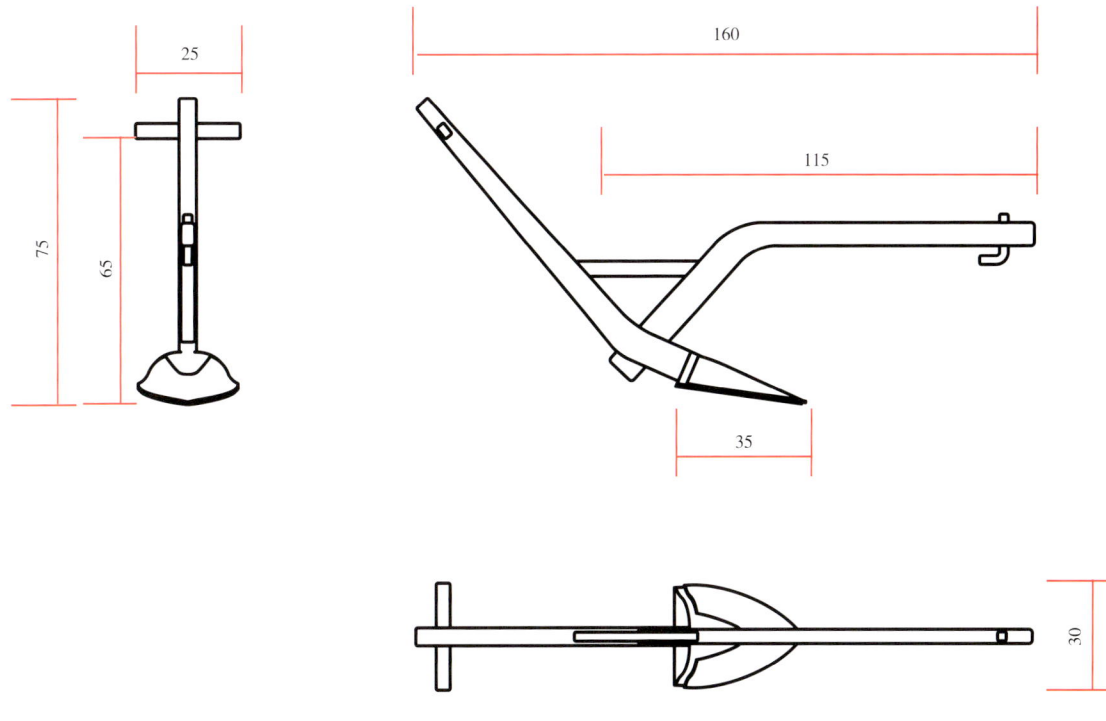

图六 保安族犁尺寸图(单位:cm)

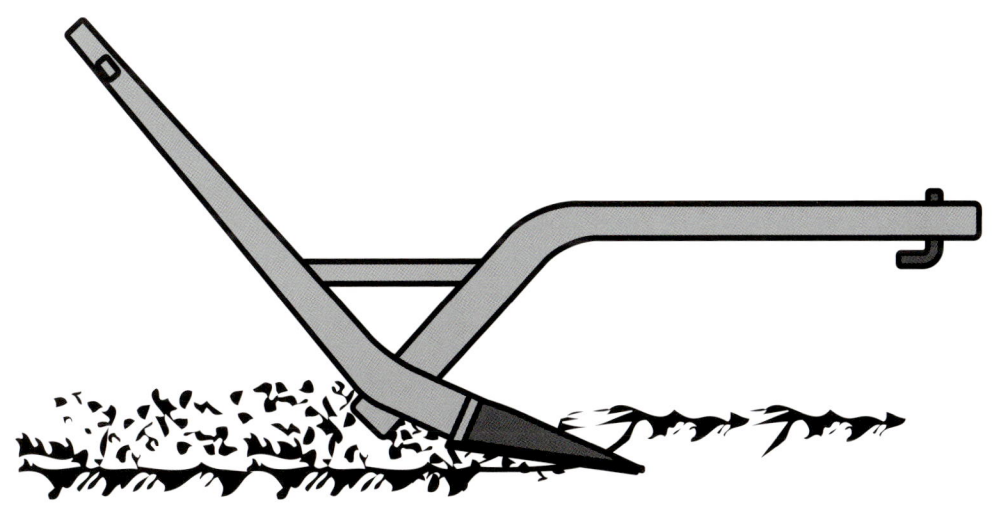

图七 保安族犁工作图

第五章 保安族传统生产工具

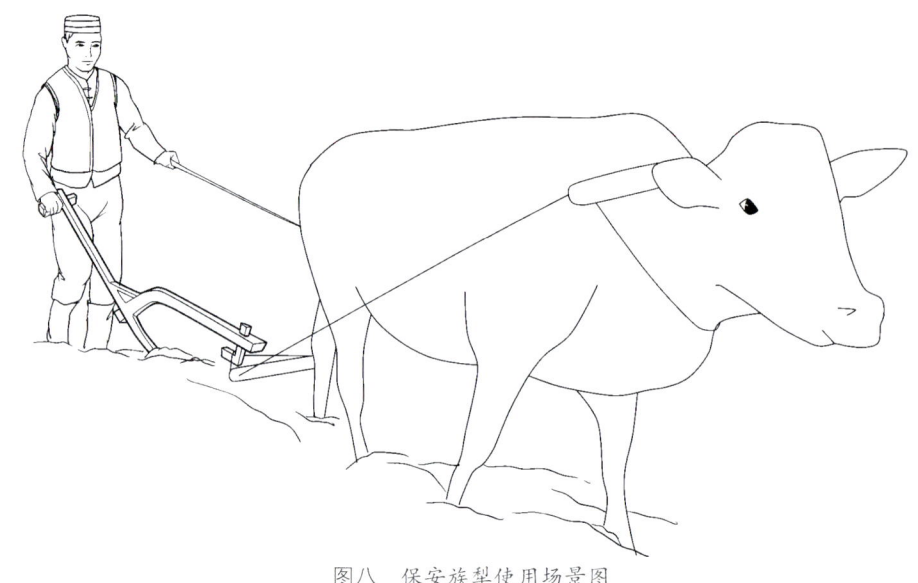

图八 保安族犁使用场景图

右视图　　　　　正视图

俯视图

图九 保安族犁三视图

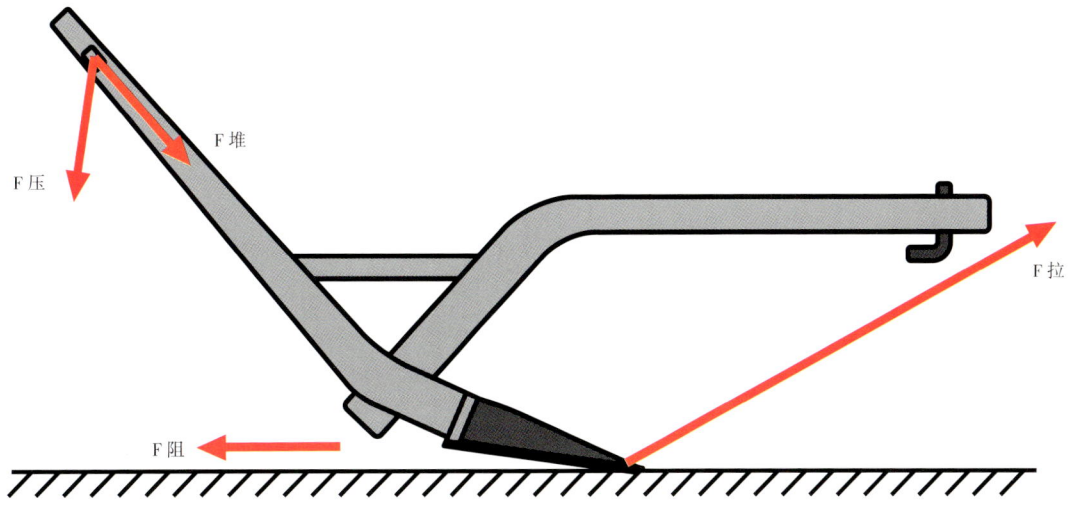

图十　保安族犁受力示意图

图十一　保安族犁使用情境图

第五章　保安族传统生产工具

保安族耱

图一　保安族耱主图

保安族聚居区位于甘肃、青海交界的积石山下，北临黄河，气候干燥，降水少，80%左右的降水集中在7-9三个月，春夏少雨，蒸发量大，容易因为干旱影响播种和作物生长。耕、耙、耱耕作技术体系较好地缓解了这一问题，意义十分重大。魏晋南北朝以后，我国北方基本上也都是沿用这一精耕细作的耕作技术。本案例采选于迈尔苏目·马世仁编著《在"田野"中发现历史》中的图片加以建模复原，以保安族所用的耱为代表，对其作翔实分析。此耱长约196厘米，宽约50厘米。①

耱由耱梃、中柱、挂环、耱条、耱档等部件所组成，都是木质的，用手指粗细的树枝条编长形木框上的一种农具。主要用来平整翻耕后的土地，使土粒更碎些，有时也用来保墒，把土块压碎之后，在地面形成一层松软的土层，切断土中的毛细管，尽可能地减少水分蒸发，起保墒防旱作用。这也就是《齐民要术·耕田篇》所说的"再劳地熟，旱亦保泽"。通常在犁地、耙地之后进行，为播种提供良好的条件。功用和耙相似，有些地方也称作"耢"，有些地方则称作"盖"。耱的两侧为厚木条做成的耱档，耱条沿着耱梃交叉编织，前端有挂环，挂环上系以绳索与牛轭相连。耱的长宽设计适合容纳个人操纵。借力是保安族耱最重要的工作原理，借助牛的拉力和人对土面的重力来完成工作的，耕作者无须花费很大的力气，只需两手牵扯着与牛轭相联结的绳索，让牛牵拉着耱和人向前。牵拉耱的方式又很多，从畜力上来讲，有一牛牵拉，有二牛牵拉，也有牛驴合力牵拉。从驾系方式看，有单直辕驾系，有双直辕，有牛轭绳索驾系。操作方式也很方便，操作人可随耱行走，也可站在耱的横梁上。②是站还是蹲于耱上，还是跟于耱后，还要看土地的情况。《齐民要术》卷一《耕田》对耕耱技术有详细要求。首先，要求"犁廉耕细"，即要求所耕犁条不能太宽，宽了就耕不深，耕不细。其次，要求根据墒情确定耕作时间："凡耕高下田，不问春秋，必须燥湿得所为佳。"耕地的深度，要求因时而定："凡秋耕欲深，春夏欲浅"，"初耕欲深，转地欲浅"。

农具既没有神秘的象征和深邃的意蕴，也没有华丽的装饰和精美的造型，它们就像其制造使用者农民一样，朴实无华。③现今北方有些农村依然在使用耱，耱造型简洁，运用天然的材料，因地制宜，操纵方便。结构上设计精巧，运用"借力"的力学工作原理，很大程度上提高了耕种效率。保安族耱在设计上不仅显示了保安族在农具设计上的才能与智慧，也凝结了保安族在认知自然、改造自然中所总结的灵活、简便的设计思想。

图片来源
图一至图三　宋姣、祝燕琴　制图
图四、图八　祝燕琴、宋姣　制图
图五至图七　李淑梅　制图

注释
①迈尔苏目·马世仁.在"田野"中发现历史[M].北京：中国社会科学出版社，2008.180.
②周昕.中国农具发展史[M].济南：山东科学技术出版社，2005.274.
③王强，李安娜.深耕易耨——云南红河传统农具哈尼族秒耙设计研究[J].装饰.2015.1.

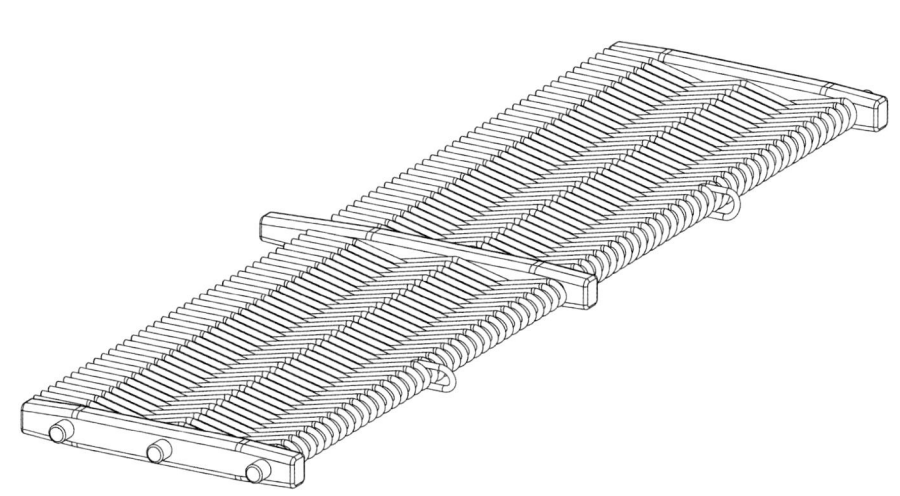

图二　保安族耱线稿图

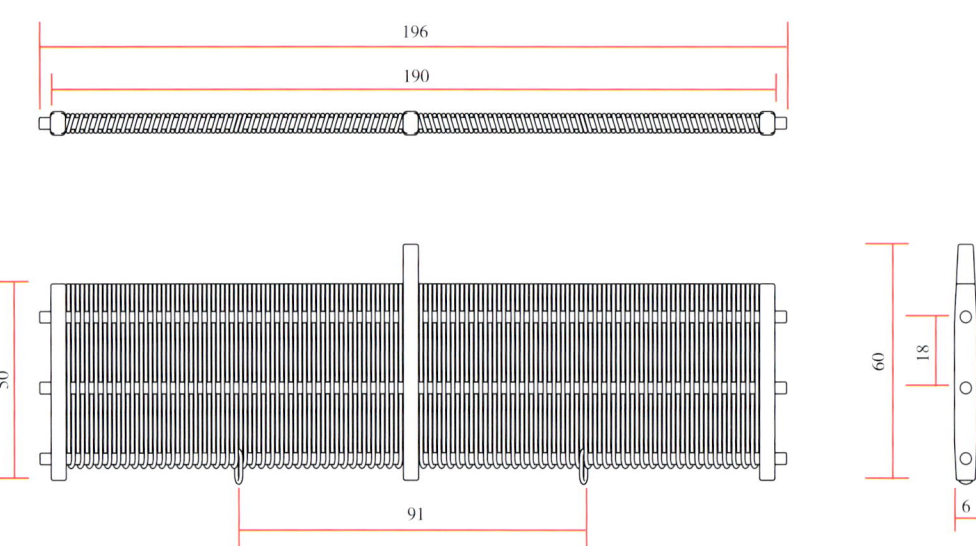

图三　保安族撘尺寸图（单位：cm）

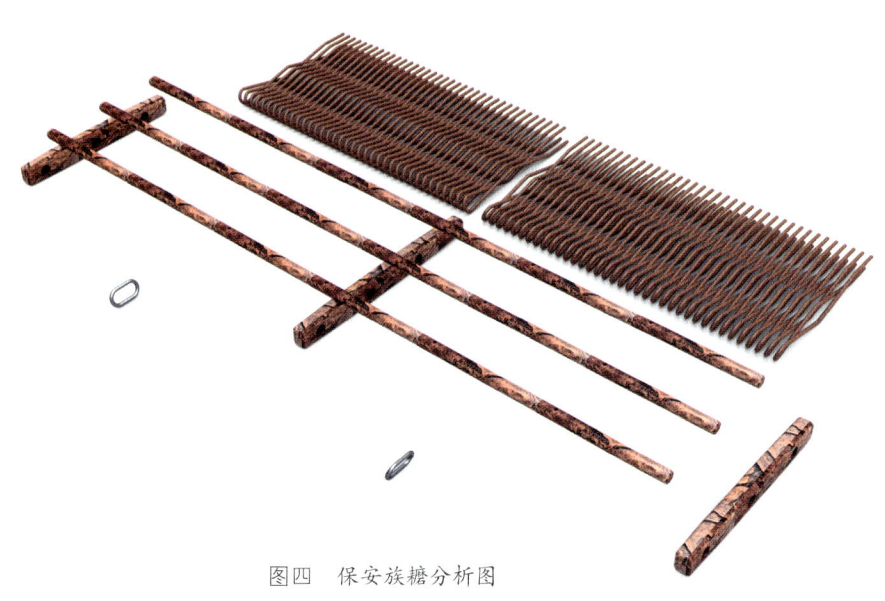

图四　保安族撘分析图

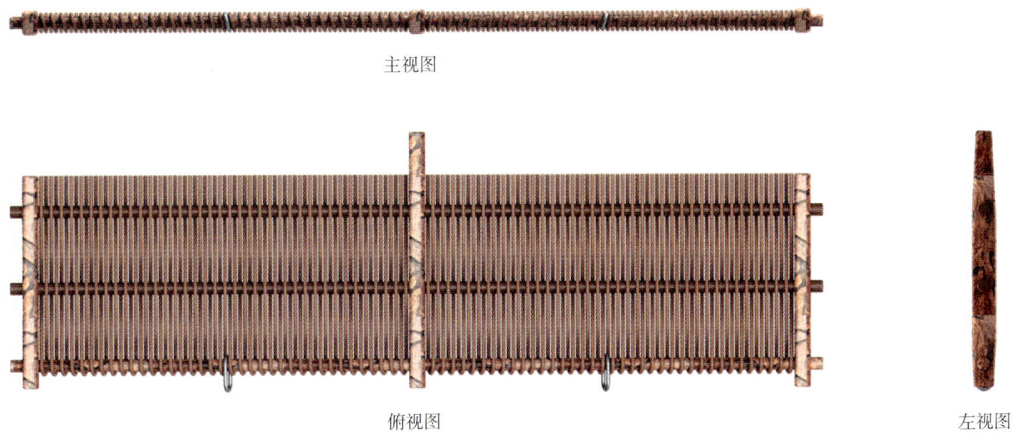

主视图

俯视图　　　　　　　　　　　　左视图

图五　保安族耱三视图

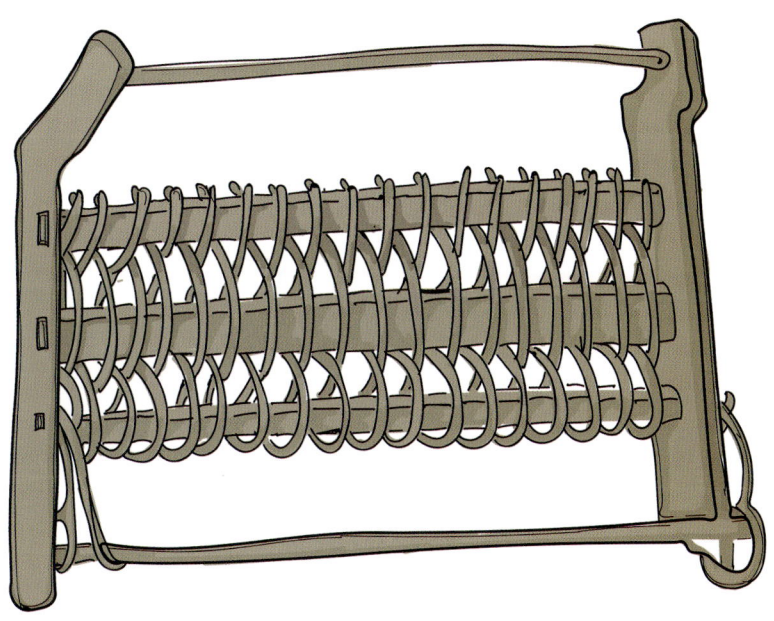

图六　保安族耱手绘效果图

第五章　保安族传统生产工具

149

图七　保安族耱使用场景图

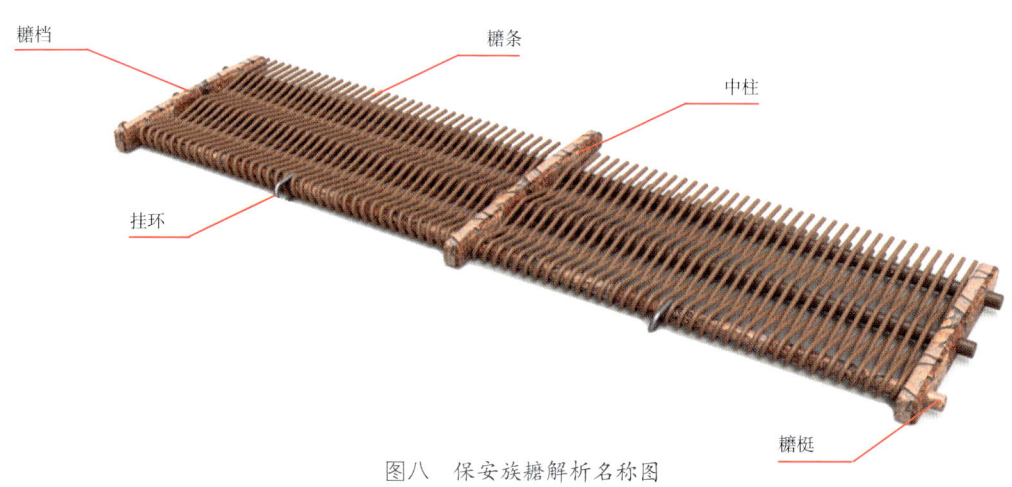

图八　保安族耱解析名称图

保安族连枷

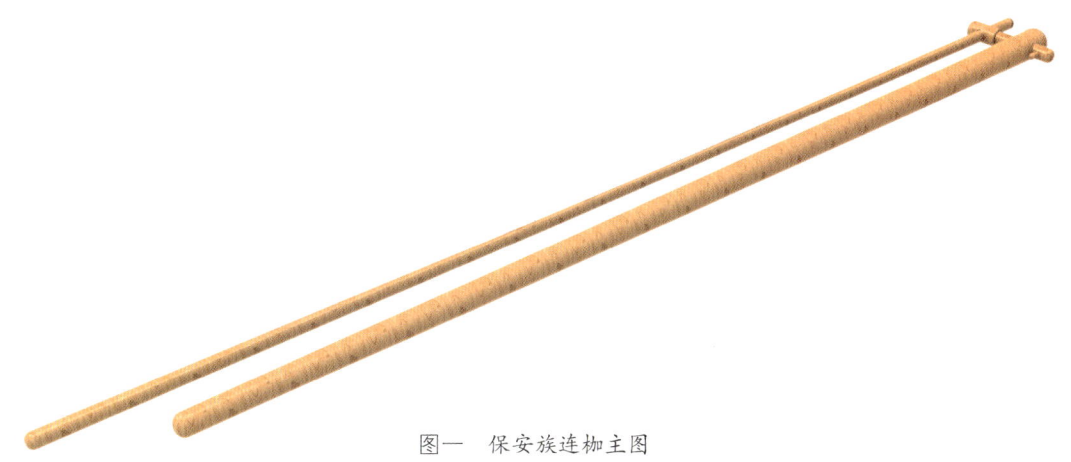

图一　保安族连枷主图

连枷是一种常见的脱粒农具，具有悠久的历史，在春秋时代就已经出现，使用范围广泛，南北方都有使用。适用范围广，可以对稻、麦、豆类作物等多种农作物脱粒。本案例为保安族常见的独梃式连枷，总长约175厘米，总宽约17厘米。

独梃式连枷由手柄、敲杆和短轴连成，手柄由一条长约165厘米，一头粗一头细的木杆制成，细端直径约3厘米，粗端约5厘米，该木柄既保证了手握的舒适性又结实耐用；敲杆为一长约175厘米、直径约2厘米的柔韧性较好的细木杆；短轴是一长约17厘米的两端粗细不等的小木棒，粗的一端钻有圆孔与敲杆固定，细的一端则穿过手柄端的圆孔与手柄相连；该短轴设计比较巧妙，利用粗的一端作为轴肩，在细的一端卡入一小销轴从而构成了敲杆与手柄之间可以转动的铰链，又不会从手柄中脱落。工作时，双手一前一后握住手柄上下挥动，使敲杆绕轴转动，落下时敲打谷物使皮壳脱落。除了独梃式连枷，保安族脱粒农具中还可以见到一种长板条式连枷，即敲杆由数条木条连成的长方形板条。这种连枷相对拍打面积较大，但容易松动损坏。独梃式连枷相对作用力大，更轻便、结实、耐用，因此更常见。连枷是不对称结构，敲杆运动的惯性力对转轴形成的力矩，需要双手作用于手柄上的力偶来平衡。因此打连枷时操作者的双腿应前后叉开，身体微向前倾，双手一前一后紧握手柄，利用前手臂的伸屈带动手柄上下移动从而使敲杆随同短轴一起做逆时针转动。[①]与原始的使用棍棒脱粒的方式相比，连枷使用时站立作业方式使劳动者充分发挥体力，不必用坐姿或弯腰的姿势。由于连枷的铰链连接结构，避免了敲杆落地时对手臂的冲击，同时增加了敲杆的落地速度，增大了拍打时的作用力，提高了作物脱粒的效率。由于连枷的使用方式易学，使用时主要靠"巧劲"，因此保安族男女老少都可以操作，农忙时节可以全家老少一起脱粒，提高了效率。

第五章　保安族传统生产工具

连枷的设计体现出了工作器具"用力甚寡而见功多"的朴素设计思想,创造了一种借力、省力的工作方式和使用方式。连枷也是我国传统的具有重要意义的农具,如今的武术双节棍,就是连枷的改造品;现代脱粒机械也运用了连枷的脱粒原理,足见连枷及其蕴含的设计思想巨大的生命力和影响力。保安族至今还保留着两种类型的连枷。追寻连枷的使用历史,保安族连枷的使用也体现出保安族人民对汉、回其他民族较为先进的农业生产技术的吸收、借鉴。

图片来源

图一　资料来源：《在"田野"中发现历史》
　　　马世仁
图二、图五、图七　祝燕琴、滕佳华　制图
图三至图四、图六、图八至图九　滕佳华、祝燕琴　制图
图十　张明山、曹学舰　摄影

注释

① 周靖."一夜连枷响到明"——打连枷的力学.力学与实践.2012.93.

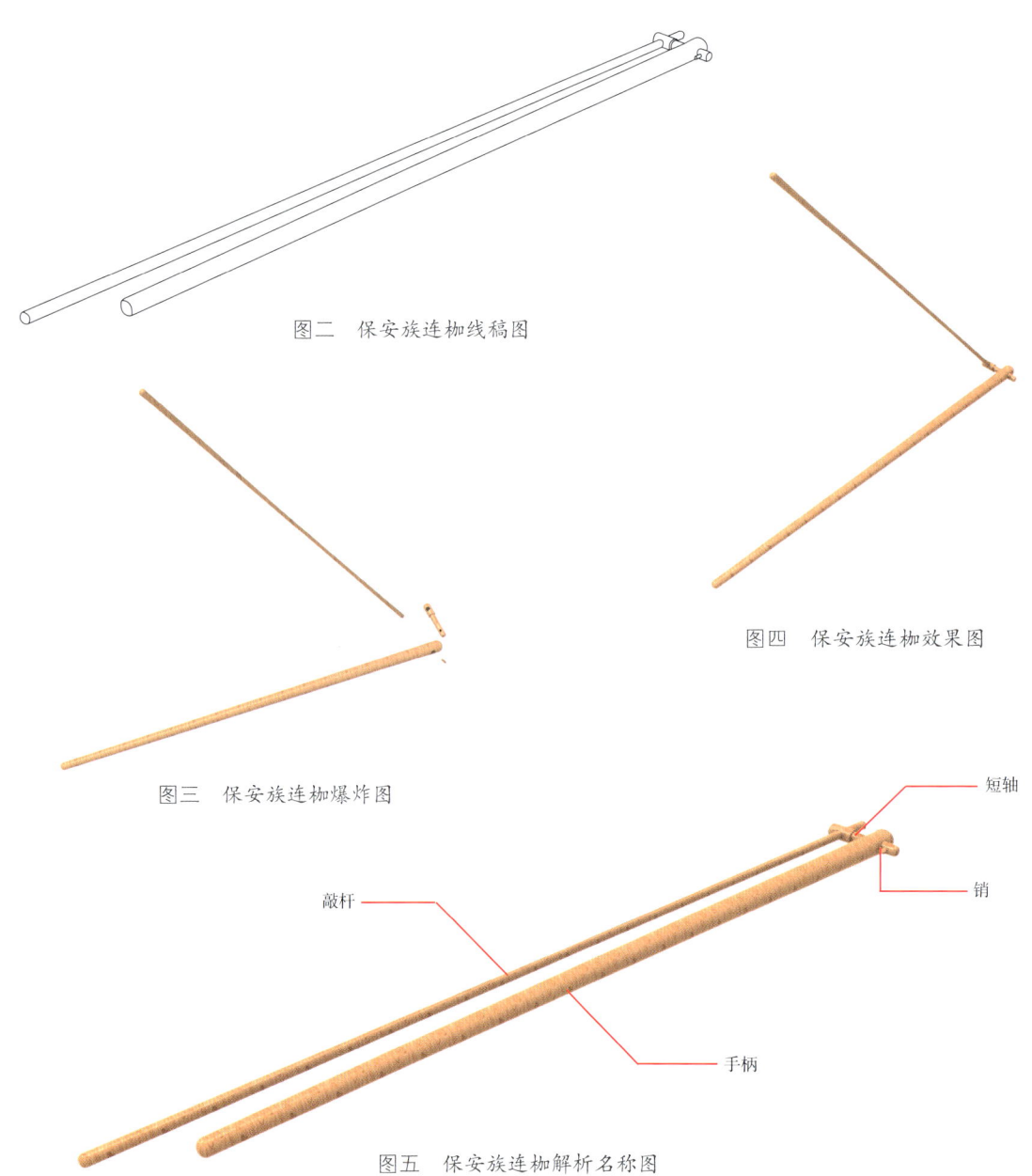

图二　保安族连枷线稿图

图四　保安族连枷效果图

图三　保安族连枷爆炸图

图五　保安族连枷解析名称图

图六　保安族连枷轴示意图

图七　保安族连枷轴端连接图

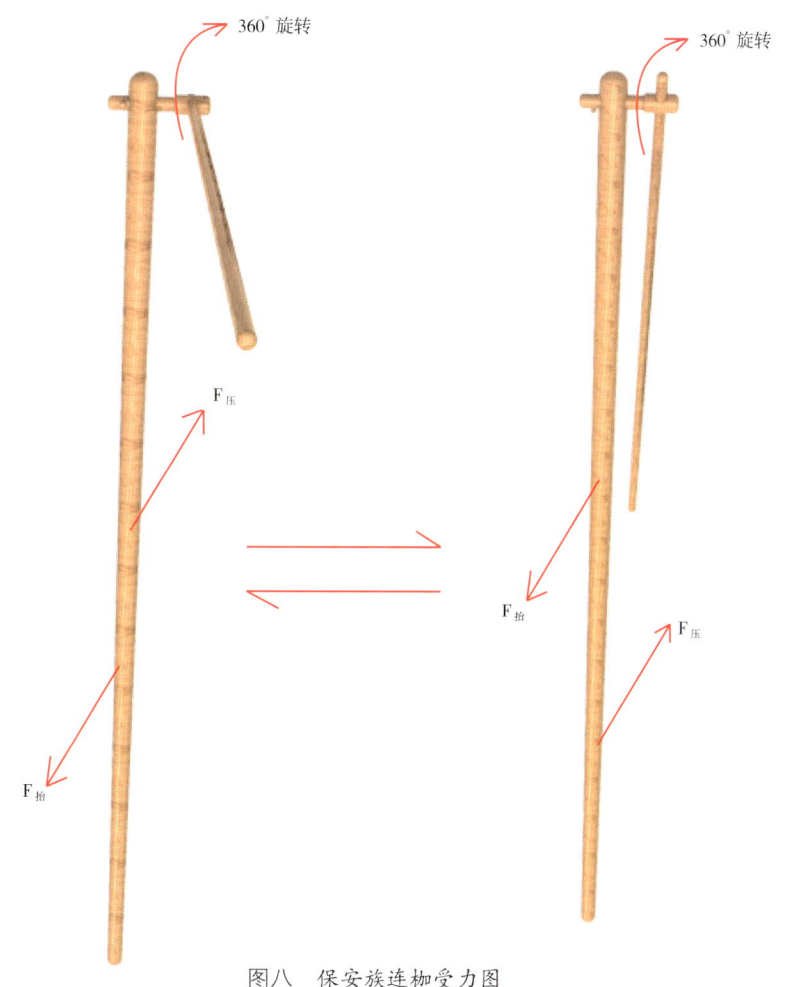

图八　保安族连枷受力图

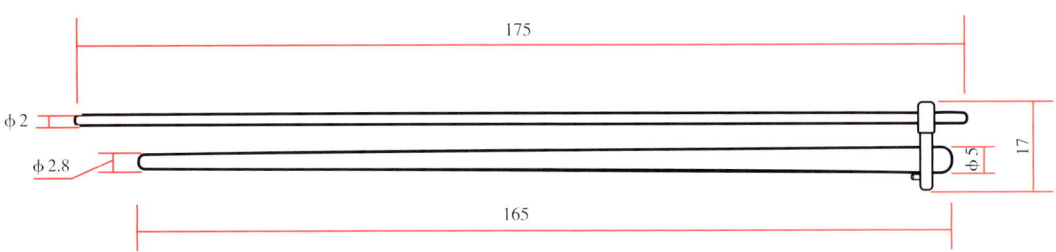

图九 保安族连枷尺寸图（单位：cm）

图十 保安族长条板式连枷

保安族镰刀

图一 保安族镰刀实物主图

镰刀，保安族语又称"歼特尔"，是用于收割庄稼、割草的工具，是从事农业活动的保安族人必不可少的农具。本案例是对保安族民间所用镰刀的复原，镰刀长约54厘米，宽约11厘米，木柄直径约4厘米。

镰刀由两个构件组成，分别是镰刀刀体和短木柄。镰刀刀体呈月牙状，刀头呈尖角，刀尾呈圆形、中空，用于插入短木柄。镰刀功能区域划分比较简单，刀体是镰刀的主要功能构件，用于割断小麦、牧草茎秆；短木柄是镰刀的握持构件，单手握持。操作时，跨立、弯腰，左手聚拢一丛小麦或牧草，右手握紧短木柄尾部，以刀体弧形内侧收拢小麦或牧草根部，齐刷刷往后拉，手起茎断，非常方便。由于镰刀刃弯且长，形成一个内凹弧面，向后拉镰刀时能够兜住茎秆，防止茎秆滑出刃口，符合力学原理，采割小麦、牧草效率非常高。镰刀木柄直径约为4厘米，根据人机工程学分析，普通成年男子手掌长约18厘米，按照圆的周长公式可以推算得到合理手柄直径约为4厘米（或略小于4厘米），故保安族镰刀手柄正适合人手握持，如果太粗不利于握持容易脱手，如果太细又不是很称手。一把保安族镰刀，大概用料是铁1斤、钢半斤，及一根短木棍。保安族人特别擅长打制金属器具，将从事此手工艺的匠人称为"果尔"，专门打制镰刀、斧头等生产工具的匠人又称为"黑活匠"，因为这类工具的颜色都是炭灰色、且无须打磨等抛光处理。保安族镰刀整体造型像一颗豆芽，又似一个问号，镰刀外形颇具美感，弯如月牙的刀体与笔直木柄,形成了动与静、柔与刚的对比,给人以愉悦的审美体验。木质的手柄,毫无任何矫揉造作的装饰,仅做磨光、剔除木刺的简单处理。但在日积月累的使用中,保安族人用他们辛勤的汗水滋润着手柄,使得手柄在长时间的使用中色泽暗红、温润。材料上,镰刀刀体为钢铁,手握的短柄为木质,锋利的刀体和令人亲近的木材即形成了颜色上的黑黄对比,也体现了材料上的软硬对比。将镰刀功能主体部分与人接触部分分别进行不同材质的处理,最大化地实现了镰刀的实用性与美观性,体现了保安族劳动人民在农具设计上朴素而深刻的设计智慧。

镰刀的使用和发展在我国有着悠久的历史。随着农业现代化的发展,很多手工农具被机械化的耕作、收割工具取代,但手工收割的镰刀以其方便、省事、价格低廉等优点,特别适合于少量、临时性采割的需要,在保安族聚居的西北地区仍然随处可见,在保安族人民的农耕生活中依旧有着强大的生命力。

图片来源

图一　张明山、曹学舰　摄影

图二至图三、图七　曹学舰　制图

图四至图六　战怡菲　制图

图二　保安族镰刀模拟图1

图三　保安族镰刀模拟图2

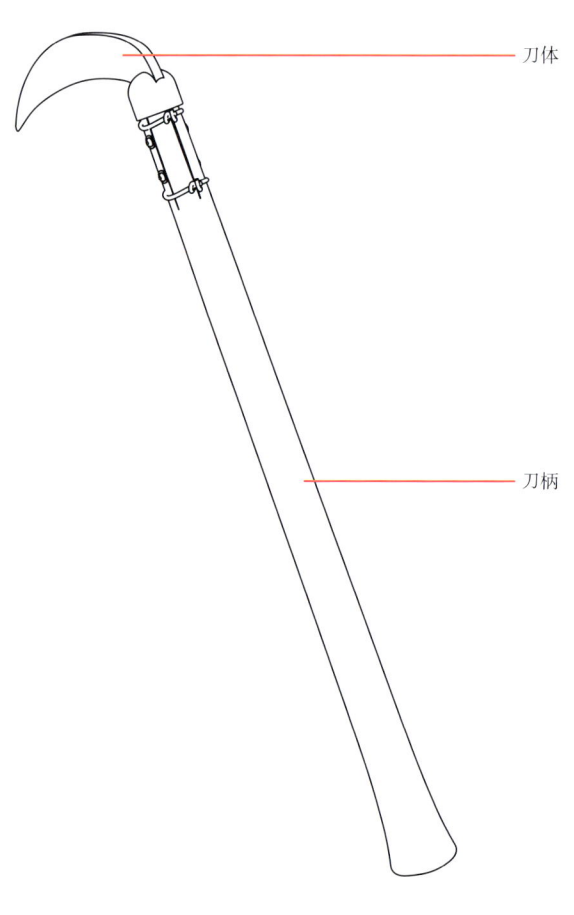

图四　保安族镰刀名称示意图

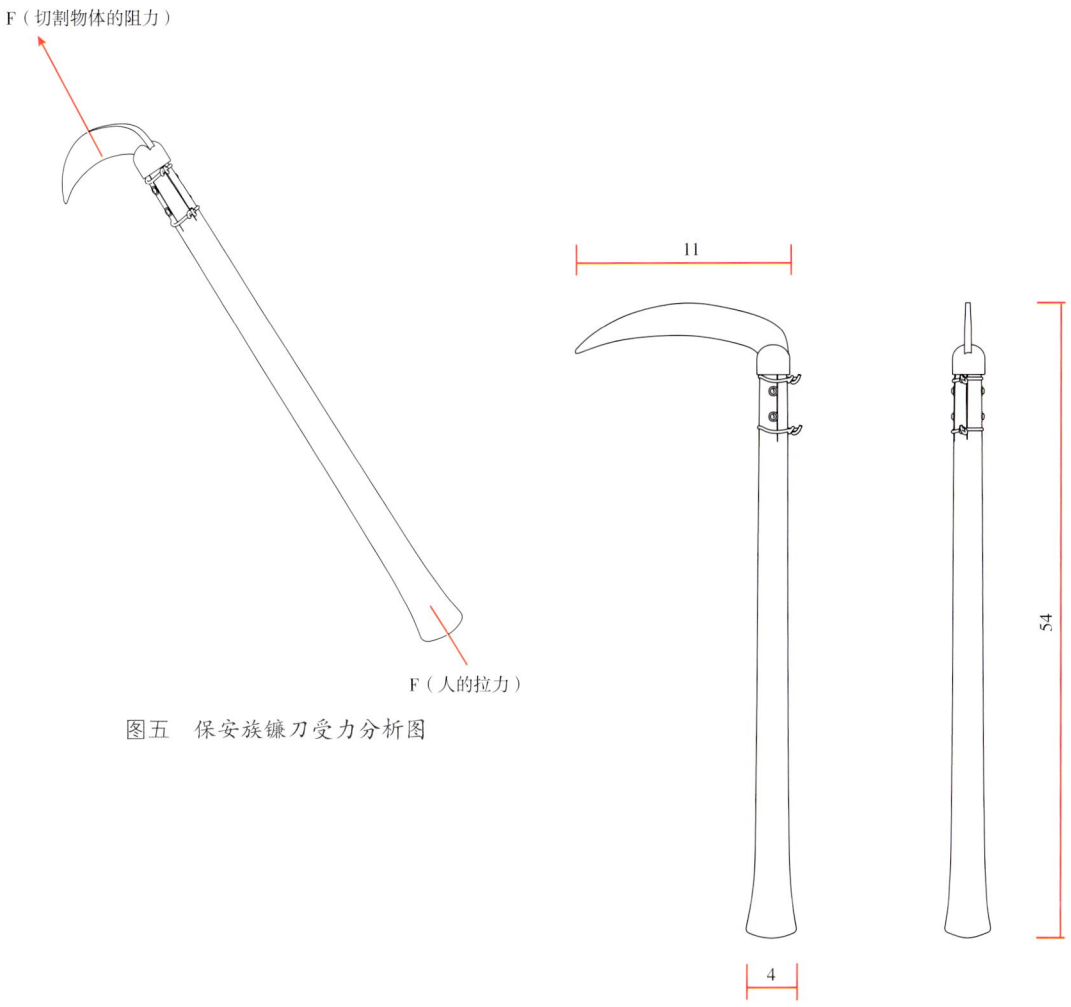

图五　保安族镰刀受力分析图

图六　保安族镰刀尺寸图（单位：cm）

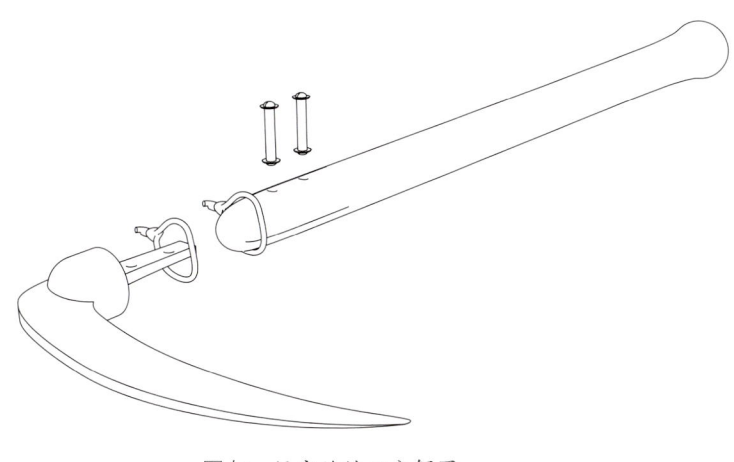

图七　保安族镰刀分解图

保安族斧头

图一　保安族斧头主图

斧头，保安族又称为"斯割"，是一种伐木、砍削类的工具。保安族聚居区位于甘肃、青海交界的积石山下，北临黄河，绵绵不断的山上树木繁茂，因此"斯割"是生活中必不可少的工具。本案例斧头采选迈尔苏目·马世仁编著《在"田野"中发现历史》（中国社会科学出版社 2008 年版）的照片绘制，建模复原民间所用斧头，长约 38.5 厘米，宽约 20.1 厘米，厚约 3 厘米。

斧头由斧头部和斧柄部两大构件组成，斧头部是斧的关键功能构件，由坚硬的钢铁材料制成。斧柄部是斧的握持构件，通常由硬木制成。斧头的用材主要是钢铁和木料，斧头部通常用料是 1 斤铁、半斤钢，斧头部中间留有銎孔，用于插入手柄。斧头木柄通常选用一根直径约 3~5 厘米、长约 30~40 厘米的圆木棍制成。使用时，只需将圆木棍稍粗一端削扁插入銎孔，这既可提高斧柄整体的抗压性能，又可减少斧柄的制作工序，降低制作成本。本案例保安族斧头，整体呈"丁"字形，斧头刃部向前微倾，形成一种动势，也减小了斧刃与手柄的夹角，更加利于斧头砍削的切入。斧头的刃部扁平，略宽于斧背，主要用于砍、削木材等；斧头的刃背浑厚，呈方块状，主要用于敲打榫头、矫正物件等。斧头部中间留有銎孔，木质手柄只需顶端插入銎孔，并用木楔子插入，防止手柄松动或脱落。这种构件联接方式，只需斧头头部留有开孔，无须其他第三个构件辅助固定，简单而方便。斧头砍削、敲打操作，利用的是杠杆原理。斧头刃口与被砍削的物体接触处是杠杆的支点，手握处到支点之间的距离是动力臂。因此，斧柄越长动力臂就越大，所需砍削的力就越小，操作就越省力。保安族手工艺人擅长打制金属器具，将从事此类手工艺的匠人称为"果尔"。根据"果尔"加工金属器具的不同，又可分为黑活匠、刀子匠、锁子匠、剪子匠、铜匠、银匠等。黑活匠，是指制作表面呈炭灰色、体积较大又无须打磨等精加工的生产工具的工匠。斧头即是黑活匠打制的主要成品之一。打制斧头用到的主要工具有炼铁炉、风箱、铸铁砧、铁锤、钳子等。保安族打制斧头的主要工序是：炼铁、打铁、加钢背铁、开刃、淬火等。

斧头的发明较早，从石器时代的砍砸器发展到带柄的铜斧，经历了漫长的时间。斧头的功能定位最初具有多样性，既是用于防身攻击的兵器，也是用于生产砍斫的工具。随着技术的发展，斧头逐渐从兵器中脱离出来，成为专门用于生产的工具。斧头在保安族长期迁徙过程中的生产和生活中起着重要的作用，直至现在，也是保安族人家家户户必备的生产工具之一。

图片来源
图一至图四、图八　李燕　制图
图五至图七　李淑梅　制图

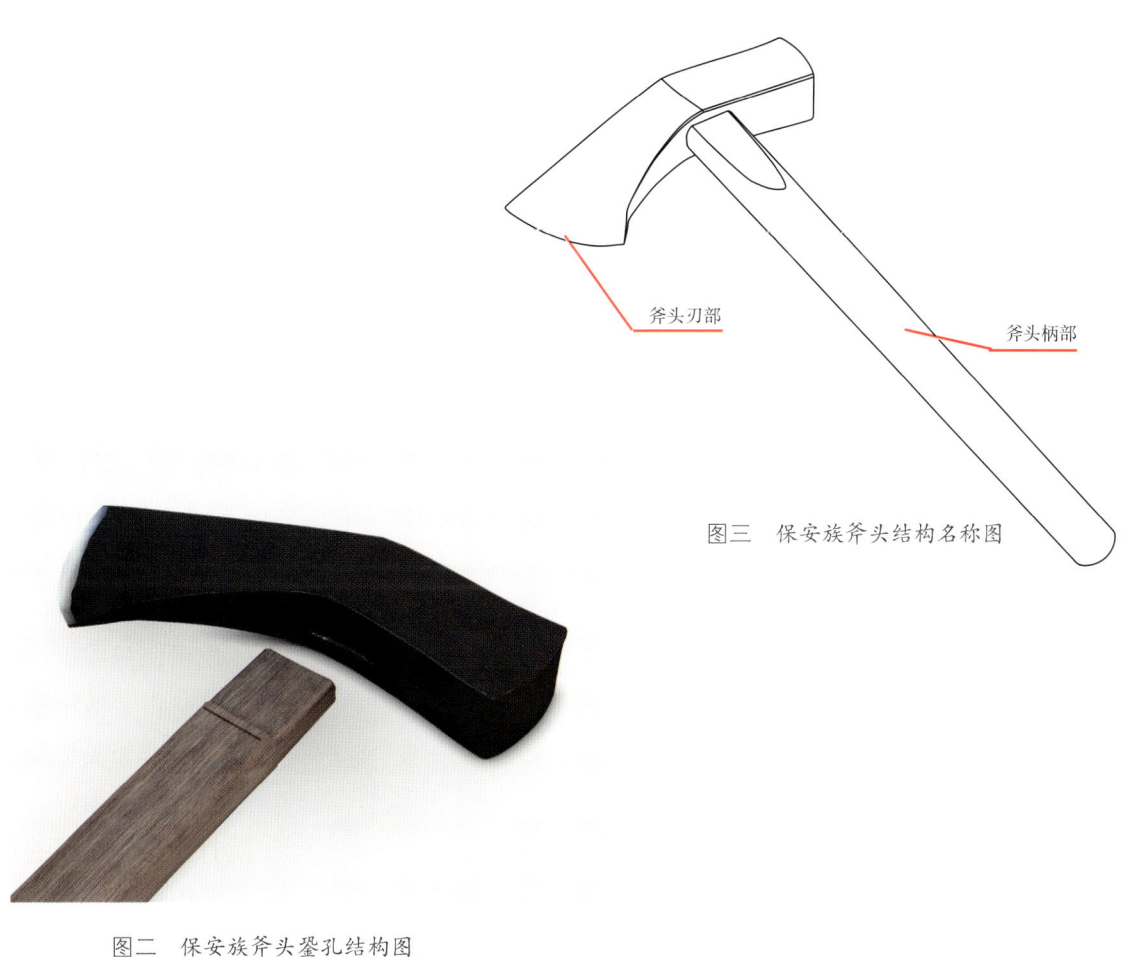

图三　保安族斧头结构名称图

图二　保安族斧头銎孔结构图

第五章　保安族传统生产工具

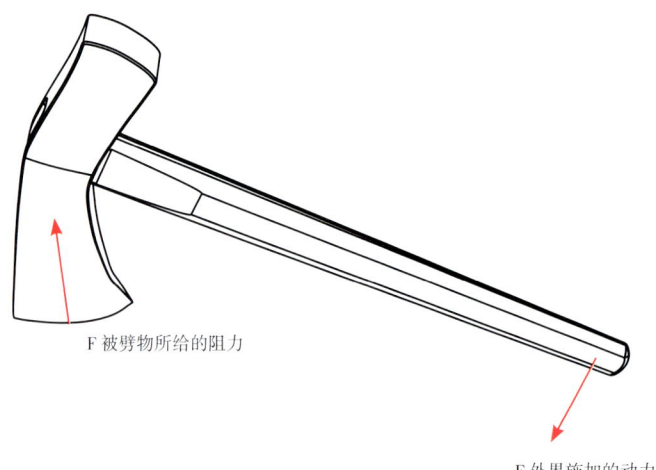

图四　保安族斧头受力分析图

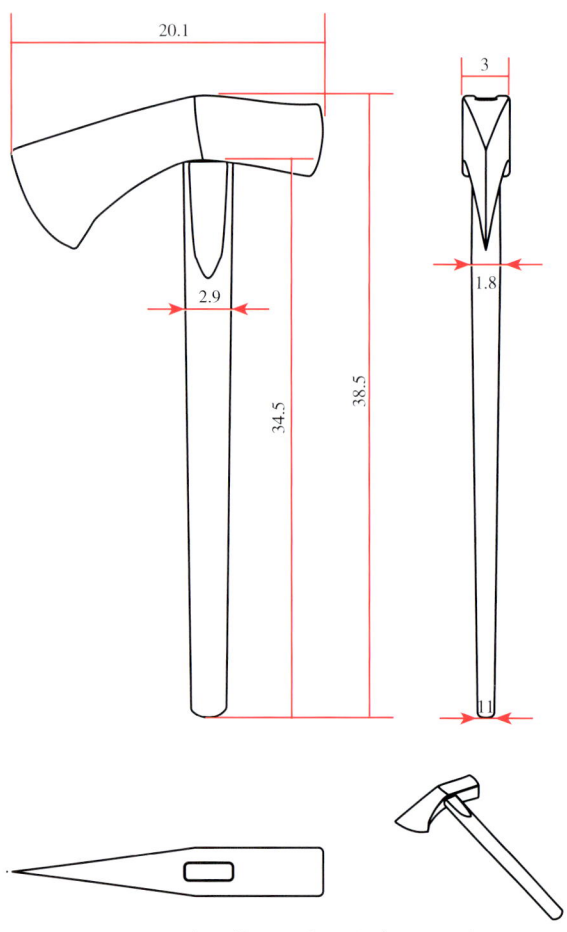

图五　保安族斧头尺寸图（单位：cm）

图六　保安族斧头使用示意图1

图七　保安族斧头使用示意图2

图八　保安族斧头效果图

保安族石臼

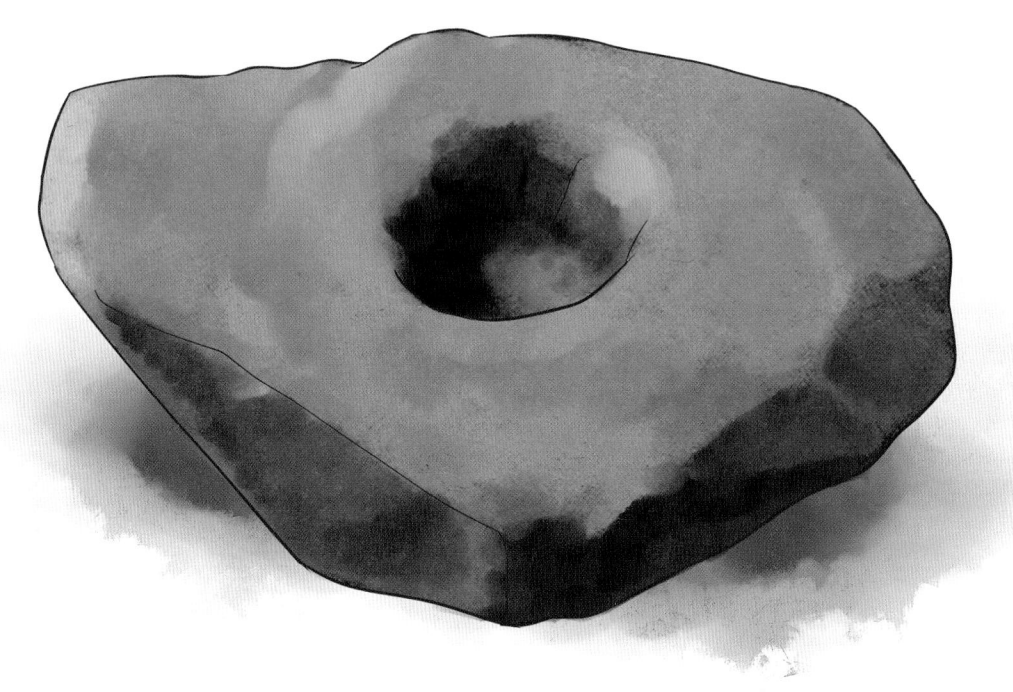

图一　保安族石臼主图

　　石臼，保安语称"贴固特石"。该石臼案例长宽约 70 厘米，臼窝直径约 25 厘米，深约 6 厘米，以一整块岩石挖凿而成，置于大墩村头树下。据其所在位置推测，为该村过去的公用石臼。石臼的材料为当地常见的岩石，石质坚硬细腻耐用，推测为当地人就地取材而成，制作方便、廉价。经过与石杵长期的摩擦后，石臼窝表面变得十分光滑。

　　保安族地区的粮食作物主要为小麦、青稞，且多有甜麦子、青麦包子、麦粒饭等直接使用麦粒制成的小吃。故而推测，该石臼主要用于小麦的脱壳、磨糁等工作。据当地人称，石臼的使用大略有以下几种情况：一是捣制蒜泥等调味料，二是制作保安族葬礼待客所用的"麦粒饭"时，代替石碾使用。

据当地人称，石杵是由木杵棍和石制杵头组合而成，十分沉重，因此需要两人同时手握石杵使用。舂麦是一种非常精细的操作，它利用外力使麦粒之间、麦粒与石臼间不断产生摩擦，从而达到磨除外皮的目的。当碓头下落时，臼里的谷物会因为受到挤压作用而在杵头的周围沿臼窝的球面向上滑动，这时既受到了杵头的舂捣又会与碓头臼窝发生摩擦，谷物之间也会产生摩擦；当杵头抬起时，臼窝边沿的谷物会因重力作用而自动向下滑落，这时通常是最上方的一层未被挤压过的谷粒滑落到杵头的下方，如此反复便将麦皮舂掉。[1]麦子皮壳较薄，因此在舂的过程中，力度的掌握非常重要。力度不足，去皮效果不好；力度太大，麦粒又会被舂碎。案例中的石臼底部下凹，也可以防止麦粒在脱壳过程中被舂碎。

杵臼的历史很早，可以追溯到远古及上古。据考古发现，新石器时代，杵臼的使用已相当普及并且逐步改进。并且，杵臼也由最初的"断木为杵，掘地为臼"的木杵土臼逐渐演变为石杵石臼。杵臼的出现使人们可以吃上经过"加工"的粮食，因而人称"杵臼之利，万民以济"。[②]该石臼虽造型简单、功能用法较为原始，但它的使用使得粮食的加工贮存变得更加容易，也改善了主食的口感，大大提高了保安族人的生活质量。另一方面，石臼这一农产品加工工具的使用，也是保安族人搬迁到临夏地区后农耕生活的见证。随着生产力的提升，面粉加工工艺得到了长足的发展，更精细的加工方式是小麦食用方式的主流。但在保安族，食用麦粒的风俗仍然被保留了下来，为人们保存了古代遗留的风味。

图片来源
图一至图三、图七　井欣萌　制图
图四至图六　宋姣、祝燕琴　制图

注释
[①]邓白云.中国民用杠杆工具中的传统造物智慧研究.汕头大学硕士论文.2011.
[②]杨坚.《齐民要术》中农产品加工的研究.南京农业大学.2004.

图二　保安族石臼复原图1

图三　保安族石臼复原图2

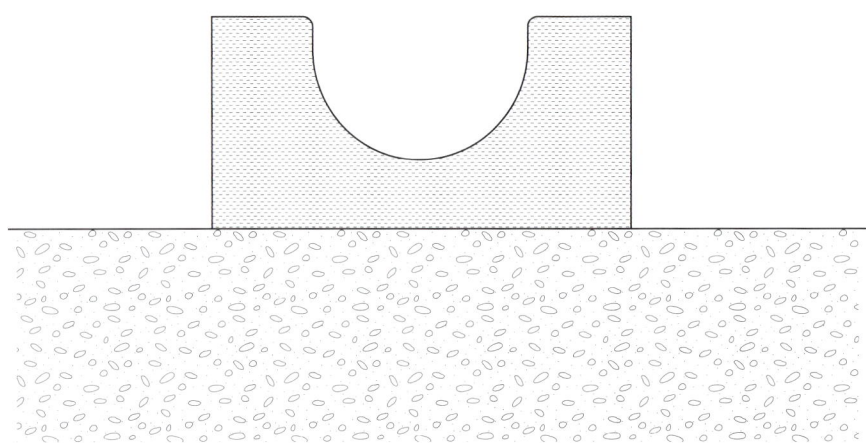

图四　保安族石臼放置图

图五　保安族手舂米石臼场景图

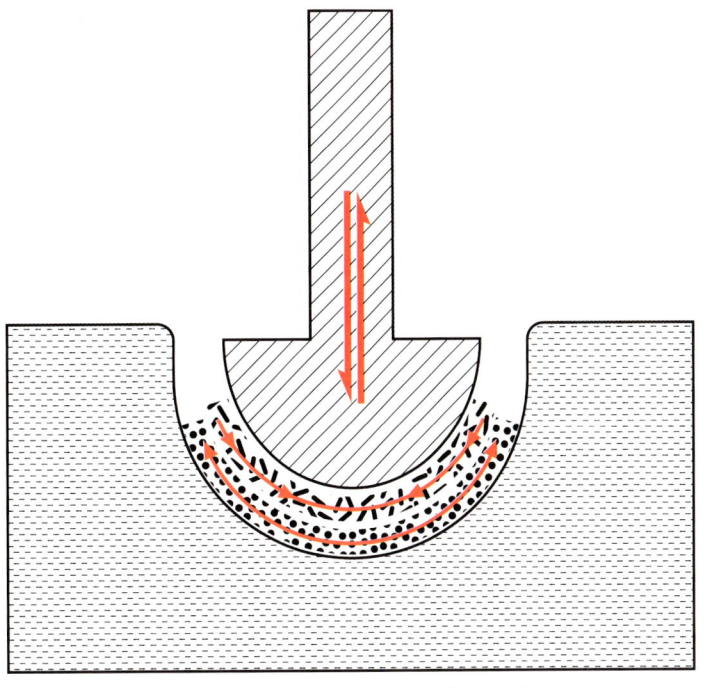

图六 保安族石臼工作原理图

图七 保安族脚舂石臼解析名称图

保安族打墙石杵

图一　保安族打墙石杵主图

打墙石杵是保安族版筑时所用的建筑工具。所谓版筑，就是用两块木板（版）相夹，板外用木柱支撑住，然后在两板之间填满泥土，以打墙石杵夯实制成墙体的工艺，两板之间的宽度即为墙的厚度。打墙石杵广泛应用于诸多地区，且根据地域和需求的差异，材料与形态各有差别。

本案例所采选的打墙石杵高约70厘米，由木制的杵棍和石制的杵头组成。彼此之间通过榫卯结构紧密结合，形态简洁、结实耐用。使用时，双手分握住杵棍顶端的横把两侧，运用手臂和腰背的力量将石杵提起，利用石杵的重量将泥土夯实。杵棍长度适中，使得使用者不需要过度弯腰即可操作；此外，这种"T"字形的杵棍结构，能更全面地运用人身体的力量，以提起更重的杵头，提升夯土的密度与质量。夯土往往要两人以上合作进行，一人提杵夯土，另一人负责供土。

夯土前，提杵人通常要跳进木制版模，赤足将土前后踏实，然后手提石杵夯打。夯好一层泥土后，由供土人负责继续添加疏松的泥土，如此重复。因此夯土墙剖面往往有着层叠的质感。通常，人们还会在夯土墙的外层涂抹泥浆，以求墙面平整。夯土墙的原材料以黄土为主，就地取材、造价低廉且环保无污染。夯土墙通常墙体厚重，具有很好的隔热效果，在冬季漫长寒冷的临夏地区，能够很好地保持室内温度，节约能源；在筑土墙时，保安族人往往会首先用毛石砌筑基础，然后再在毛石基础上夯土作业。这样不仅可以使地基更加牢固，还能防止雨水浸湿、泡软墙根。

版筑工艺在我国具有悠久的历史，直到如今我国许多地区农村还在采用。打墙石杵因此也是传统生产生活中不可或缺的一部分，在邻近保安族的西藏地区，甚至有以打墙石杵为道具、以夯土劳动为动作原型的打墙歌舞，可见这一技术对人民生活的重要性。打墙石杵的发明与运用，象征着我国古代劳动人民对自然力量的探寻与利用、对自然资源的理解与重构。通过版筑这一技艺，将自然界中随处可见的泥土转化成坚实耐用的房屋、城墙，以满足人的需求，是人类征服、改造自然的一个缩影，也是人民智慧的体现。现在，夯土工作已经被夯土机代替，使用人力的打墙石杵已经渐渐退出历史舞台。

图片来源
图一、图八至图九　井欣萌　制图
图二至图七　邓奔　制图
图十　张明山　摄影

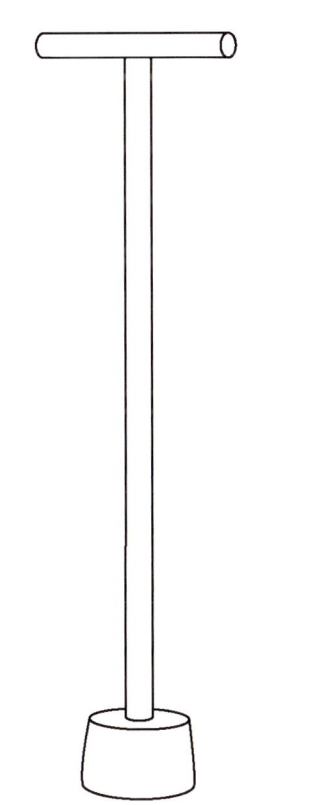

图二　保安族打墙石杵线稿图

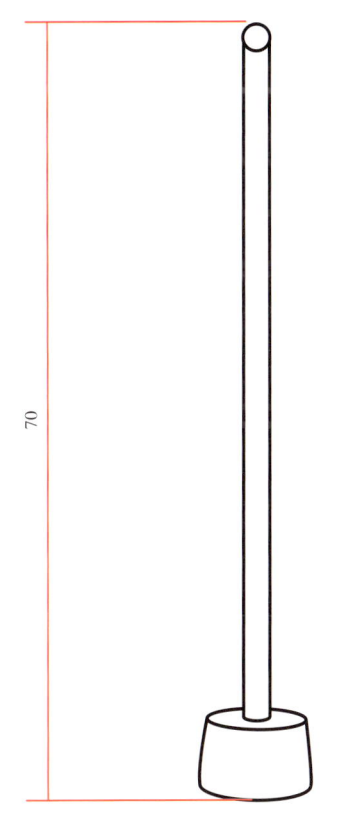

图三　保安族打墙石杵尺寸图（单位：cm）

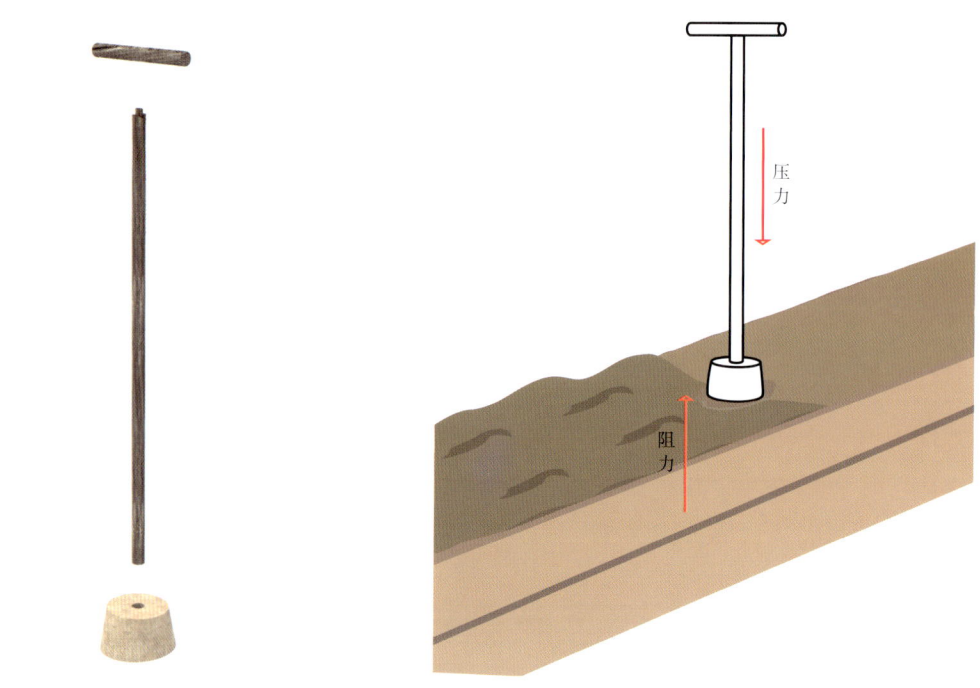

图四　保安族打墙石杵爆炸图　　　　图五　保安族打墙石杵受力图

图六　保安族打墙石杵解析名称图　　　　图七　保安族打墙石杵渲染图

步骤1 砌筑毛石基础

步骤2 组装板筑模具

步骤3 倒土、夯实

步骤4 抹平、修整墙面

图八 保安族打墙版筑流程图

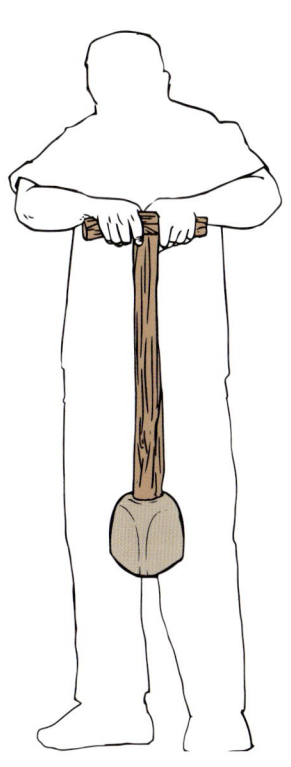

图九 保安族打墙石杵使用图

图十 保安族残存夯土墙示意图

第五章 保安族传统生产工具

保安族马掌

图一　保安族马掌主图

马掌，又称为马蹄铁，是装在牛马等牲畜四蹄的蹄形铁制物件。马掌最早出现于游牧民族，为了提高骑兵战斗的持久力，防止战马滑到，多在战马的四蹄钉上马掌。因此在战争中是很重要的御敌工具。保安族人以农业为主的同时，商业也很重要，经营马帮可方便商业贸易。保安族的商人走南闯北，如何保证马帮马匹长久持续地进行远距离驮运，是保安族商人必须考虑的实际问题。给马匹挂上马掌，是马匹能够适应长途运输的重要保障之一。保安族人又精通金属工艺，尤其在制作保安腰刀，打制马掌等方面，也具有较为突出的才能。本案例采选于迈尔苏目·马世仁编著：《在"田野"中发现历史》图片，根据图片资料建模复原，长约11.8厘米，宽约11厘米，厚约0.75厘米。

保安族马掌总体呈现U形，在U形的左右两边分别开有3到4个椭圆形开孔，称为钉眼。马掌需要与马掌钉配套使用，才能装到马蹄上。将马掌装到马蹄的过程，又称为挂马掌。这是一项技术活，得由熟练的老师傅挂马掌才比较安全可靠。因为挂马掌要将马掌钉钉入马蹄的底层角质层，必然会引起马匹的躁动与反抗，故在挂马掌前，得先将马匹捆绑固定在事先准备好的架子上。实际操作过程中，先给哪只蹄子挂马掌就先将这只蹄子用绳索系好，并吊起使蹄掌朝上。根据蹄掌的大小，选用合适型号的马掌。挂马掌时，先用烧红的烙铁在蹄掌上烙一下，使得底层角质层变软后，迅速用刀将最外层的蹄甲剖掉。然后，将选好的马掌罩在蹄角上，将马掌钉钉入钉眼使马掌固定于蹄角。钉马掌钉时，还得有技巧，要将马掌钉稍微向外倾斜着钉，使钉头冒出蹄角，再用工具将钉头敲平，起到加固马掌的作用。马蹄由两层角质层组成，与地面接触的角质层厚约2~3厘米，是较为坚硬的角质层。再往上一层的角质层是活体角质层，与马蹄骨骼相连。在马匹长期奔跑的过程中，马蹄底层的角质层不断与地面摩擦，极易磨损。同时，马蹄不免经常涉水，而又无法快速晾干，这也会导致马蹄底层角质层的腐烂、破损，甚至脱落。给马蹄钉上马掌，就如人类穿上鞋履，既避免脚底直接与地面摩擦减少疼痛，又避免直接涉水保持马掌干燥。挂马掌的工具有削蹄刀、剪蹄钳、剪钉钳、压钉钳、锉刀跟小锤子等。

马掌的设计和安装是根据马蹄的角层结构实行的，符合马蹄的生物特性。从保安族马掌的设计和使用可知，其设计的出发点是实用。这也给我们很大的启示，设计应该着眼于生活，注重问题的解决。

图片来源

图一至图三、图七　李淑梅　制图
图四至图六　张雪　制图

图二　保安族马掌正视图

图三　保安族马掌侧视图

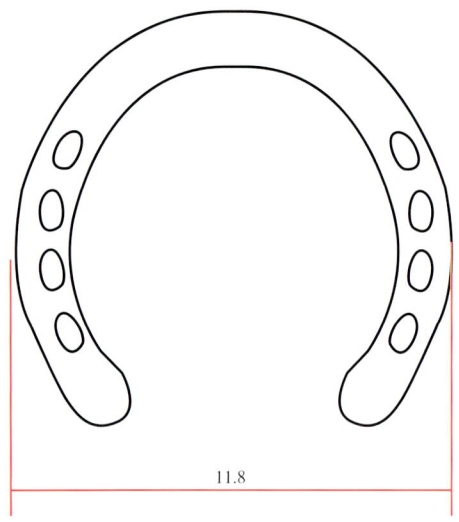
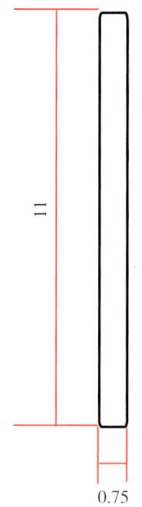

图四 保安族马掌尺寸图（单位：cm）

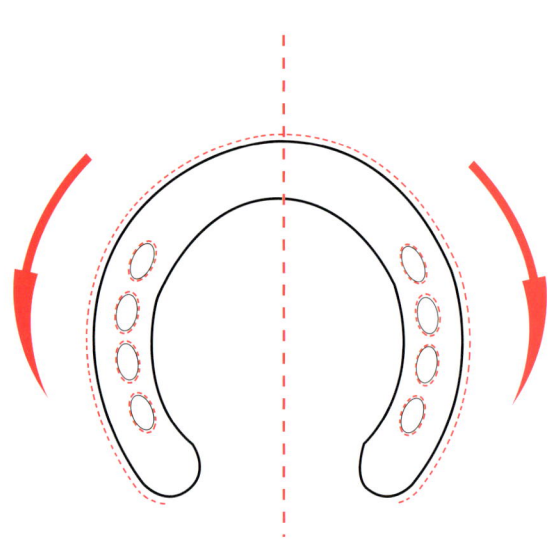

图五 保安族马掌形态分析图

图六 保安族马掌锻造图

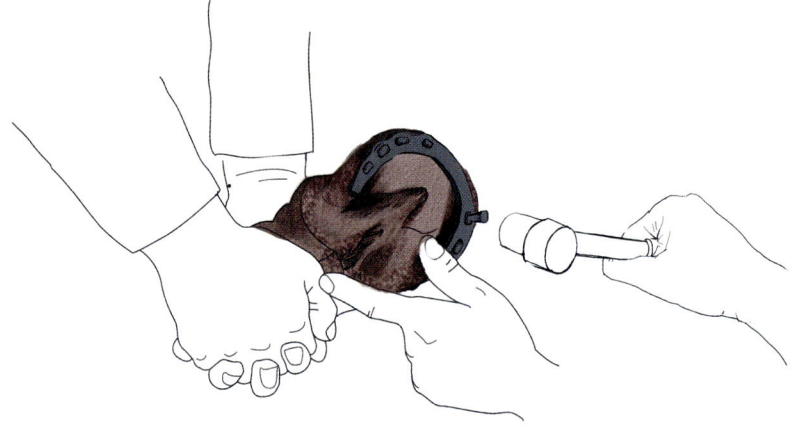

图七 保安族马掌安装示意图

保安族铃铛

图一 保安族铃铛主图

保安族铃铛，是日常系于牛马脖子上的铃铛。保安族主要从事农业，兼营畜牧业和手工业，商业也是其重要的经济活动。保安族商人走南闯北，通常用驮畜（马、骡、牛、驴等）运输货物，而这些驮畜在农耕时又可以充当农畜。铃铛便挂在这些牲畜的脖子上，只要牲畜一走动，铃铛就会发出声响。保安族"花儿"（保安族民歌的一种类型）中唱道：尕骡子戴的是铜铃铛（哎），铛啷啷响（呀）。本案例采选拍摄于积石山县民俗博物馆的图片，绘制加以复原。铃铛的皮带圈起后的直径约35厘米，皮带宽约5厘米，铜铃半径约为1.5厘米。

铃铛由两部分组成：一条编织而成的皮带、20个左右的小铜铃，小铜铃均匀挂在皮带上。保安族铃铛造型精巧，铜铃为扁圆形，下部开有类似8字形的开口，里面放一金属圆球。铃铛晃动时，内部的金属圆球不断撞击铜铃内壁发出悦耳的铃声。铃铛大致有三个作用：首先，防止牲畜走丢。不论是农畜还是经济贸易中运输货物的驮畜，在脖子上挂上铃铛，主人就可以通过铃声辨别牲畜在哪儿。再者，铃铛也是古代商队夜行时必不可少的工具，保安族商人走南闯北，牛马是其主要的运输工具，也是其重要的资产，故其出行前必定会将铃铛系于驮畜的脖子上。其次，辟邪招财。铃铛都是铜制成，民间认为铜铃可以克制五黄煞，具有驱恶、化煞、招财、保平安的作用。再次，增加氛围，避免旅途或农耕寂寥单调。保安族商人商业版图较为广阔，北到蒙古西到西藏、新疆甚至中亚，所经之路大都是荒无人烟。故其旅途

图二　保安族铃铛俯视图

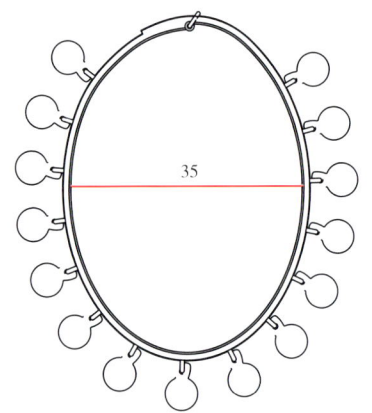
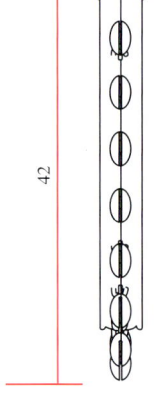
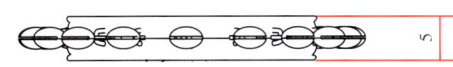
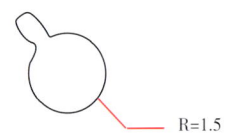

图三　保安族铃铛尺寸图（单位：cm）

必定较为寂寞乏味，在行进的途中铜铃发出富有节奏的声响，在保安人唱起"花儿"时还可以伴奏，可以缓解旅途的疲劳，增加一些乐趣。同时，铃声可以传递消息，驱赶沙漠野兽。铃铛文化一直延续到今天，当代社会依然有多种铃铛被人们广泛使用。不过现在的铃铛大多当成装饰品，少数还用在商队中。

铃铛是保安商人旅行中不可缺少的工具，是在实践与经验中积极思考的智慧结晶。保安族人通过质朴的材料、简单的工艺，因材施技，创造了朴实无华的铃铛。铃铛在保安族的社会生活中综合了实用、装饰、信息传达、情感寄托等多重功能，与其他民族相比少了些许华丽，但通过简单的技艺表达朴素的审美趣味和观念情感则是保安族所特有的。

图片来源
图一至图二　程民超　制图
图三、图七　李淑梅　制图
图四至图六　张雪　制图

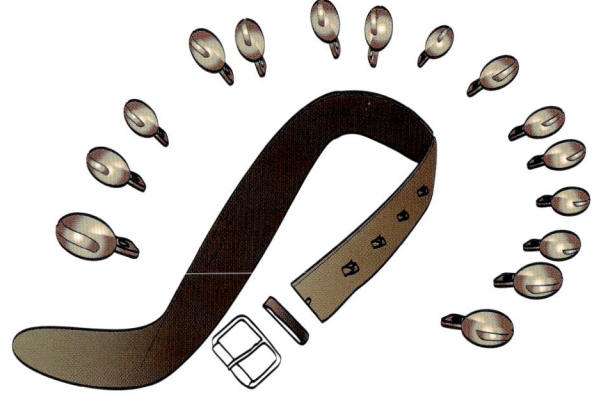

图四　保安族铃铛解析图

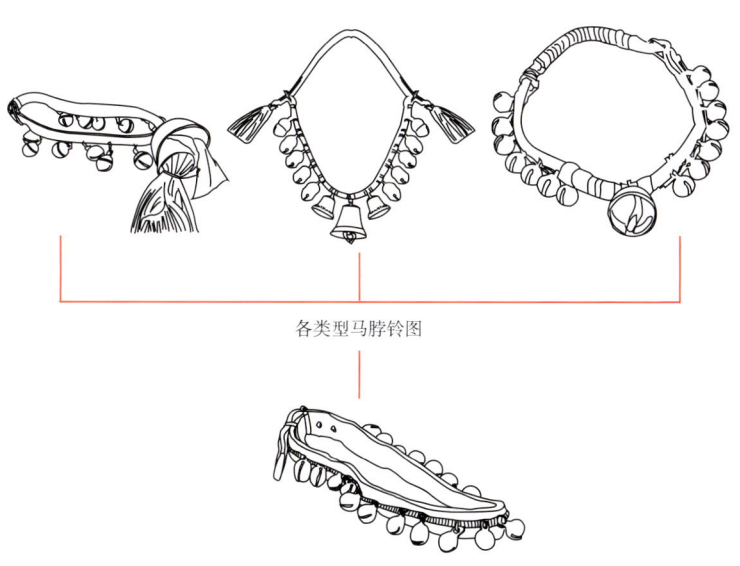

各类型马脖铃图

保安族马脖铃

图五 保安族不同类型铃铛对比图

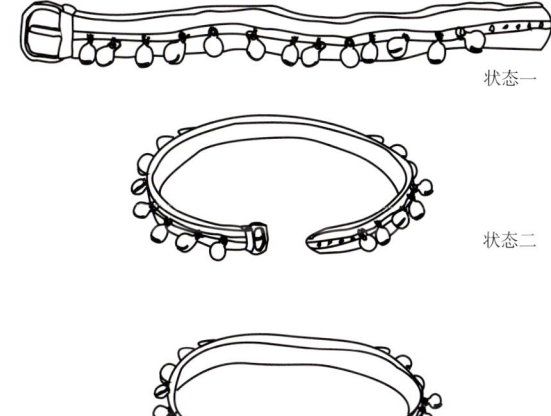

状态一

状态二

状态三

图六 保安族铃铛使用状态示意图

图七 保安族铃铛使用氛围图

第五章 保安族传统生产工具

175

保安族羚羊角把皮鞭

图一　保安族羚羊角把皮鞭主图

　　羚羊角把皮鞭是保安族骑马时所用的辅助工具，用来抽打马匹，历史上保安族松潘客[①]曾用过。羚羊角把皮鞭柄长约31厘米，鞭长约67.5厘米。羚羊角中空而结实，根部接铁质圆管，圆管另一端连接铁环，铁环与鞭子相连。是牛皮和羊骨质地的现代皮鞭，属硬鞭类。本案例出自甘肃省大河家镇梅坡村，现存于积石山县博物馆。

　　羚羊角把皮鞭的把手由羚羊角制成，鞭子以牛皮编织而成。保安族人在居住青海同仁时，从事畜牧业，牛羊等资源丰富，故制作羚羊角把皮鞭时为方便加工，通常就地取材。鞭子包括内层的硬牛皮芯和外层熟牛皮，选材时内部的牛皮芯要坚硬直挺，熟牛皮要柔韧有弹性。制作时，首先处理材料，将外层的熟牛皮硝制，防虫防霉，使其比生牛皮柔韧，易拉伸。接着将硝制后的熟牛皮压平，切割成条状的流线型，对齐切尾。其次编织牛皮，将硬牛皮芯紧绷在弓上，在牛皮芯外编织熟牛皮条，边拧边拽，保证编织出的皮鞭细密结实。编织时，鞭鞘、鞭身和鞭柄的缠法有别。鞭柄用皮条叠加而成，鞭身通常用三股切好的熟牛皮编织，从鞭身到鞭鞘逐渐变细，鞭鞘编成麻花状后打花结。松紧适度，富有弹性的皮鞭才好用。有的鞭柄还会镶有金属条，鞭的手柄与牛皮鞭用U型铁环连接，用钉子串钉在一起。大铁环中串有两个铁环，在使用皮鞭抽打时，会因撞击发出"叮铃铃"的声音。羚羊角把手自带有动物骨头上规律的螺旋纹，使用时可增大摩擦，防止手滑将皮鞭甩出。同时也可作为把手的装饰，美观简洁。羚羊角把手自带天然弧度，故可以贴合手的弧线，便于掌握。羚羊角把皮鞭质地柔韧，在行进的途中可盘曲成团状放入靴筒中或者口袋中。鞭柄尾部有两个铁环，可以穿绳，不用时可挂于墙上，节省空间，使用时可套于手上，加强稳定性。羚羊角皮鞭除具有实用功能外，它还是牧民身上精美的工艺品。作为牧民的象征符号，自带视觉识别和传递信息的功能。

羚羊角把马鞭是保安族人在旅途中驾驭马匹必不可少的工具，有很强的实用性，适应了保安族人生产生活的需要。它是保安族人民在长期的商业贸易活动和生产劳动中发明制作的，是利用自然改造自然的成功尝试。羚羊角把马鞭具有鲜明的民族特色，是保安族人由游牧转向农业生产的历史印记，是民族文化历史背景的体现。它的保留体现了保安族人对祖先的追思怀念之情，强化了本民族的认同感和归属感。

图片来源

图一　张明山　摄影
图二、图四　王欣　制图
图三、图七　张慧芳　制图
图五至图六　肖珺　制图
图八　濮晓琳　制图

注释

① 20世纪40年代，河州（今甘肃临夏）是唐蕃古道、甘川古道上商品交流的旱码头，在四川松潘、阿坝和甘肃甘南做生意的河州人，被乡亲们称为"松潘客"。

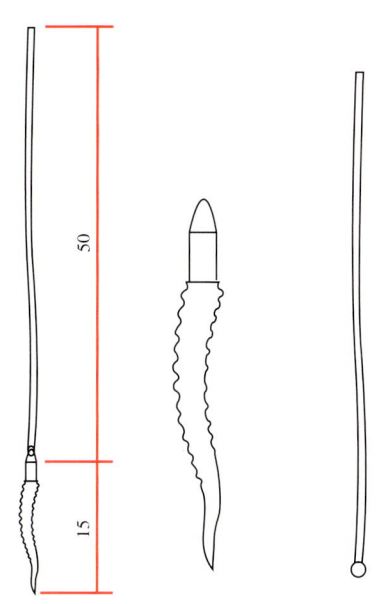

图二　保安族羚羊角把皮鞭尺寸图（单位：cm）

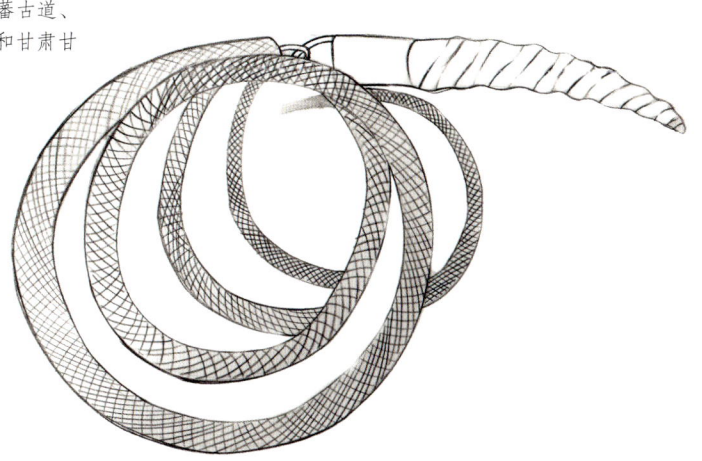

图三　保安族羚羊角把皮鞭缠绕图

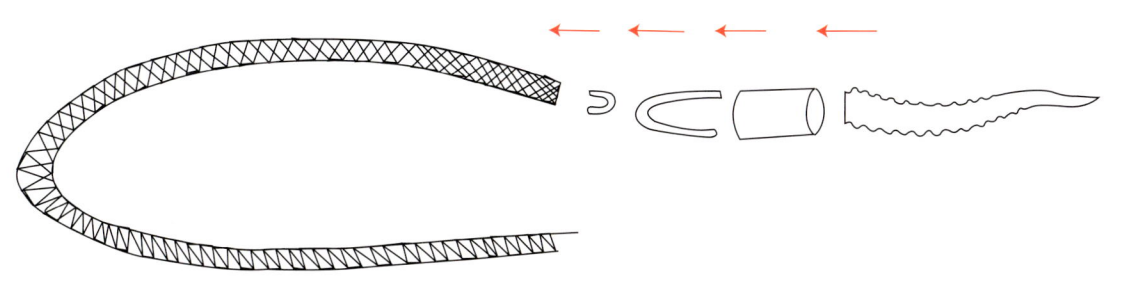

图四　保安族羚羊角把皮鞭解构图

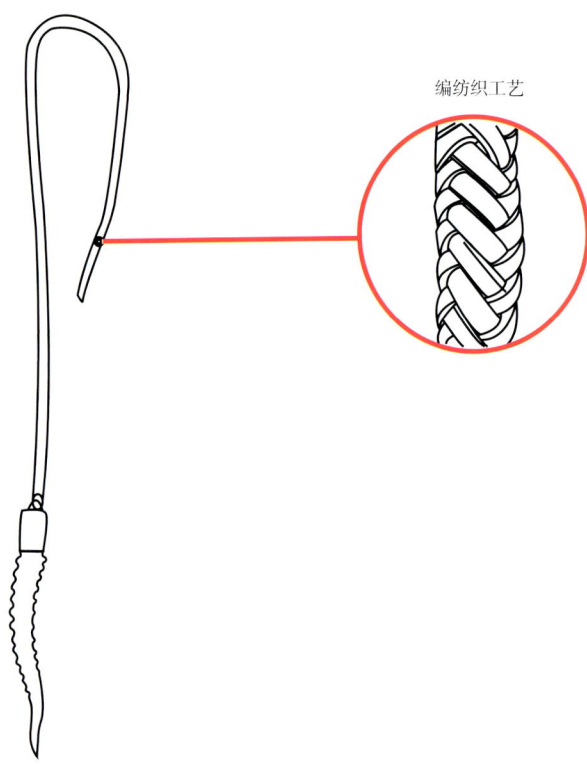

图五 保安族羚羊角皮鞭编织工艺分析图

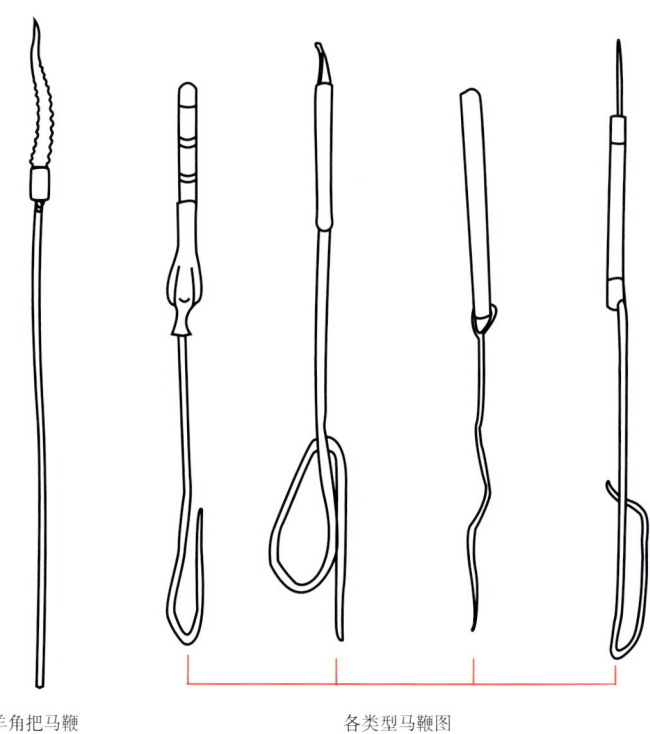

羚羊角把马鞭　　　　各类型马鞭图

图六 保安族羚羊角把皮鞭同类产品对比图

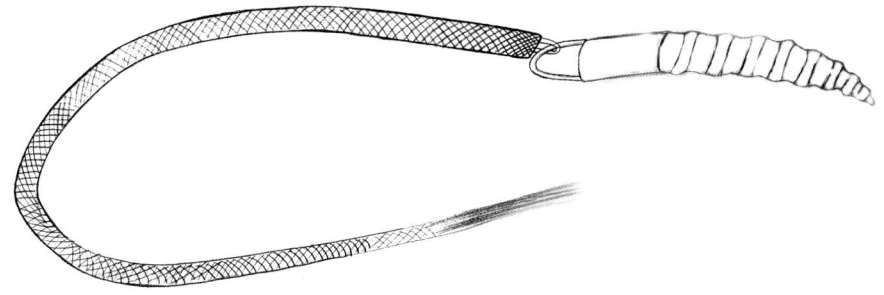

图七 保安族羚羊角把皮鞭线描图

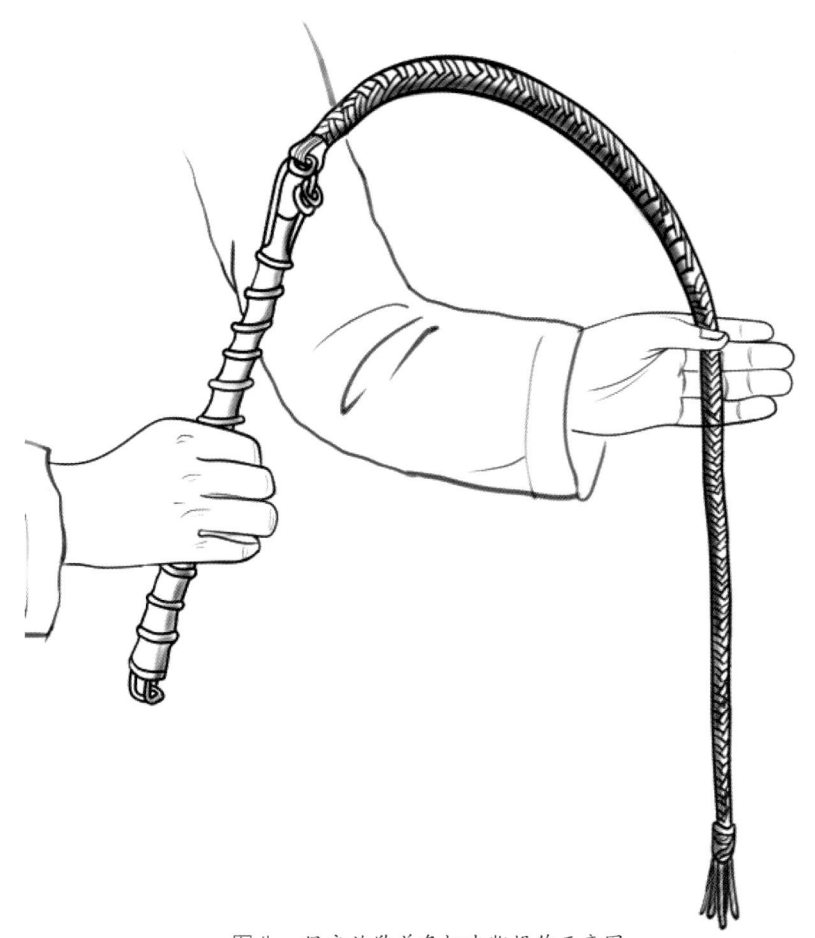

图八 保安族羚羊角把皮鞭操作示意图

第五章 保安族传统生产工具

保安族腰刀制作工具

图一　保安族传统腰刀制作工具使用场景图

保安腰刀是保安族最具特色的民族工艺品，其制作工艺被列为国家级非物质文化遗产。保安腰刀的制作工艺复杂，在制作过程中，不同环节需要用到各种的工具，本案例根据保安腰刀的制作流程，总结出几种最常用的工具加以介绍。本案例选取的工具皆藏于甘肃积石山县博物馆。

制作保安腰刀，主要按照刀体、刀柄、刀鞘的顺序制作装配，每个部位的制作一般都要经历锤打成型、打磨抛光、刻花这三个阶段，每个阶段根据制作部位不同，用到的工具也有一定差别。首先锻制刀体，基本的工具为火炉和风箱，火炉一般为刀匠自行搭建的土炉子，旁边有风箱为炉子鼓风，保持火炉的高温，便于刀片的煅烧。锤打刀片时，将烧红的刀片用钳子夹住，放到铁砧上，用大锤和小锤反复锤打。铁钳是打制刀体时非常重要的夹取工具，不同大小的铁钳用于夹取不同大小的刀片。铁砧是制作保安腰刀整个流程中必不可少的衬垫工具，刀柄和刀鞘的制作中也会用到铁砧,其材料为铁质,非常耐用,便于在上面锤打各种材料。锤打工具主要为大锤和小锤两种,大锤需要双手持握,主要修正刀体的整体形态,小锤单手持握,主要修正一些小细节。锻制时,通常一人双手握大锤,另一人右手持小锤,左手用钳子夹住刀体因需转动,大锤和小锤有节律地共同锻打。制作刀鞘的黄铜外壳时,则是用牛皮锤在铁砧上锤打出基本的外观,牛皮锤可以减少对铜皮的损伤。刀体经过锻打基本成型后,打磨、抛光。最传统的打磨工具主要为锉子和马鐄,马鐄是一种以木板为底座,上面有磨刀石的打磨工具,形制比较简陋,现在随着社会发展,马鐄基本被砂轮取代,由砂轮进行主要的打磨和抛光。打磨过后,刀体和刀鞘都会刻花,用铁锤敲打錾子,在刀体和刀鞘上刻出花纹和图案。保安刀匠只需一把铁锤和一根錾子,就能在刀片和铜片上刻出复杂优美、形式多样的花纹。传统的制作工具中还有手工制成的钻子,使用时将两侧的带子向下缠绕中间的棍子,用旋转的趋势钻孔。随着技术的进步和发展,风箱、马鐄、手工钻子已经不再使用了,新一代保安刀匠也会使用空气锤等大型机械工具,增加了打制效率和工作安全性。

传统的保安腰刀制作工具多为手工制作,注重工具的耐用性,对不同制作对象的针对性以及使用时的舒适性、简便性,凝聚着历代保安族刀匠的智慧和经验总结,以及朴素实用的设计思维。保安族的祖先是成吉思汗麾下打制铁具的铁匠,冶铁业是保安族非常重要的手工业,铁匠在保安族语中称作"果尔",铁匠不仅打制腰刀等刀具,也会打制马掌、斧头等常用的铁质生活用品,主要的制作工具也与刀匠的工具类似。代代传承的打铁技艺不仅是保安族谋生的手段,其蕴含的铁匠精神早已融入了保安族人血液之中,是保安族文化的重要组成部分。

图片来源
图一至图八　战怡菲　制图

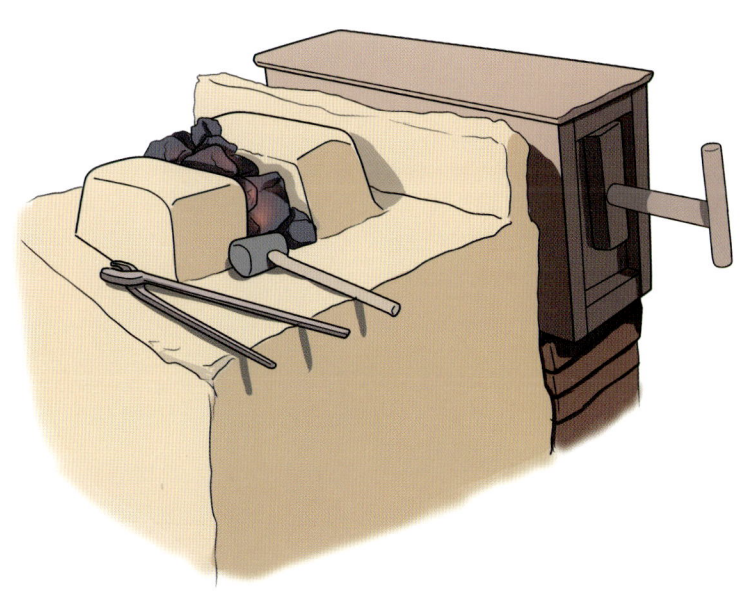

图二　保安族传统腰刀制作工具·火炉和风箱图

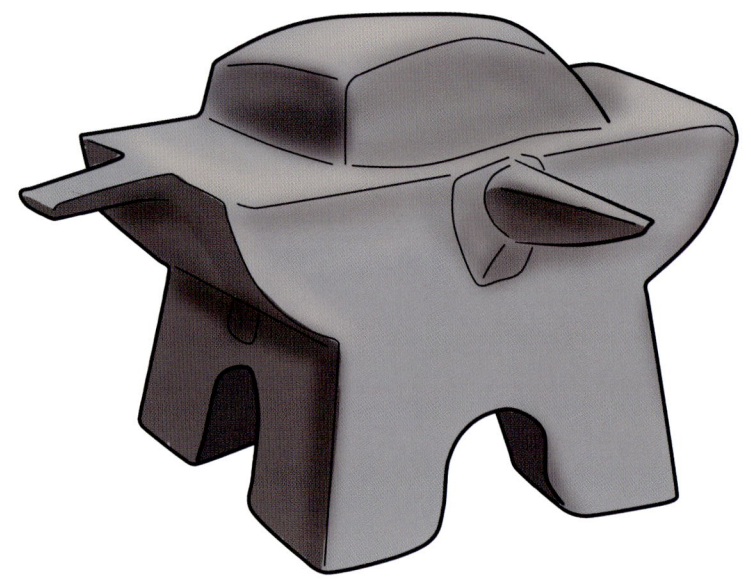

图三　保安族传统腰刀制作工具·铁砧图

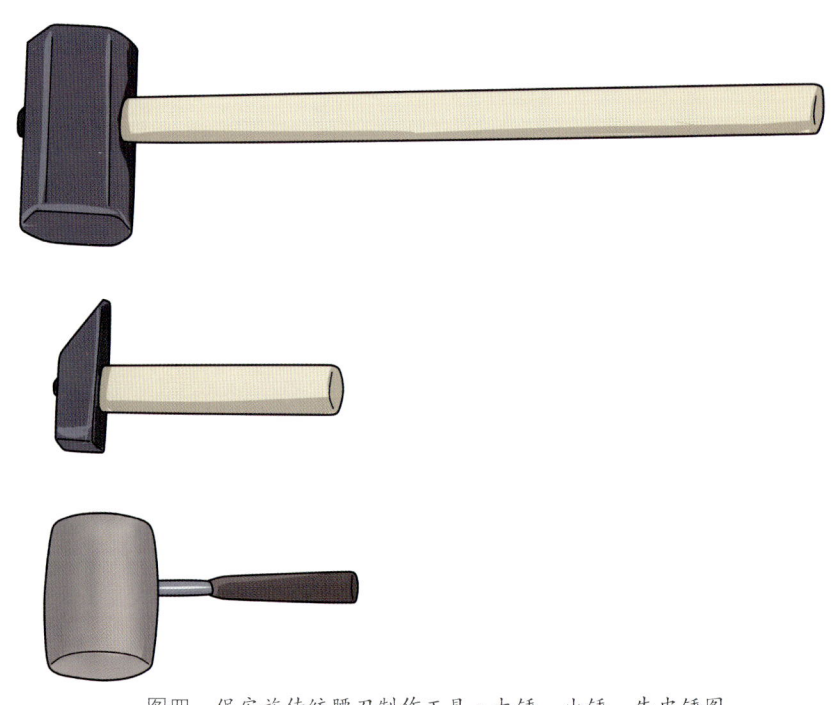

图四　保安族传统腰刀制作工具·大锤、小锤、牛皮锤图

图五　保安族传统腰刀制作工具·大小钳图

图六　保安族传统腰刀制作工具·马镲图

图七　保安族传统腰刀制作工具·錾子图

图八　保安族传统腰刀制作工具·手工钻子图

保安族羊绒生产工具

撒剪　　　　　　　铁爪（羊毛刷）

图一　保安族羊绒生产工具·撒剪、铁爪主图

　　撒剪和铁爪都是保安族羊绒生产的器具，是具有典型性和民族特色的皮毛加工工具。随着皮毛加工业的现代化，保安族传统皮毛加工工具已经越来越少见。保安族生活的临夏地区绒山羊抓绒通常分为春秋两次，①在抓绒的过程中，最主要的工具即为撒剪与铁爪。抓绒时，首先要用撒剪去梢子毛（即高于绒顶部的粗毛部分）。剪毛后立刻进行第一次抓绒。抓绒用的铁爪通常有两种，一种是密梳，另一种是稀梳。抓绒时，先用稀梳顺着毛抓一遍，再用密梳顺着毛抓一遍，然后再使用密梳逆着毛抓，要求梳子贴近皮肤，用力均匀。②

　　撒剪，即羊毛剪子。本案例撒剪总长约 30 厘米，剪刀长约 17.5 厘米，剪柄长约 12.5 厘米、宽约 1 厘米，尾部为半径约 1 厘米的柱体，厚度约 1.5 厘米。该撒剪以铁打制而成，分为左右两把刀刃，剪轴位于手把末端，呈 V 字形，整体形态和使用方式更接近于我国古代传统的交股剪刀。左边剪柄末端为孔，右边剪柄末端为轴，左右两部分组合可随意转动。使用时将两边剪刀背向组合，通常以左手握持剪轴位置，撒剪刃口即自然张开；右手握持刀刃部位，施力则刃口合拢。撒剪结构简单、剪刀宽大，一次能剪下大量羊毛。同时，撒剪轴心离羊身较远，也避免了剪轴或弹簧在使用过程中缠绕羊毛造成损伤。

铁爪，又称羊绒梳、羊绒耙等。本案例铁爪总长约44厘米，爪长约28厘米，手柄长约10厘米，爪宽约14厘米，手柄直径约4.5厘米。该铁爪由粗铁丝制成，顶端磨尖弯曲成钩，底部揉打成一体，在最下端绕出一个小孔，用细铁丝将爪子底部缠绕捆绑。在爪子约1/3处和底部分别有两根长度与铁爪宽度相近的粗铁丝按垂直于爪子的方向通过细铁丝与爪子捆绑，以达到固定各个爪钩的目的，并将各个爪子间的距离控制在相近且适宜的范围；同时，有些铁爪还可以调节上部固定铁丝的位置，以改变铁爪的疏密。铁爪的手柄为圆柱形木头所制，此木头顶部一截沿垂直于横截面的方向切去一半，剩余的一半与爪子底部相接。在爪子底部垂直于爪子固定的两根粗铁丝处和小孔处分别用一根粗铁丝与木柄相连接，即将爪子与手柄连接。也有比较简单的铁爪，以粗铁丝收拢、折叠后缠绕麻线为手柄。使用时，一手按住羊，另一手持握铁爪，利用铁爪和羊毛之间的摩

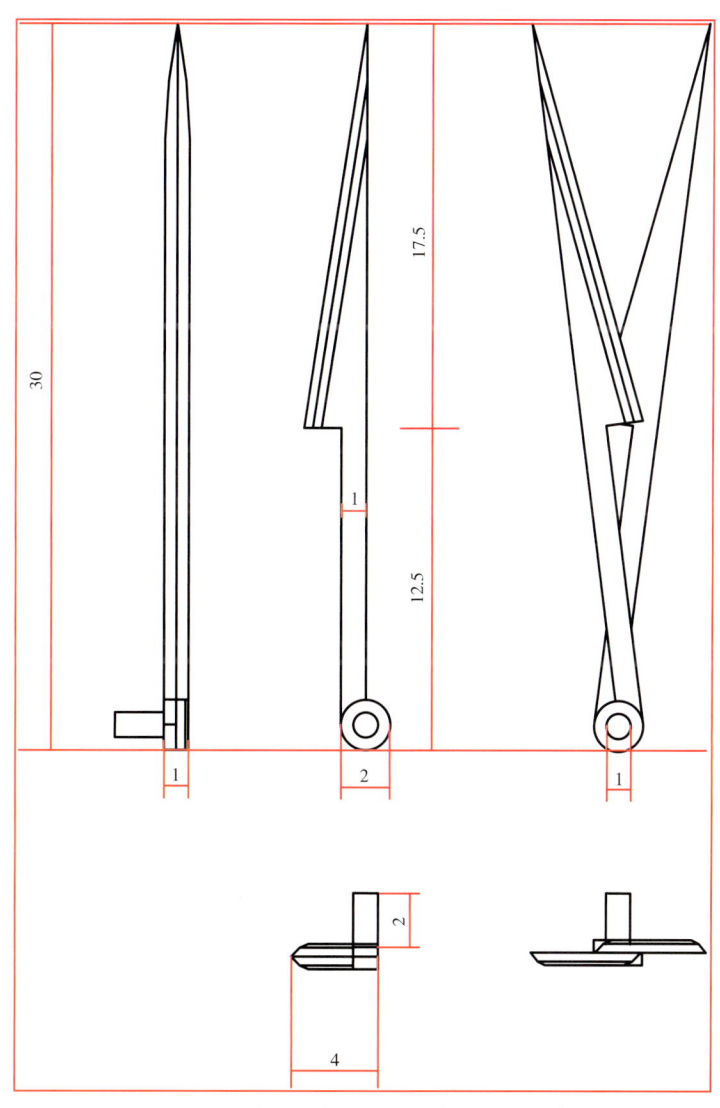

图二　保安族羊绒生产工具·撒剪尺寸图（单位：cm）

擦力抓下羊绒,使羊绒在铁爪上缠绕成团。每抓下一团羊绒,需用手将其捋至铁爪底端再继续使用。铁爪缠绕满羊绒后,便可以将羊绒整体从铁爪取下、收集起来。

无论是保安族早期居住的青海省还是后期居住的甘肃省,地形都以山地为主,气候较为干旱寒冷,适合羊的生长;且羊绒丰厚、纤维细长,品质极佳。二省羊毛产量在我国羊毛产业中占据很大比重,包括保安族在内的西北少数民族在其中做出了极大贡献。保安族的生产劳动始终与畜牧业息息相关,生活中也有许多诸如"毡窝子""褐子"的羊毛纺织品。铁爪和撒剪是保安族人民在长期的生产与生活实践中研发出来的皮毛生产加工工具。撒剪与普通的羊毛剪最大的区别在于结构简单、可以拆卸、自由转动,且它充分发挥了劳动者的主观能动性,增强了劳动者与生产工具之间的互动,体现了一物多用和仿生学的设计思想。铁爪和撒剪的产生,极大地提高了劳动人民在皮毛生产过程中的工作效率,作为我国古代劳动人民智慧的结晶,体现了利用最简单的结构形式实现功能最大化的设计思想。

图片来源
图一至图八　井欣萌　制图

注释
①张之毅.西北羊毛业调查.中农月刊.1942.
②赵从民,李大同.山羊抓绒技术.农家科技.1999.

图三　保安族羊绒生产工具·撒剪解构图

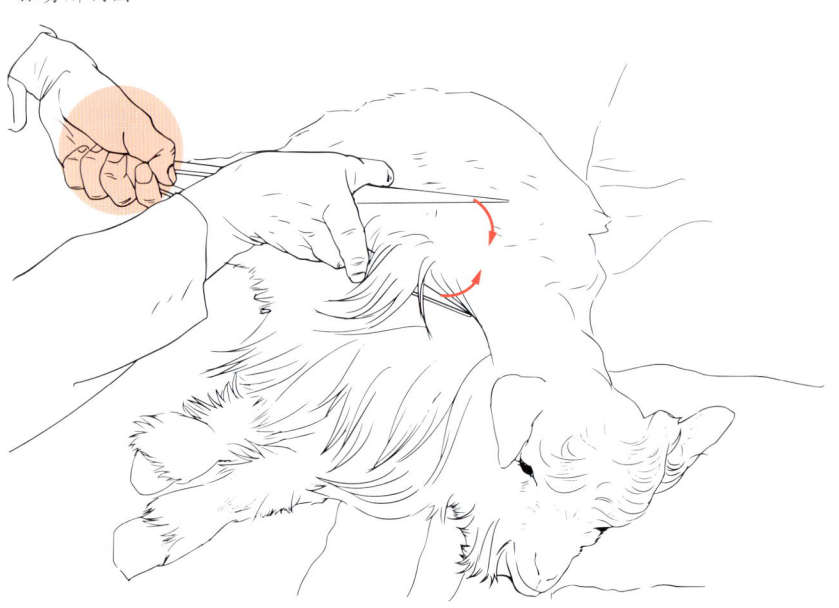

图四　保安族羊绒生产工具·撒剪使用氛围图

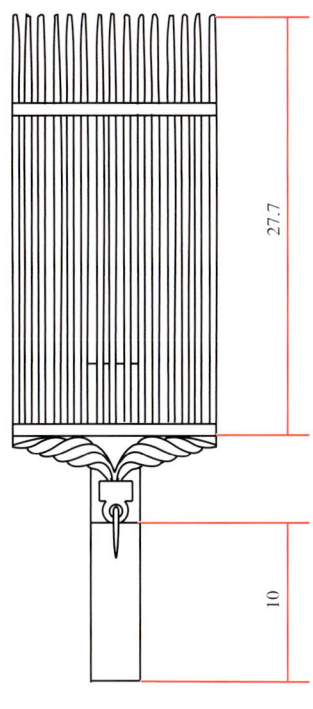
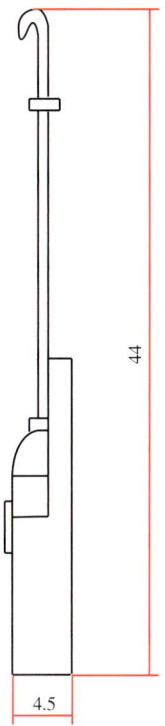
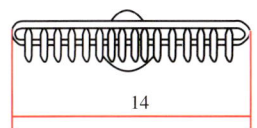

图五 保安族羊绒生产工具·铁爪尺寸图（单位：cm）

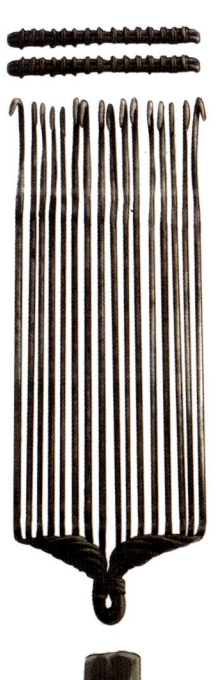

图六 保安族羊绒生产工具·铁爪解构图

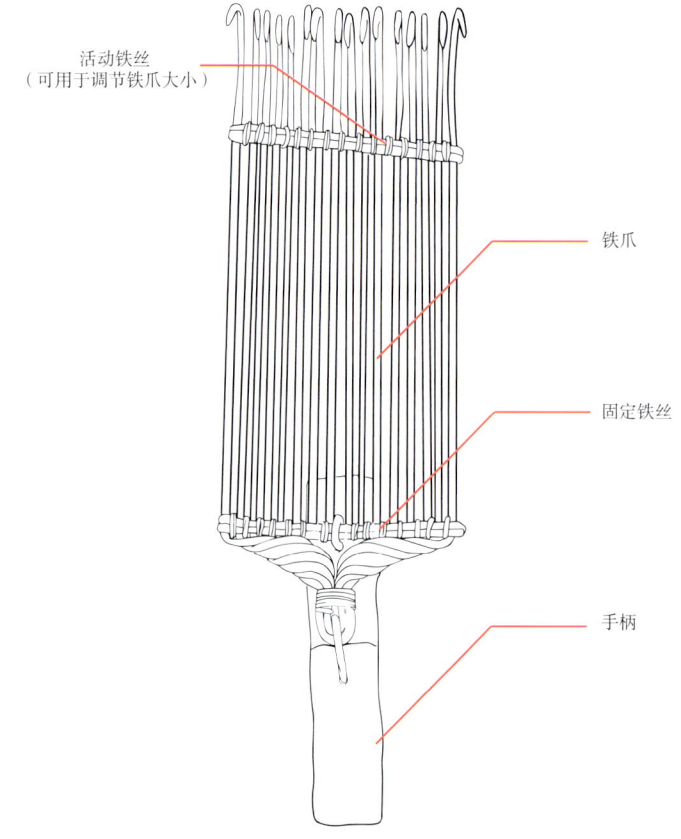

图七 保安族羊绒生产工具·铁爪结构名称图

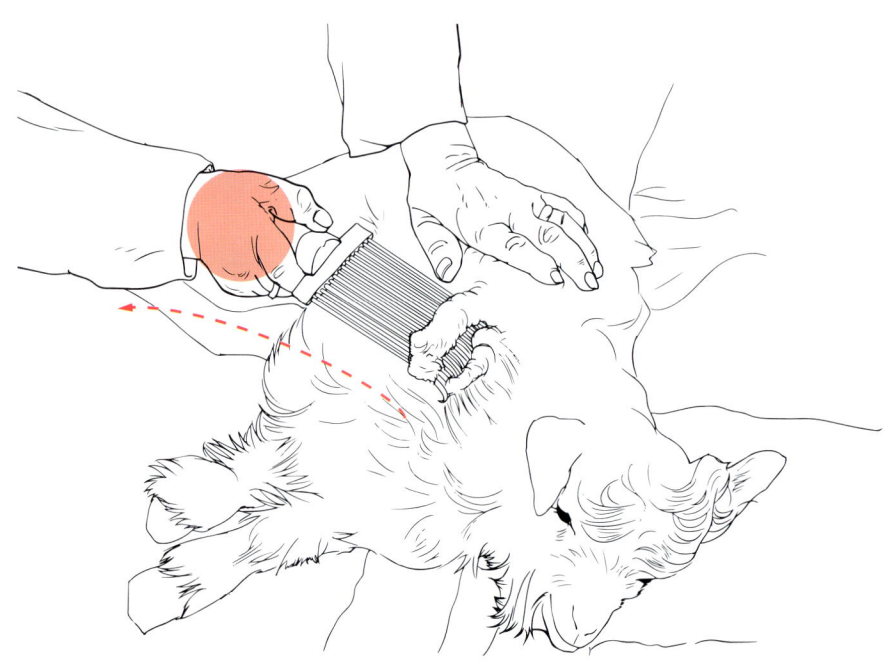

图八 保安族羊绒生产工具·铁爪使用氛围图

第六章 保安族传统手工艺

保安族腰刀制作

图一　保安族腰刀打制场景图

保安腰刀的主要产地围绕在甘肃省积石山保安族东乡族撒拉族自治县大河家镇、刘集乡及周边地区，保安腰刀的制作是保安族最有名的手工艺形式。传统的保安腰刀制作是作为农业生活的副业存在的，生产规模较小，腰刀制作大多为"小作坊"形式，一把腰刀一般由一到两人制作完成，多为师徒两人；制作工具较简单，一个火炉，一个铁砧，两把锤子，一把斧头，两到三把铁钳，一些打磨、抛光工具即可制作出保安腰刀；作为制作原料的铁、钢、火炭、红铜和黄铜等材料多为回收的废弃金属，易于获得。本案例将简要介绍保安腰刀的制作流程以及其最具特色的锻制工艺。

保安腰刀的锻制是以本民族的冶铁技术为基础，经过几百年的不断发展，吸收了其他民族的打刀方法，最终形成的独特的制作技艺。一把保安腰刀的制作按照刀体、刀柄、刀鞘的顺序依次制作，主要包括夹钢背铁、折花、淬火、打磨、抛光、刻花等多道工序。打制腰刀，一般是先把提炼出来的铁片反复锻打，加钢后不断折叠锻打，最后淬火而成。过程看似不难，但其锻制的传统工艺十分复杂，一般都具有40道左右的工序，甚至具有多者达80道的工序锻制的腰刀。保安腰刀制作中最具特色的是折花刀的制作。先分别锻打钢片和铁片，再按照一层铁片一层钢片的顺序叠加固定。这一过程称为"夹钢背铁"，最多可以有7层钢片8层铁片，最简单的是1层钢片2层铁片。之后将其不断加热、折叠、锻打，使钢和铁充分融合。然后制作"折花鞘"，将锻打充分的钢铁片一端固定，拧动另一端使其成麻花棱状，拧的方向和次数也有一定的讲究，再不断地折叠锻打，锻制的过程与打制的过程都至关重要，打刀时每一下的力度和角度都要恰到好处，才能使得腰刀刚韧相济。锻打后将刀坯淬火，俗称"沾水"，入水的时间、次数根据刀匠的经验，只有恰到好处才能保证刀的质量。淬火后再对刀坯不断打磨、抛光，最终制成锋利坚韧的折花刀，抛光后，刀坯上会出现青白相间、像树纹、水纹般优美的折花纹，出现什么样的花纹全凭刀匠的个人经验。折花刀的制作工艺一度近乎失传，经过新一代保安刀匠的努力，目前已经全面恢复了这种技艺。保安腰刀的刀柄和刀鞘的制作也独具特色：刀柄有铜护口，保护手的同时也防止血污腐蚀刀柄。螺把处将红黄铜片、铁片、牛角和木块等多种材料叠加，色彩丰富，简洁美观；刀鞘多为铁、铜外壳，配铜箍和镊鞘，内用木芯，与刀刃严丝合缝，防止掉落。保安刀匠会在刀体和刀鞘上分别刻印和刻花。只需要一根錾子和一把铁锤，就可以刻出各种精美的图案。刀体上一般会印有"一把手"图案或者是刀匠的名字；刀鞘上会有梅花、黄河水流、一条龙等简洁精美的花纹，丰富了保安腰刀的外观造型。

保安族腰刀是保安族引以为傲的传统手工艺产品，是保安族人民在长期的生产活动与军事斗争中发明创造的。现今，生活的安定使得保安族腰刀的生产工具性与军事斗争性逐步下降，取而代之的是浓厚的生活实用性、符号性、象征性及非物质文化性，保安腰刀的锻制技艺被列入首批国家级非物质文化遗产名录。保安族腰刀也深受周边地区如内蒙古、四川、西藏等地各族人民的喜爱，其所创造的经济价值也是当地保安族人民赖以生存的基础之一。

图片来源
图一至图十　战怡菲　制图

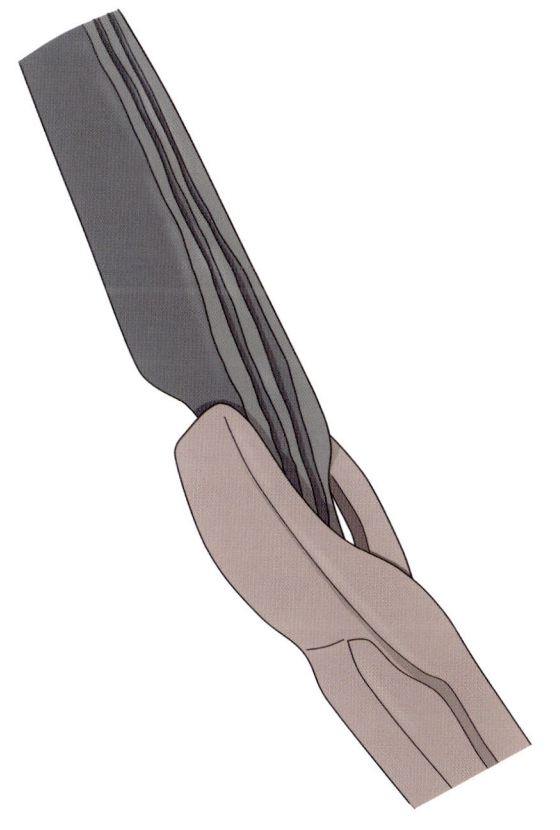

图二　保安族腰刀制作夹钢背铁图

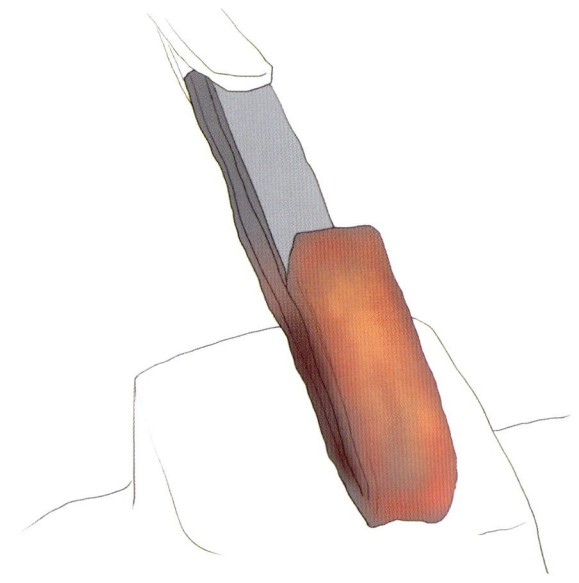

图三　保安族腰刀制作折叠锻打图

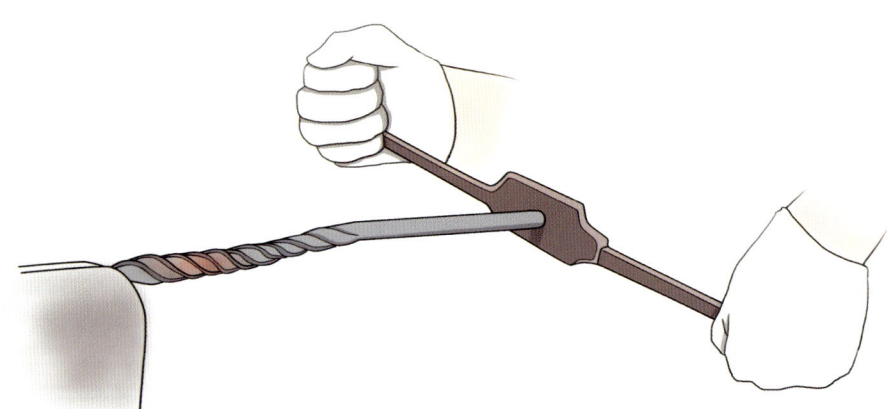

图四　保安族腰刀制作折花鞘图

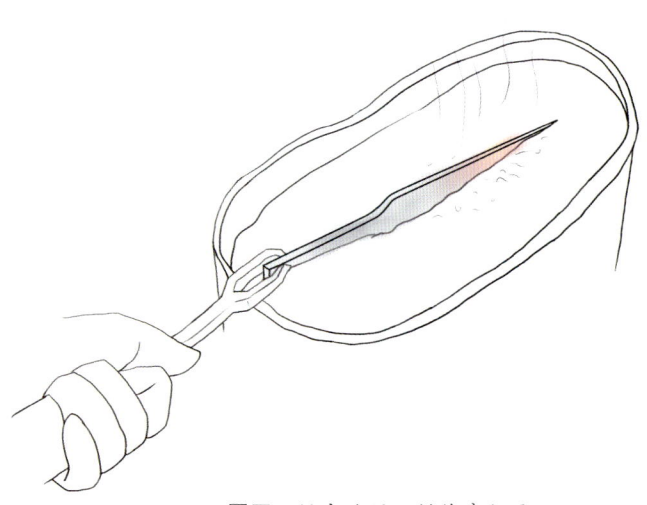

图五　保安族腰刀制作淬火图

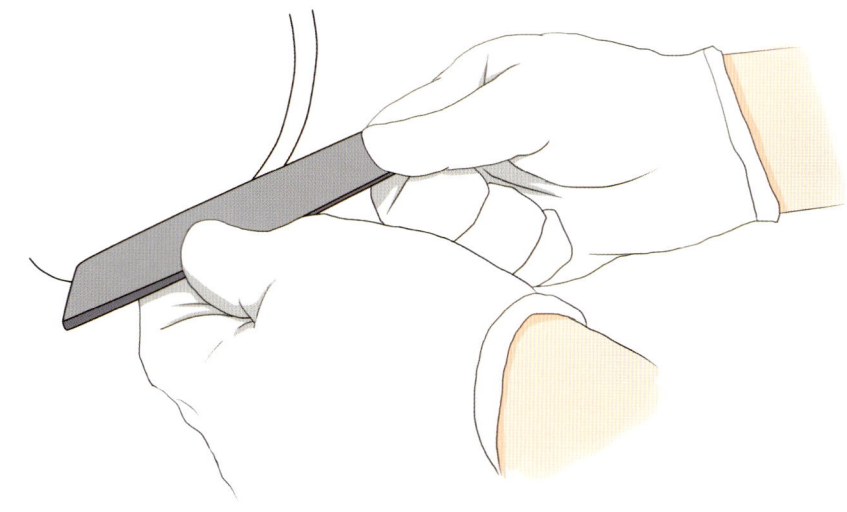

图六　保安族腰刀制作起刃图

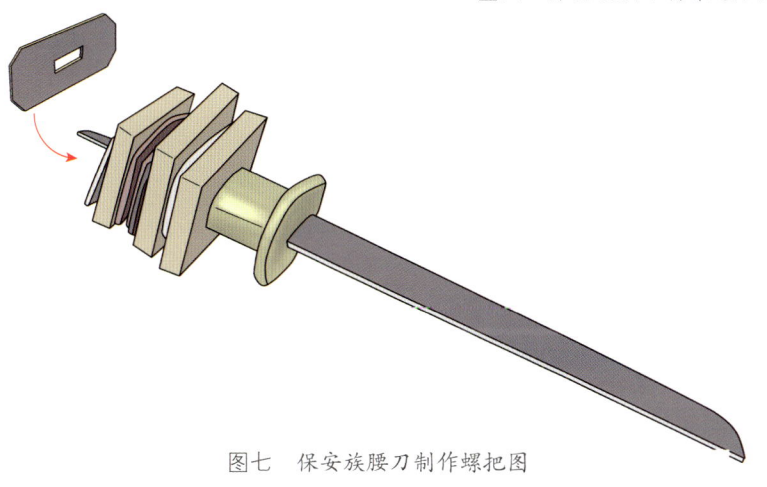

图七　保安族腰刀制作螺把图

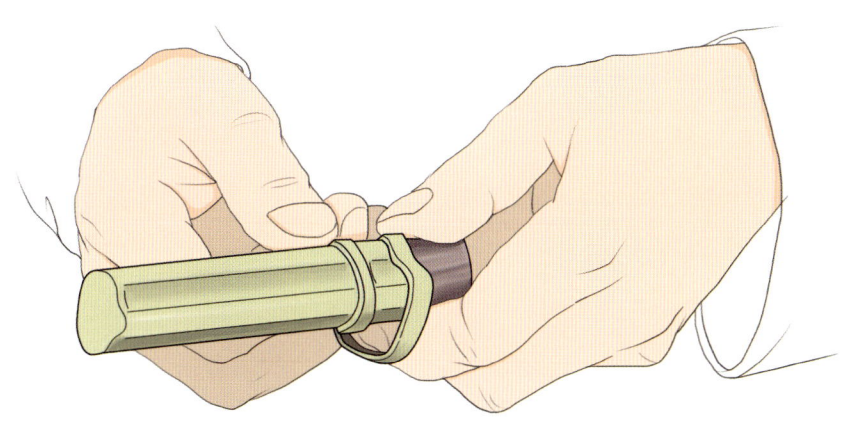

图八　保安族腰刀制作刀鞘加铜箍图

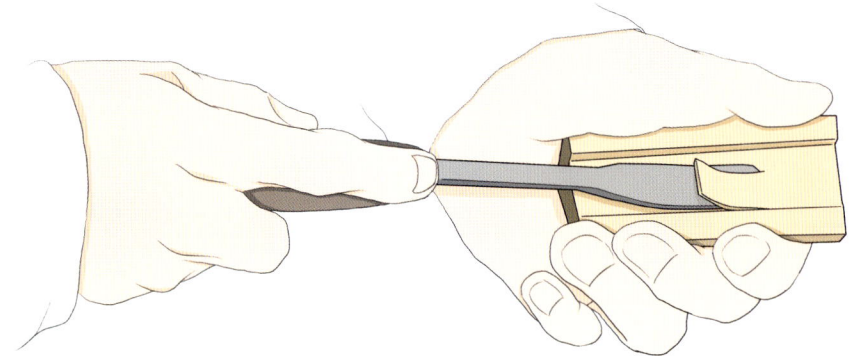

图九　保安族腰刀制作木鞘芯图

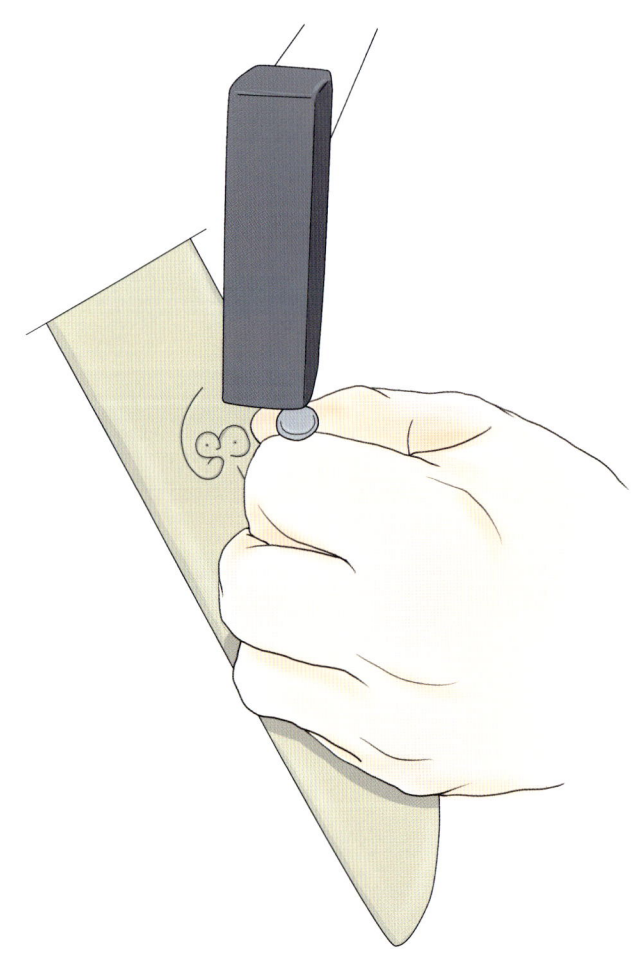

图十　保安族腰刀制作刀鞘刻花图

保安族刺绣图案

图一　保安族菊花主图

刺绣是保安族常见的传统工艺，刺绣图案在保安族人民的生活中处处可见。一般常见于服装、家具、装饰品等物品表面。保安族妇女用精美的刺绣和灵巧的手艺来装饰家具和服饰、表达自己对于爱情、家庭寄予的美好祝愿。本案例展示了保安族刺绣中常见的图案以及其代表的美好寓意。

刺绣图案可见于保安族服装的每一个部位，除了上衣的襟袖处、裤子的下摆处等常见的装饰部位之外，保安族女性多穿绣花肚兜、绣花鞋，男性也喜欢穿戴绣花腰带、绣花的"绑身子"，做礼拜时常穿的鞋袜的袜底、鞋跟处也会绣花，年轻女性在坎肩、裤腿上也会绣整朵刺绣花卉。刺绣图案也常见于保安族枕顶、挂配上，用于装饰居室。从图案内容上，保安族刺绣受宗教文化影响很大，保安族全民信仰伊斯兰教，所以保安族刺绣图案也多以花草为主，也有抽象的几何形态，但没有具象的动物或人物形象。保安族的刺绣图案多为植物花草，不同的植物有不同的寓意，刺绣的部位也不同。保安族刺绣图案中常见的花草有梅兰竹菊、桃花、荷花、牡丹、佛手等。保安族最常见的刺绣图案是菊花图案，菊花也是保安族人非常喜爱的图案。保安族人对菊花的喜爱是有多种原因的，首先是因为这里夏季凉爽干旱，冬季寒冷，菊花耐旱耐寒的特性十分适合在这里生长。[①]再者，保安族是由于在原居住地受到封建农奴主欺凌而被迫迁徙到大河家定居的，虽然最初定居时人数很少，但是保安族人民凭借着吃苦耐劳的精神，重建了自己的家园，并保持着自己的传统特色，这与菊花抗击风寒、耐旱耐寒的特性十分相似，并且，菊花作为高洁品质的象征，也深受保安族人民的认可。因此菊花刺绣图案常出现在保安族女子的服饰上，尤其是新娘的嫁衣上，也常见于保安族人的家居装饰中。作为不畏严寒、坚韧不屈象征的梅花也是保安族刺绣常见的图案，多绣在枕顶上。兰花、桃花、山丹花、佛手也常出现在保安族的刺绣鞋垫上，花卉多以单朵出现，也有组合出现，如佛手常会搭配桃花等植物出现。保安族儿童和男子的绑身子上常绣竹子图案，象征潇洒、正直的品格。富丽夺目的牡丹最常出现在女子的绣花肚兜上。出淤泥而不染、洁白无瑕的荷花也深受保安族人民的喜爱，除了在服装上，也常见于保安族家具和生活器皿上。保安族刺绣图案整体上简洁、朴素，花草多为单独出现，不似汉族等其他民族的繁复细密，用色鲜艳大气，体现出保安族民间艺术的独特魅力。

保安族刺绣花草图案或是有着吉祥的寓意，或是象征着坚韧不屈、高洁的美好品质，保安族人民有着属于自己民族特色的语言，却没有文字。保安族女性通过这些代表美好寓意的图案来表达内心对于美好幸福生活的期许，这些图案也反映出了保安族人单纯质朴、坚韧不屈的民族性格。

图片来源
图一至图二、图四至图六、图八至图十
　宋姣、祝燕琴　制图
图三、图七　祝燕琴、宋姣　制图

注释
①时佳.保安族服饰研究[D].万方中国学位论文全文数据库.北京：北京服装学院.2012.23-26.

图二　保安族兰花图案

图三　保安族梅花图案

图四　保安族牡丹图案

图五　保安族竹子图案

图六　保安族荷花图案

第六章　保安族传统手工艺

图七　保安族桃花图案

图八　保安族佛手图案01

图九　保安族佛手图案02

图十　保安族山丹花图案

保安族剪纸

图一　保安族剪纸主图

保安族剪纸是其文化艺术的重要表现形式之一。剪纸可以用来装饰器物表面，渲染节日气氛。保安族聚居的西北地区天气干燥少雨，纸张不易腐烂变皱，贴好的窗花、门笺等可以长久使用。本案例是四方团状图案的保安族剪纸，借鉴绘画语言，构思新颖，造型丰富，具有朴实洒脱的当地气息。[①]

保安族剪纸在材质上选择范围宽泛，往往就地取材，以彩色纸张为主，常用写对联用的大红纸，这种纸张较薄适合折叠，剪成后贴于窗户玻璃上不会挡光线。保安族剪纸运用点线面等造型语言营造了众多柔和多变，富有装饰意趣的纹样图案，注重主次对比，满而有序。剪纸图纹多为抽象的纹样，运用夸张变形的手法创新图形，图案的镂空部分给人以空灵透气的审美感受。本案例的四方团状保安族剪纸图案，可以分为三个层次，中间的核心部分、中间外的包围部分、最外侧的四角收尾部分，顺序按照"密—疏—密"的节奏布局，达到了古人所说的"疏能走马，密不透风"的图案设计理念。本案例图形以植物花卉构成为主，对称式构图。画面中心为莲花和牡丹相簇，整个团状图案呈方形，是整幅剪纸图案的核心部分，也是剪纸的视觉中心，故其设计的较为饱满圆润，细腻精致。为调节整个画面的节奏，外围由松散的五瓣梅、水藻叶环绕构成，首尾相连形成一个环状，具有曲线的美感韵律。最外侧以块状的如意纹约束四角，收住整幅图案。

保安族剪纸风格多样，强调意象造型，自由豪放。剪纸的形式也多适应于生活而创作，在节庆的日子里，剪纸多贴在窗户玻璃上、门上和灯笼上，以此来渲染浓郁的节日氛围。保安族妇女心灵手巧，将剪纸这一传统手工艺承袭，利于传统文化的代代相传。

剪纸作为保安族的文化艺术形态之一，它深深根植于保安族的民俗文化，在民间生活中顽强地生长，延续至今。

图片来源
图一至图二　于水苗　制图
图三　程明超　制图
图四　张慧芳　制图
图五　王欣　制图
图六　王欣、程明超、于水苗　制图
图七　高瞻　制图

注释
①金开诚主编、李青华编著.保安族[M].长春：吉林文史出版社，2010.5.65，引用了剪纸图案。

图二　保安族剪纸结构名称示意图

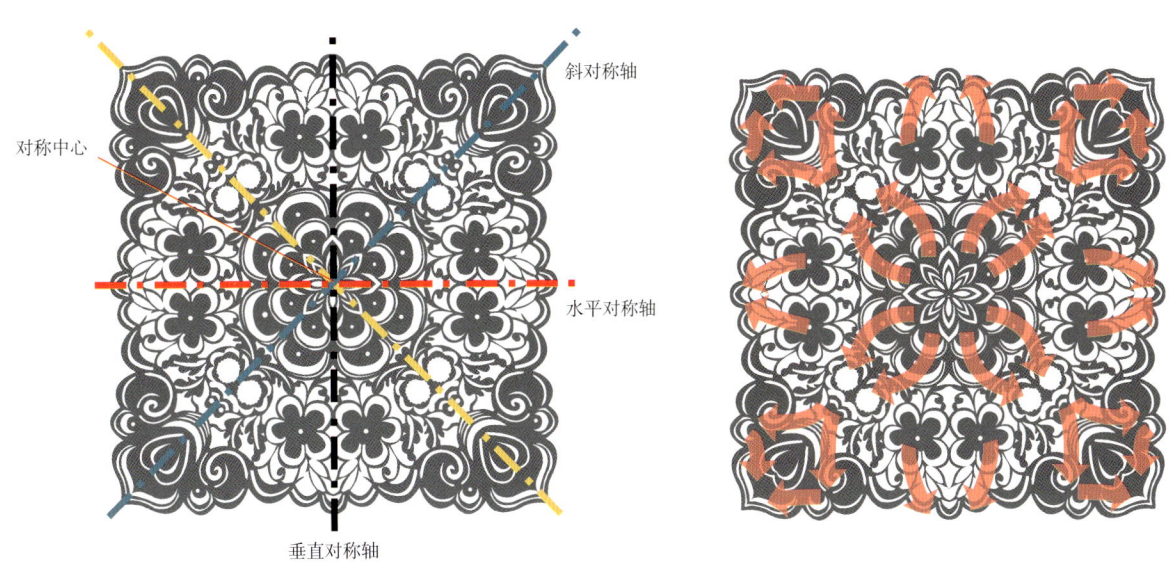

图三 保安族剪纸画面构成分析图

图四 保安族剪纸动感分析图

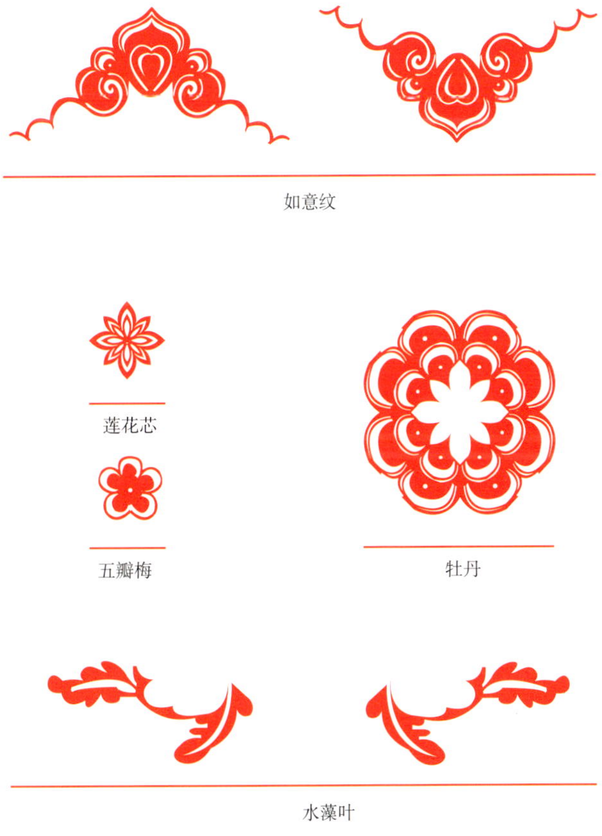

如意纹

莲花芯

五瓣梅

牡丹

水藻叶

图五 保安族剪纸单元分析图

第六章 保安族传统手工艺

201

保安族　　　　　　　　　傣族　　　　　　　　　满族

图六　保安族与各少数民族剪纸对比图

图七　保安族剪纸情境图

保安族砖雕制作

图一 保安族清真大寺砖雕

清真大寺砖雕整体呈方形，用于伊斯兰建筑的装饰。砖雕最早可追溯到汉代，作为陵墓装饰的画像砖，砖雕与石雕、木雕是中国传统建筑技艺上的"三雕"。[①]保安族人居住在甘肃省临夏州，在藏族、回族和撒拉族文化的影响下，逐渐承袭了具有当地文化的砖雕艺术。[②]

砖雕的制作工艺流程分为选料、磨砖、构图、过画、开坯、调整和细磨七个步骤。砖雕多选用青砖制作，青里透白的砖雕为上品。在挑选单个砖的色泽时还需要注重与整体墙面的大小以及颜色的和谐统一。[③]磨砖时将砖切割成需要的尺寸，将需雕刻的一面和四周磨成平面。按照需要的尺寸作图案设计，再将绘好的图案用笔、铁钉等拷贝到砖料上粗雕。其次对图案作精细加工，雕刻细节部分，调整个别纹样。最后用磨石或砂纸将图案内外粗糙的地方磨至光滑。图案多雕刻植物花卉和伊斯兰经文。本案例的清真大寺砖雕整体构图采用对称构图，形态稳定又富有变化，兼具立体感。画面的中心为一组圆形的荷花，圆形具有向心性，使荷花成为视觉中心，形态生动，主题突出。砖雕的四个角有四朵盛开的荷花，采用四角布局构图，平衡画面。菱形线条向外扩张，使画面更加丰富，将里外两部分图形相联系。在保安族的村落里，民居的砖雕图案主要有梅花、桃子、桃花、石榴、葡萄、竹子等。人们常将植物的生态属性通过借喻的手法表达对生活的美好祝愿。④梅花象征着坚贞高洁，梅花的五个花瓣分别代表着快乐、幸福、长寿、顺利、和平，是五种福。⑤在一些保安族的枕顶上也绣有梅花，人们希望把这些福气带在身边。桃子有着长寿的寓意，桃花通常代表吉祥富贵，在保安族男子服饰中的部分马夹也绣有桃花的纹样，桃花有驱邪避灾的含义。石榴和葡萄都有多子多福的寓意，葡萄通常还有硕果累累、丰衣足食的寓意。竹子通常代表谦虚有节，刚正不阿。此外，砖雕除表现植物花卉外，砖雕上还绘制伊斯兰经文，经文内容多为祈祷赞词，文字有阿文、波斯文和突厥文，为手写体。现还存有尕撒尔出土的明代伊斯兰经砖和阿文雕刻砖。⑥红园和大拱北现存有大量名家的精美砖雕，雕工细致，生活气息浓郁。

砖雕是传统的民间艺术，保安族人将砖雕艺术主要应用在自己的民居建筑以及清真寺中，在世俗生活中增添了一份审美享受。砖雕是意境高远、构思独到的艺术品，留下了艺人来源于生活而又高于生活的追求。

图片来源

图一至图八　祝燕琴、宋姣　制图
图九至图十　高瞻　制图

注释

①祁睿.河州回族砖雕艺术［J］.德州学院学报.2001.7月第27卷，33页.
②李青华.保安族.长春：吉林文史出版社，2010.105.
③程静微.河州砖雕的题材、构图和工艺出探.兰州交通大学学报.2006.6.
④黄青.中国吉祥文化的载体——吉祥图案.云南艺术学院学报.2006.4.69.
⑤黄青.中国吉祥文化的载体——吉祥图案.云南艺术学院学报.2006.4.70.
⑥迈尔苏目·马世仁.在"田野"中发现历史.中国社会科学出版社，2008.144.

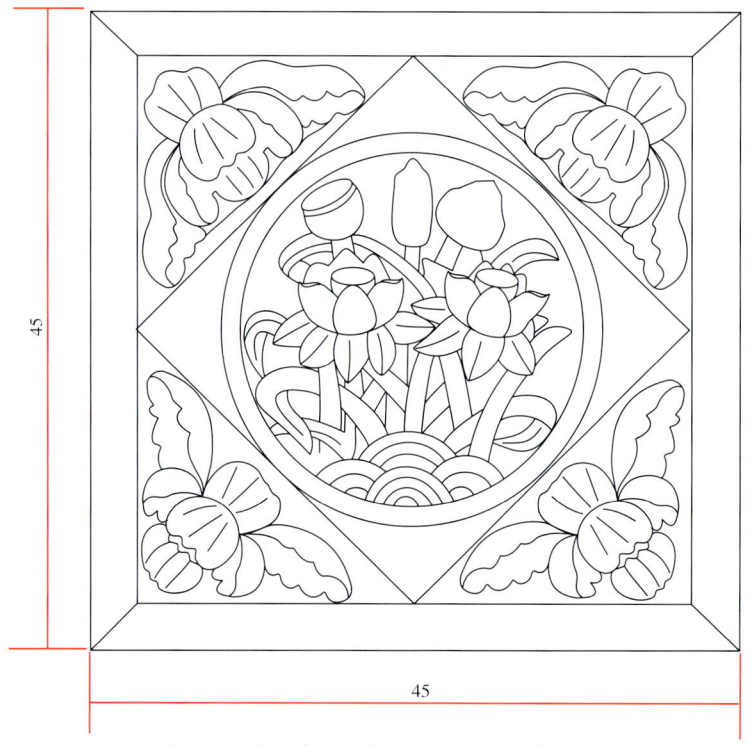

图二　保安族清真大寺砖雕尺寸图（单位：cm）

图三 保安族清真大寺砖雕线稿图

方形的边部没有装饰,视觉上有简洁、理性之感

圆形具有向心性,使内部图形成为视觉中心

菱形富有变化,具有向外扩张感,将圆内外图形联系起来

图四 保安族清真大寺砖雕结构分析图

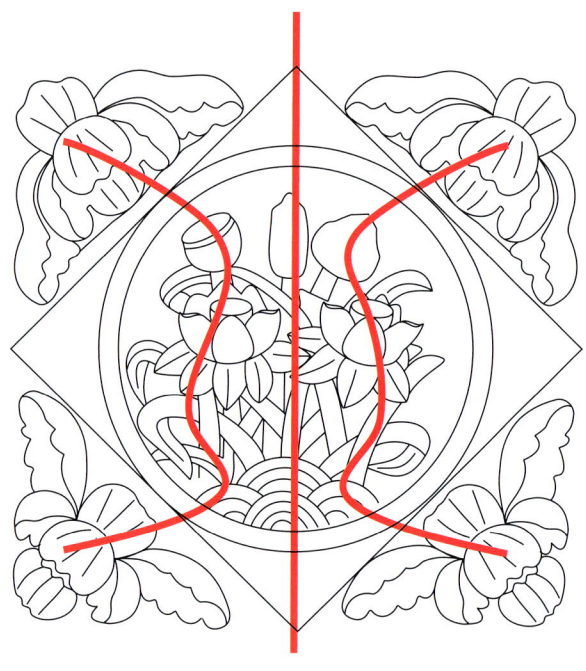

图五 保安族清真大寺砖雕形态分析图

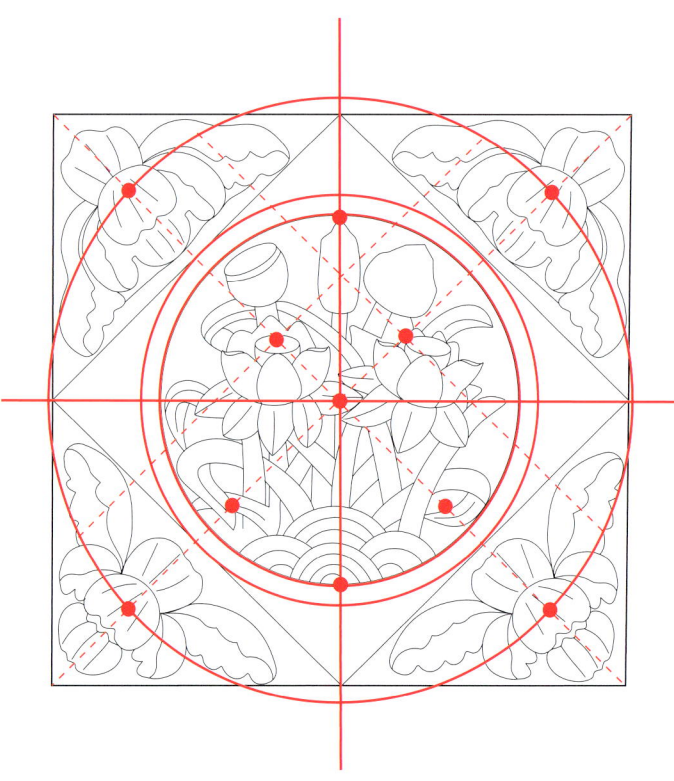

图六 保安族清真大寺砖雕构成分析图

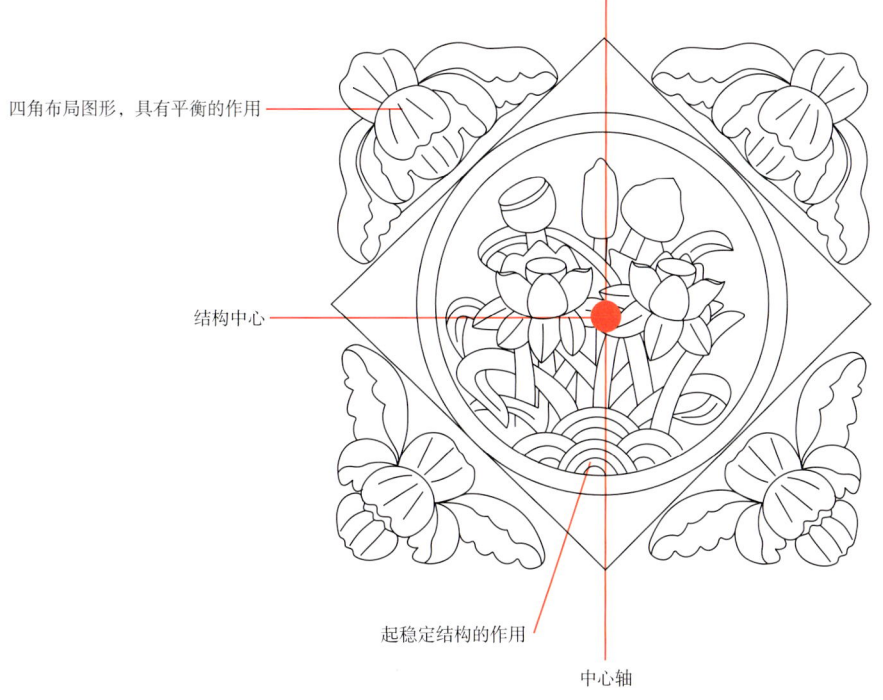

图七　保安族清真大寺砖雕装饰分析图

（标注：四角布局图形，具有平衡的作用；结构中心；起稳定结构的作用；中心轴；采用对称构图，形态稳定又富有变化，荷花造型写实）

图八　保安族砖雕制作工具图

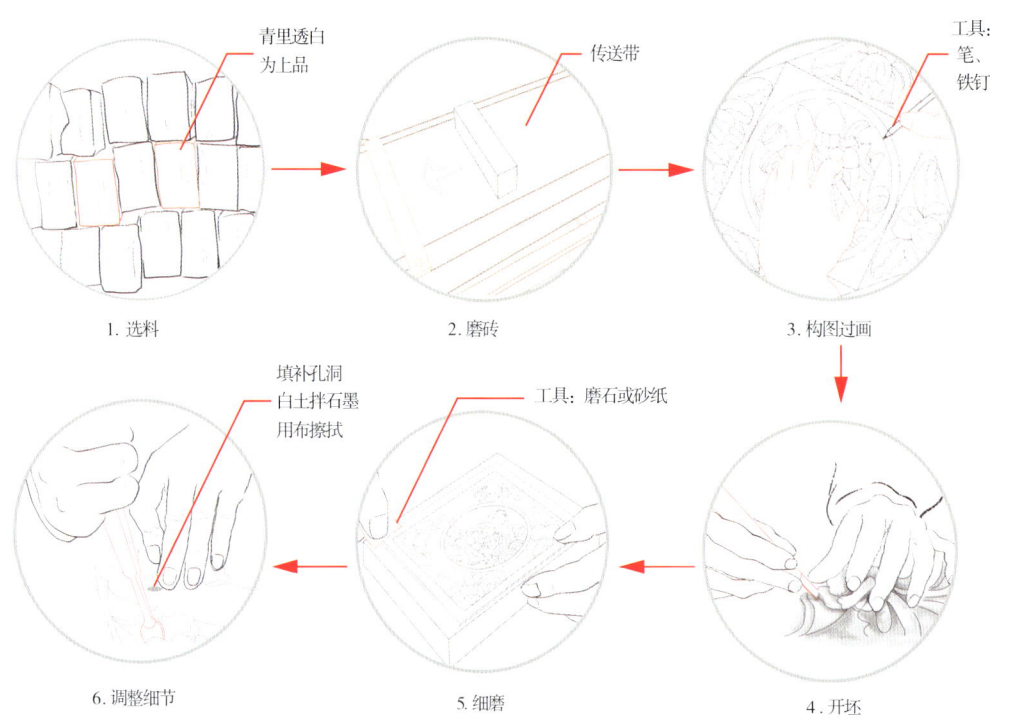

图九　保安族砖雕主要制作工艺流程图

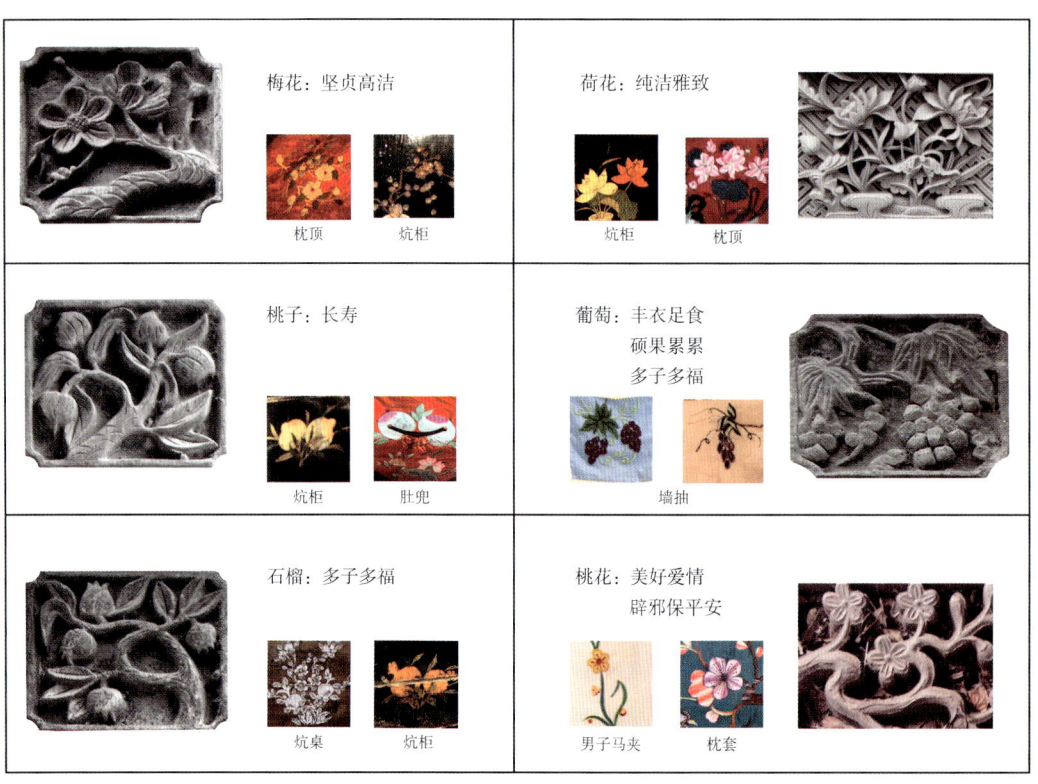

图十　保安族其他砖雕图

保安族家具彩绘

图一　保安族家具彩绘主图

保安族老式炕柜，整体呈长方形，长约164厘米，宽约44.1厘米，高约52.5厘米。采选自甘肃省临夏州大河家镇梅坡村，现存于甘肃省临夏州积石山县民俗博物馆。为旧时置于炕上做摆设和储存被褥的木质家具，通常在炕柜的正面髹以彩绘。

本案例采选的保安族老式炕柜整体构图饱满匀称，画面具有强有力的视觉平衡中心和辅助性边纹。四个花瓶为主画面中最高的物体，它与旁边第二高的物体间距较近，与周边的小物体构成主体群。四个主画面中主体群为三角构图，主体群前的点缀部分为平铺式构图。从视觉感官上，人具有惯性的视觉流程，通常会随物体与物体的间隔变化来确定主体图形与次级图形。在一个长方形中，从左上角到右下角通常为下降的趋势，从左下角到右上角通常为上升的趋势，人的视觉习惯也是先左后右。左边两个主体画面为花瓶在左，次高的物体在右，右边两个主体画面为次高的物体在左，花瓶在右，左高右低会使人先将注意力的焦点聚集在左侧较高的主体物上。左右两边大体上沿彩绘画面中间的轴线对称分布。对称式构图产生平衡的美感和韵律，形成秩序和节奏。四个辅助性边纹图案分为上、中、下三面，上层主要为花卉，中间面左右两侧主要为植物，最下层面主要为果品。纹样的排布具有微妙的规律，是隐藏的秩序。这好比音乐的节奏，节奏的规律变化形成音乐中的曲调。在图案中纹样的走势也会产生韵律。四个主体画面中的花卉走势呈V型，花卉趋向中心。上边纹的花卉图案和下边纹的果品图案也呈V型，图案趋向外侧，向外扩张，内收外放，无形中将画面向外延伸。图腾是一种文化标志，主要的功能是记载神的灵魂的载体。图腾最早多源于人们对大自然的敬畏和强烈的生命意识，吉祥图案最初主要来源于图腾。[1]图案是带有装饰目的的图形和花纹，吉祥图案的创作多融合万物有灵的思想观念以及当地的市民文化。图必有意，意必吉祥，是传统吉祥图案的特点。保安族炕柜上的彩绘图案主要为吉祥图案。吉祥图案的语言密码多通过谐音、象征、隐喻、衍延引申的编码方式实现。[2]左数第一个主体画面中插着梅花的花瓶与如意，取意为平安如意。如意最早是指将竹木棒其中的一端雕琢成手的形状用来搔人手够不到的地方，可以尽如人意，故名为如意。左数第二个主体画面中的荷花与花瓶后的藕以及最前面作为点缀图案的盒子，取意为巧连合偶。荷花寓意高洁，盒取谐音为合，画出孔的藕寓意通气，描绘了一个夫妻和睦恩爱、尽善尽美的意象。左数第三个主体画面中的寿石与菊花寓意寿居，石榴寓意多子多福。左数第四个主体画面中的牡丹花与笔寓意笔头生花，牡丹花同时还具有富贵的含义。吉祥图案的表现是一种内心向往生活的视觉表达，图案具有隐喻性，不同图案相互组合还会产生新的寓意，给观者留有想象空间，不同的个体解读也会产生不同的理解。

家具作为一种较为普遍的日常生活用具摆设，除满足贮藏被褥的基本功能外，它表面的彩绘还是一个可以满足精神愉悦的大众艺术。因保安族早期受蒙、汉、回、藏等民族文化的影响，保安族家具彩绘中的纹样与北方的游牧民族如蒙古族的炕桌与炕柜等家具中的博古纹颇为相似。此外藏族家具彩绘中的部分纹样形态与保安族家具彩绘中的纹饰也具有相似性，有所不同的是藏族家具中的红漆与雕花较多。保安族家具中的彩绘从表面的意象带领人的思维走向美好的意境世界，是一种幸福观与审美观的综合体现。

图片来源
图一至图七　高瞻　制图
注释
[1]袁源.如意绘：中国传统吉祥图案[M].杭州：浙江古籍出版社，2016.8.
[2]袁源.如意绘：中国传统吉祥图案[M].杭州：浙江古籍出版社，2016.8.

图二　保安族家具彩绘线描图

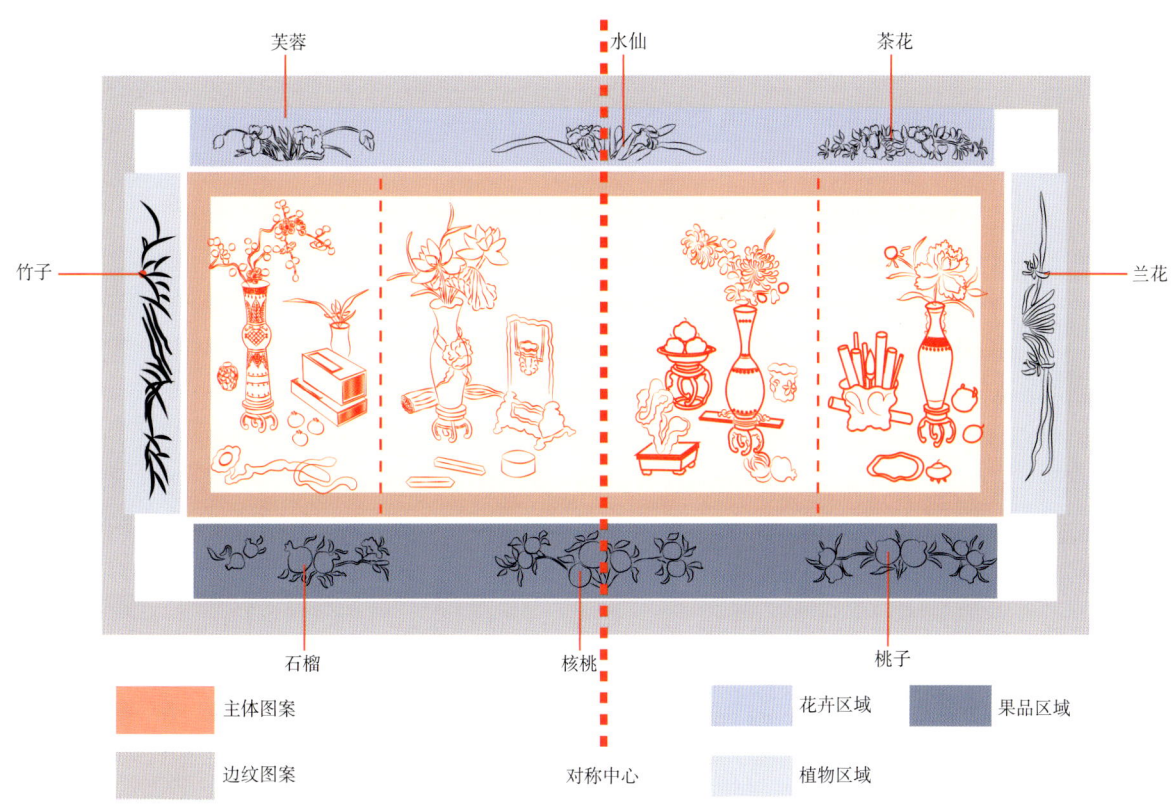

图三 保安族家具彩绘整体构图分析图

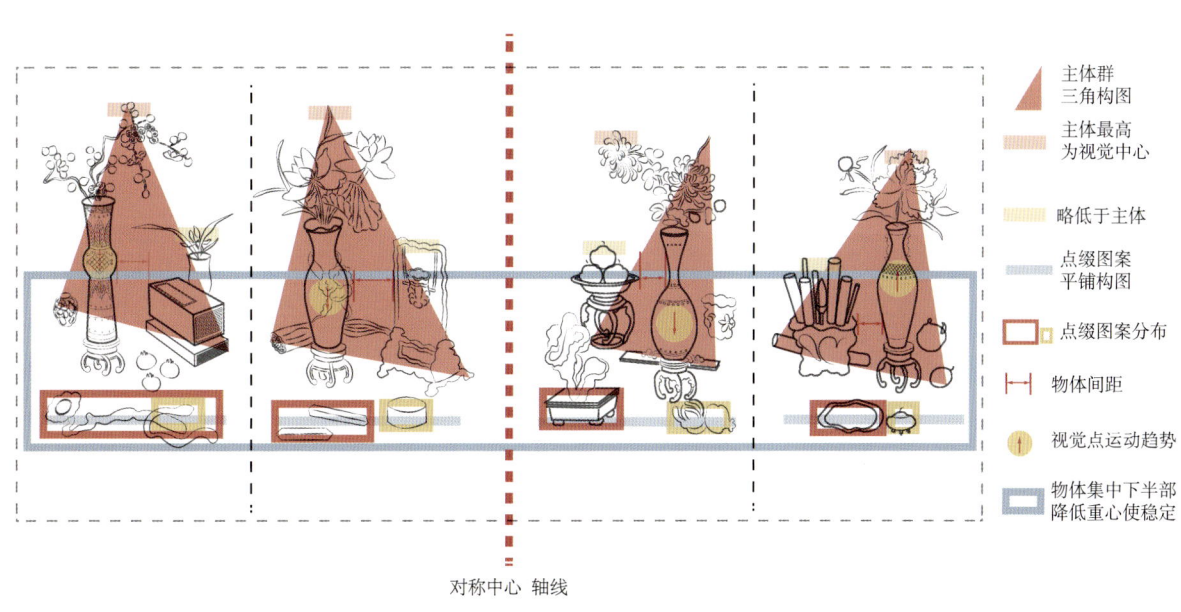

图四 保安族家具彩绘局部构图分析图

图五　保安族家具彩绘色彩图

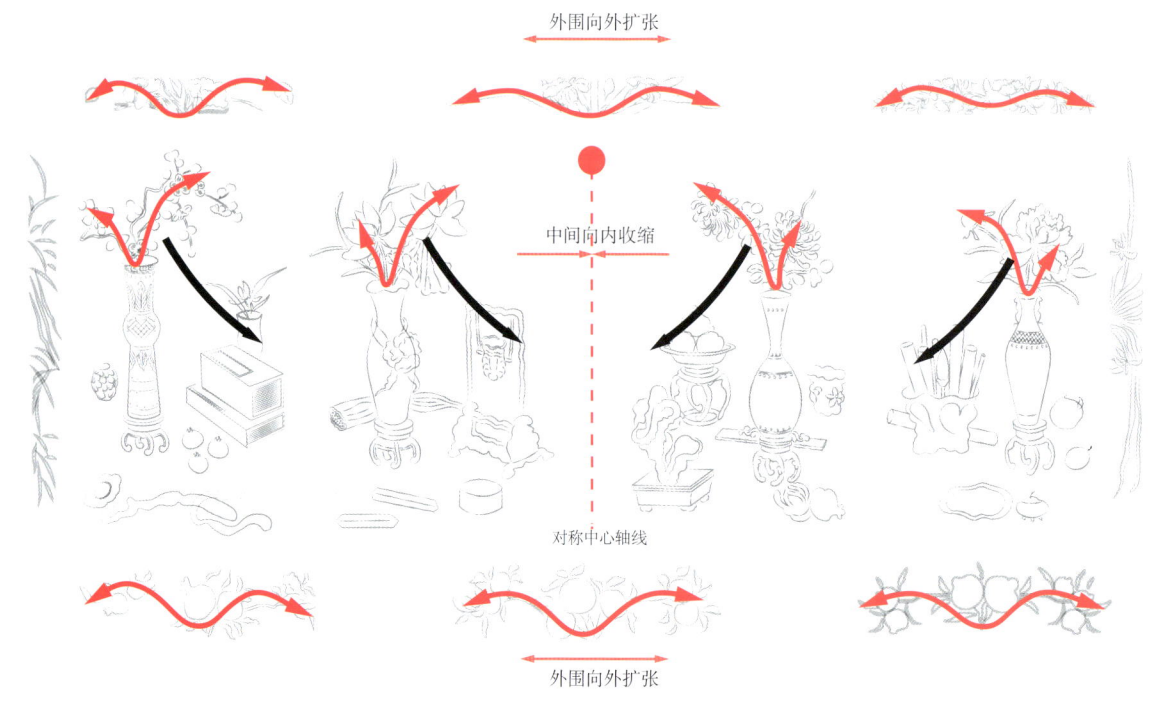

图六　保安族家具彩绘纹样分析图

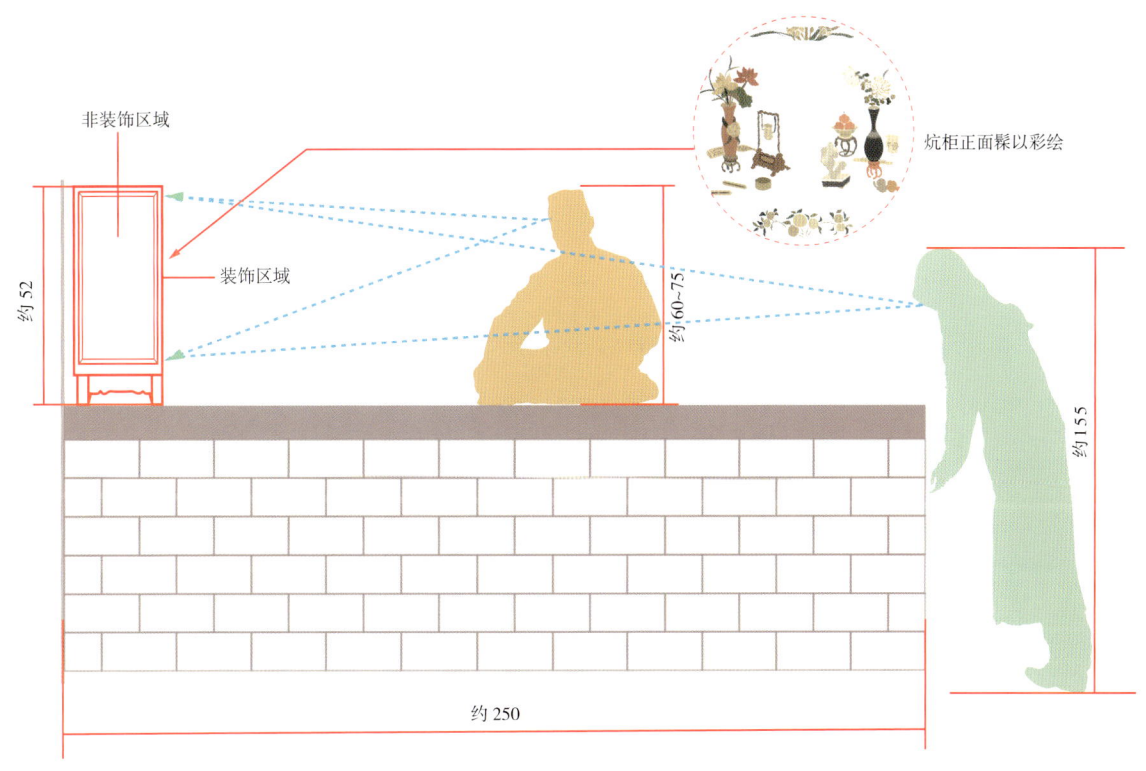

图七 保安族家具彩绘设计放置区域分析图（单位：cm）

第七章 保安族传统民俗与宗教

保安族传统婚俗

图一 保安族传统婚俗主图

保安族婚俗文化是保安族民俗文化的重要组成部分，与伊斯兰教的宗教信仰、一夫一妻的婚姻制度、早婚的风俗习惯息息相关。保安族婚俗随着时间与周围社会环境的改变呈现出传统与现代相融交织的特点。

保安族人的结婚流程与其他穆斯林民族大体一致。在婚礼前分为提亲、定亲和送聘礼；婚礼当天分为娶亲、送亲、迎亲和宴席；婚后还需回门。婚礼定在"主麻日"即礼拜五举行，通常会举行三天。结婚过程中还会涉及礼品的设计与制作。例如男方提亲，女方同意后，男方需准备好"定茶"，由媒人送"定茶"定亲。经过定亲仪式之后，女方就不能再和其他人相亲了。"定茶"包含茯茶、"四色礼"和衣料，其中"四色礼"由薄皮核桃、桂圆、冰糖和茶四种食物组成。在女方送亲时，还会边走边抛洒"五色粮"，直至走出大门，意将祝福留给娘家人。"五色粮"指麦、豆、玉米、青稞和小米五种粮食。前来给新人贺喜的人都会得到东家人的散核桃和红枣，取"和头"的谐音，是祝愿夫妻二人白头到老，和睦相好的意思。保安族新娘在出嫁的前一天晚上会宴请好姐妹一起聊天，这在保安族称为"扎科"，是新娘从少女转换为人妇最后的心理缓冲。此外，在保安族人的婚礼中还有一个重要的人物就是阿訇，婚礼中必定邀请阿訇到家中念"尼卡哈"。保安族人举行婚礼时，新郎新娘和公公婆婆的服饰和妆容各有特色。在迎亲的当天，公公婆婆会被亲友夸张打扮，如头戴破损的草帽和眼镜、脸画上彩色的图案，身穿破损的坎肩，以供众亲友哄抬嬉闹。新郎新娘的服饰较为正式和隆重，新郎服饰正式而传统并在腰间佩戴一把保安腰刀，新娘服饰艳丽喜庆。保安族人婚礼中的传统礼节至今仍在延续，在婚礼前新郎家提前贴上红色的对联，以增加喜庆的氛围。新娘在新婚的前三天，不食用婆家饭菜，以示对娘家亲人的思念之情。婚礼的第三天，也是婚庆的最后一天，新郎的亲属要陪同新郎新娘回到女方家中"回门"，"回门"结束后回到男方家，新娘要亲自下厨制作食物，以展示自己的厨艺，通常做面食，称为"吃试刀面"，意味着婚庆三天礼的结束，也意味着新郎新娘新生活的开始。

对于保安族人来说，婚姻是一个十分重要的仪式，随着社会的进步，经济的发展，一些传统的习俗例如给公公新人脸上涂锅底灰等现象减少，彩礼也多了许多现代化的家电产品。在传统婚俗大部分保留的情况下，保安族的婚俗文化也在与时俱进。

图片来源
图一、图三　张雪　制图
图二　董克义.甘肃保安族史话[M].甘肃文化出版社，2009.141.
图四、图八　高瞻　制图
图五至图六　张慧芳　制图
图七　肖珺　制图

图二　保安族婚礼中请阿訇念"尼卡哈"

图三 保安族新郎新娘婚礼服饰图

图四 保安族其他嫁衣图

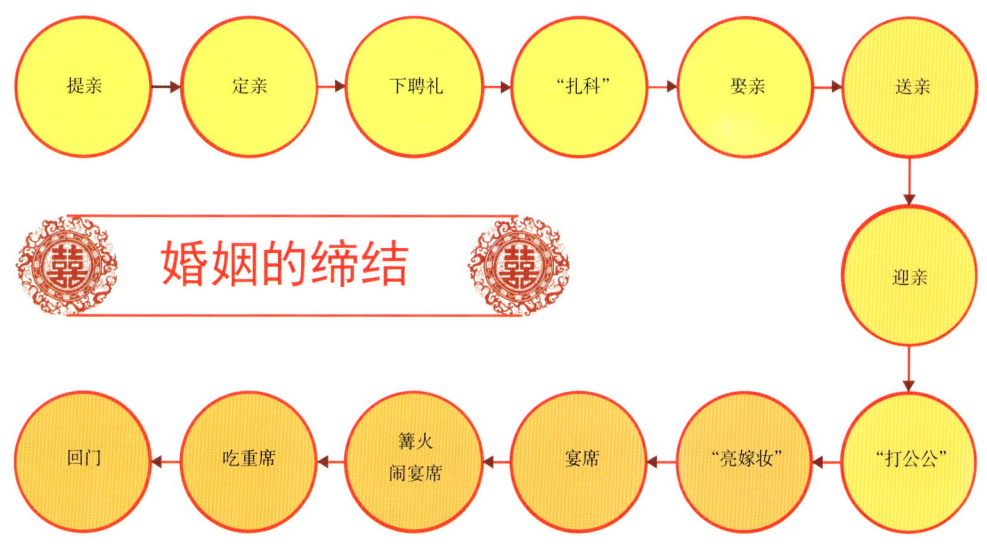

图五　保安族传统婚俗流程图

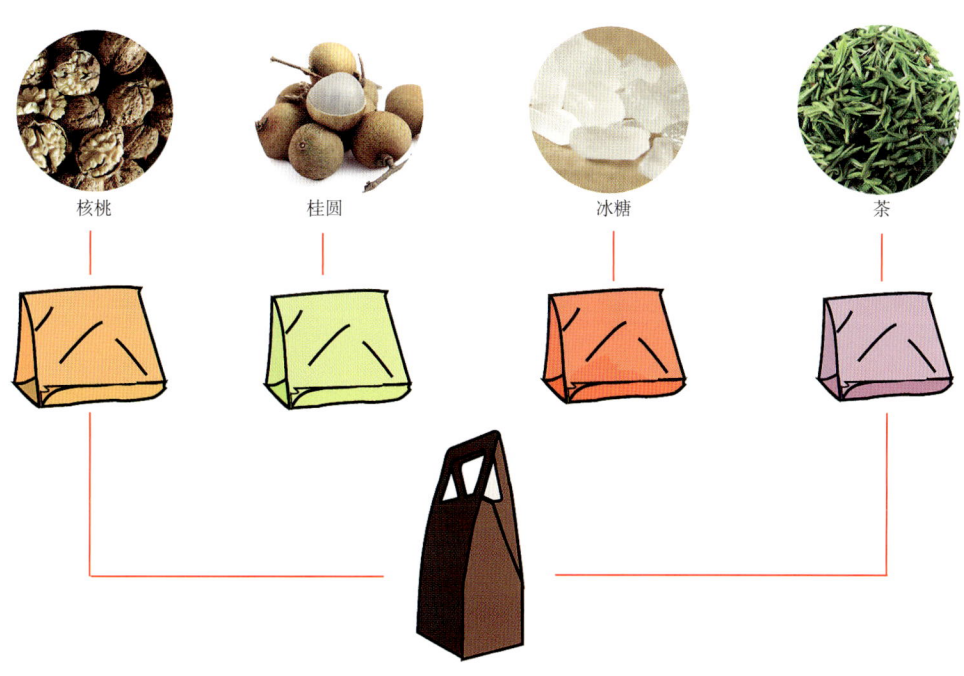

图六　保安族定亲"四色礼"具体礼品名称图

第七章　保安族传统民俗与宗教

图七 保安族送亲中的五色粮食及茯茶图

图八 保安族传统婚俗之送亲图

保安族传统葬礼

图一　保安族传统葬礼主图

保安族信仰伊斯兰教，称人去世为"归真""无常"。速葬、土葬、薄葬是其基本要求。保安族人将遗体称为麦体，按教规执行"三日必葬"，倡导当天归真当天葬，反对等待吉日等；保安习俗认为人由土而化，亡故后应回归于土，故均实行土葬，忌火葬；不用殉葬品，家人也无须穿戴孝服，亡人的衣物也不可以留在家中，不用棺椁，薄葬。特殊情形外，一般均当天举行葬礼，不隔夜。

保安族葬礼规格一律平等，不考虑生前的财富程度以及社会地位。保安族人团结互助，无论哪家有亡人大家都会前来帮忙送葬。洗过大净的送葬男子还会得到东家炸的油香，妇女不可去墓地送葬。保安族葬礼首先会请阿訇念经，其次按照教规净洗麦体，即"抓水"。由阿訇清洗男性麦体，年长女性清洗女性麦体。禁止清洗麦体时水流入七窍。其次是穿"卡凡"。"卡凡"是包裹麦体的白布，长三尺，女性还要再加一条长三尺的盖头布，其缘由为保安族女性生前就会遵照教规戴头巾。最后众人将麦体抬至墓地由阿訇主持殡礼，下葬时遗体会被放置在墓坑内侧单独挖出的名为"海拉提"的窑洞内，遗体面朝西侧卧。最后一个仪式为阿訇带领众人祈祷。这种行为实际上可以理解为是对亡故家属内心深处的慰藉与安抚，同时也是在提醒在世的人珍惜当下生活，参悟人生。仪式是在集合群体之后产生的行为方式，要激发、维持或重塑群体中的某些心理状态。[1]下葬后的第三天还会邀请阿訇来念经。在"一七"（七天）"三七""七七"、百天、周年等重要忌日保安族人都会祭奠亡故。首先摆上油香等供品，置于坟前。接着在坟墓边上插单数香。然后跪坐在坟前闭住双眼口诵古兰经，诉说对亡故者的无限追思，期望得到先祖对子孙后代的庇佑。最后人们双手朝上，以做礼拜的姿势由上向下抚摸全脸，称为"接都哇"，仪式结束。

保安族人简朴的丧葬礼俗对当今具有借鉴价值，它避免资源浪费、病菌传染，遏制陈规陋习滋长，减少焚烧纸钱等环境污染，暗合当今倡导的文明祭奠、文明扫墓。同时，它突破了家庭的范围，激发了保安族群体认同感和归属感。

图片来源

图一　马沛霆　摄影
图二至图三　祝燕琴、宋姣　制图
图四至图五　高瞻　制图

注释

①此段引用马林诺夫斯基《巫术、科学宗教与神话》

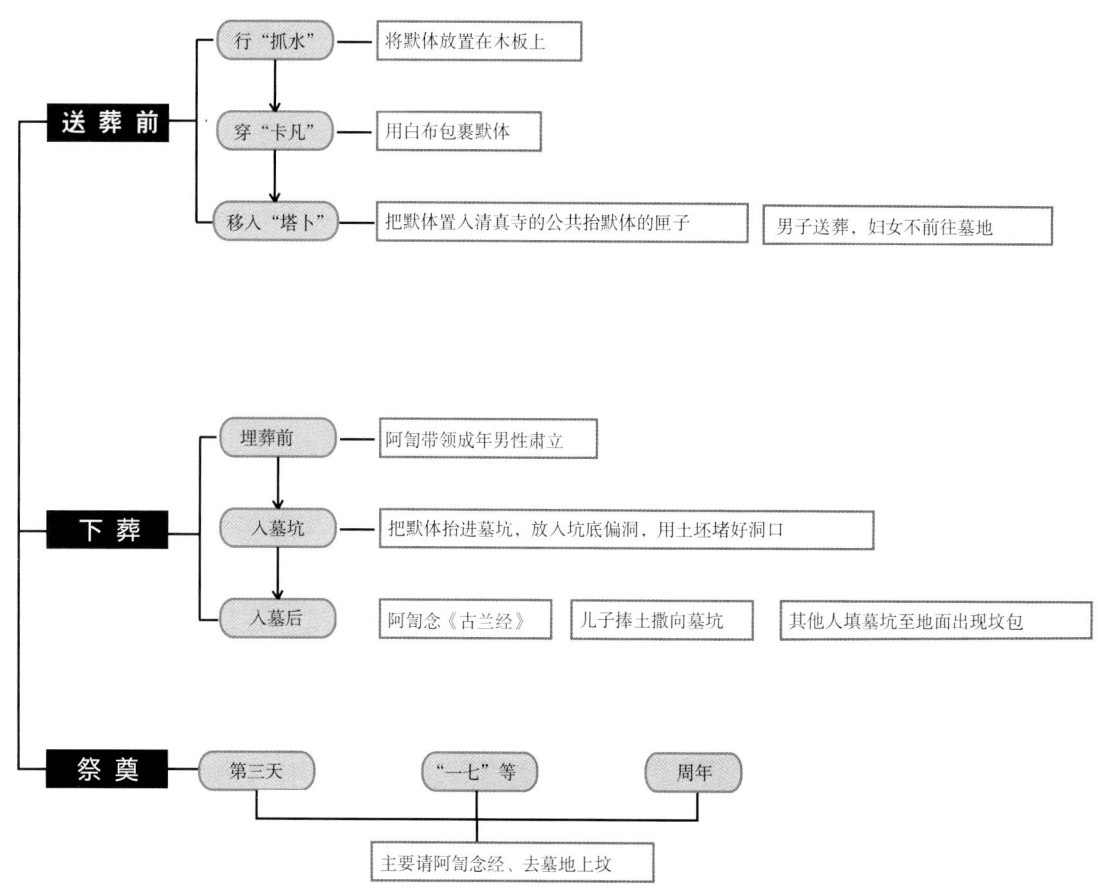

图二　保安族传统丧葬行序图

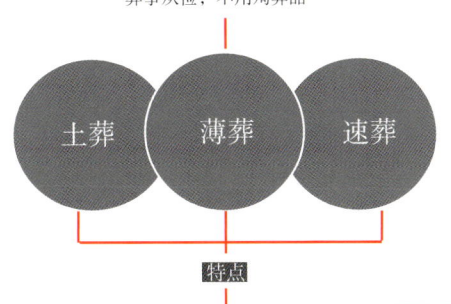

图三　保安族丧葬原则图

图四　保安族送葬队伍图

第七章　保安族传统民俗与宗教

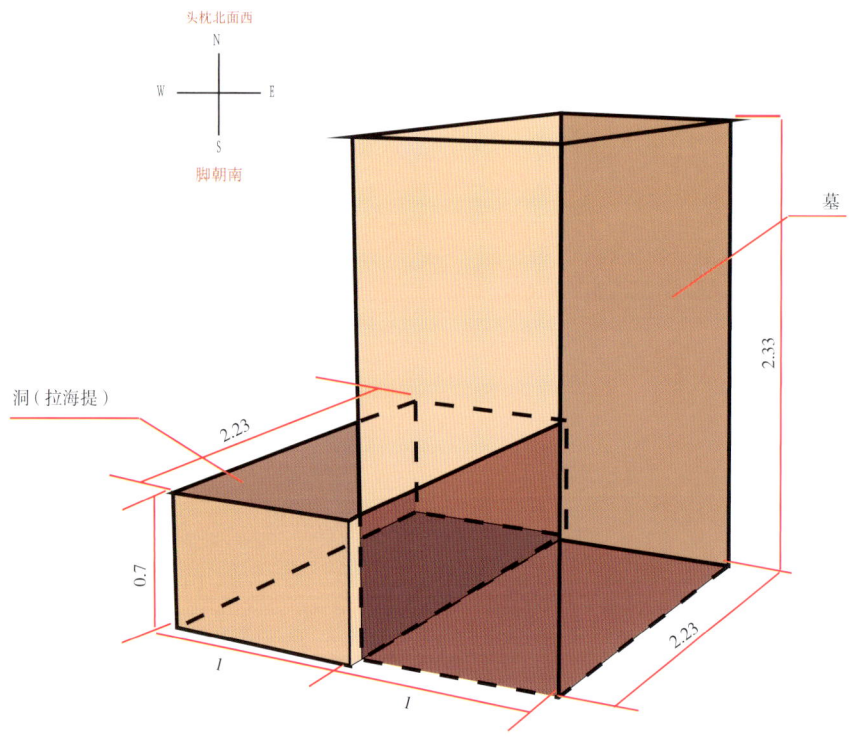

图五 保安族墓穴尺寸示意图（单位：m）

保安族传统节庆

保安族人信奉伊斯兰教，传统节庆多带有宗教色彩。在每年伊斯兰教历9月，教徒要封斋30天，10月1日，则为开斋节。开斋节后的第七十天，是古尔邦节，也是穆斯林可以去麦加朝觐的最后一天。开斋节和古尔邦节是保安族的两个主要节日。

开斋节又名"肉孜节"。在开斋节前的一个月，教徒们通常在日出前和日落后吃饭。[①]斋戒的目的是忏悔和赎罪，增进忍受饥饿、克己禁欲的能力。[②]在开斋节的前几天保安族人会备办炸油香、馓子和馃馃等节日食品。开斋节当天首先做晨礼，接着忙吃一物（枣为最佳），到清真寺参加会礼。有的还会去坟前给已故的亲人祈祷，缅怀先人。回家的途中向街坊邻居、长辈道"色俩目"，表达美好祝福，以示尊敬。最后与亲朋好友聚餐。聚餐时注重长幼有序，按照年龄辈分落座。吃饭时不可用鼻子贴近食物嗅闻，也不可以徒手抓食物，更不可以坐在装有食物的箱子上。除开斋节外，古尔邦节也是保安族的一个重要节日，古尔邦节又称"宰牲节"和"赎身节"。每年的伊斯兰教历12月10日这一天为祭祀安拉，宰杀牲畜。在古尔邦节的前几天，保安族人通常会打扫卫生，准备节日需要的食品，主要为油炸果子、油饼和各种点心。在古尔邦节当天清晨洗大净，水需用流动的纯净水并且需遵照一定程序，一漱口，二净鼻，三洗周身，按照从上至下从右至左，从前至后的顺序。洗净后重新着装，穿戴整齐，带着拜毡到清真寺参加会礼。由"阿訇"领头，于大殿中面西而跪，跪在自备的拜毡，背诵古兰经中的赞词。[③]结束后边走边向身边的亲朋好友、街坊邻居互致"色俩目"的节日问候。回到家后洗手宰牲，一般一整头牛会由七户人家同宰，可以宰三天，宰好的牛肉平均分配到各家，称为"肉份子"，各家的肉再平均分三份，除自留外，其余分给亲朋好友和清真寺。

保安族传统节庆成为一种无形的力量使同族与相邻各民族的亲朋好友更为亲近，保安族人一般会在开斋节与古尔邦节当天邀请相近的东乡族与撒拉族共同庆祝，加强文化交流碰撞，增强了民族的内部团结，加进了民族的文化认同感。

图片来源
图三　祝燕琴　制图
图一至图二、图四至图五　高瞻　制图
图六　濮晓琳　制图

注释
①迈尔苏目·马世仁.在"田野"中发现历史[M]北京：中国社会科学出版社，2008.320.
②金开诚主编，李青华编著.保安族[M].长春：吉林文史出版社，2010.55.
③董克义.甘肃保安族史话[M].兰州：甘肃文化出版社，2009.155页.

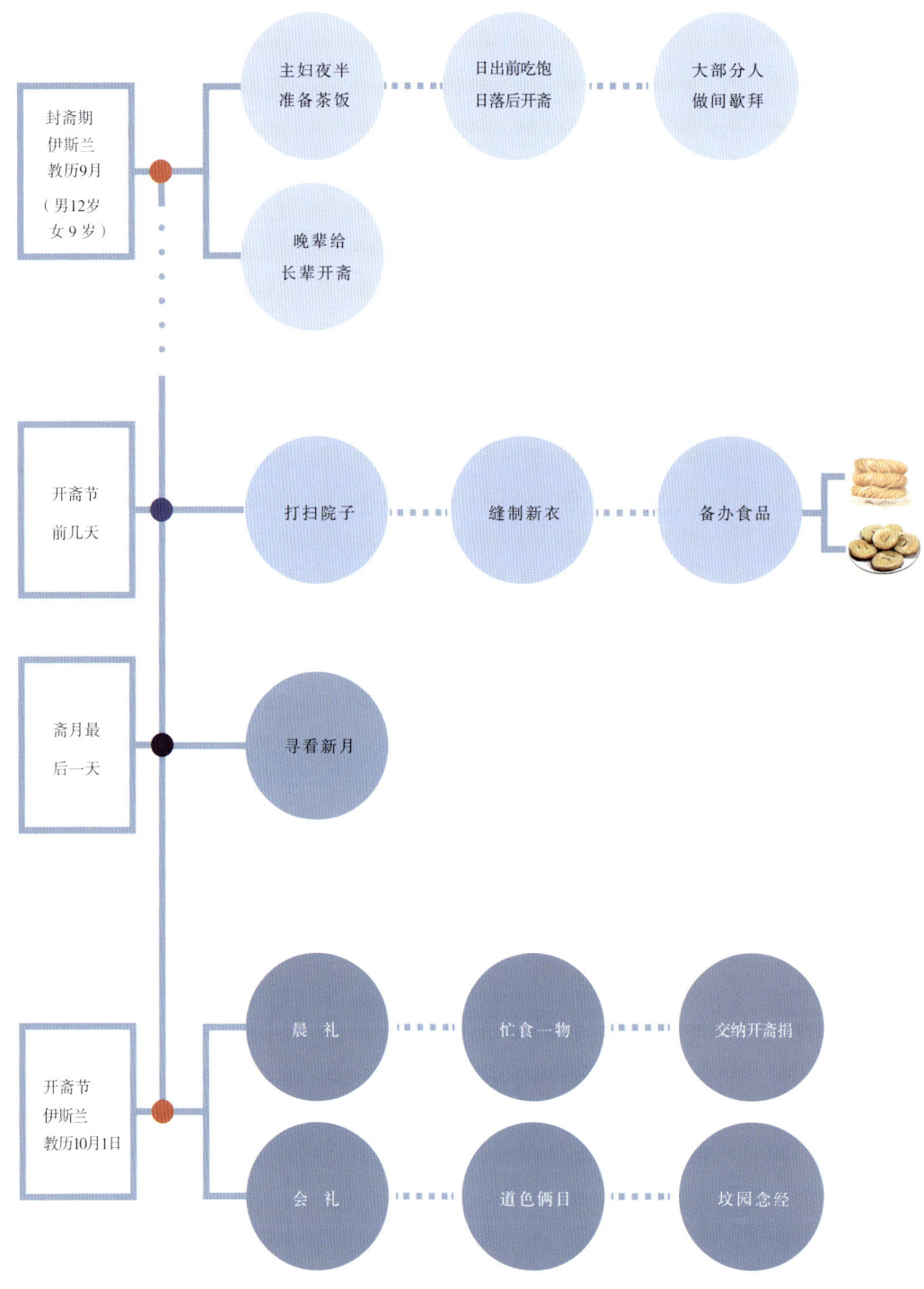

图一 保安族开斋节行序分析图

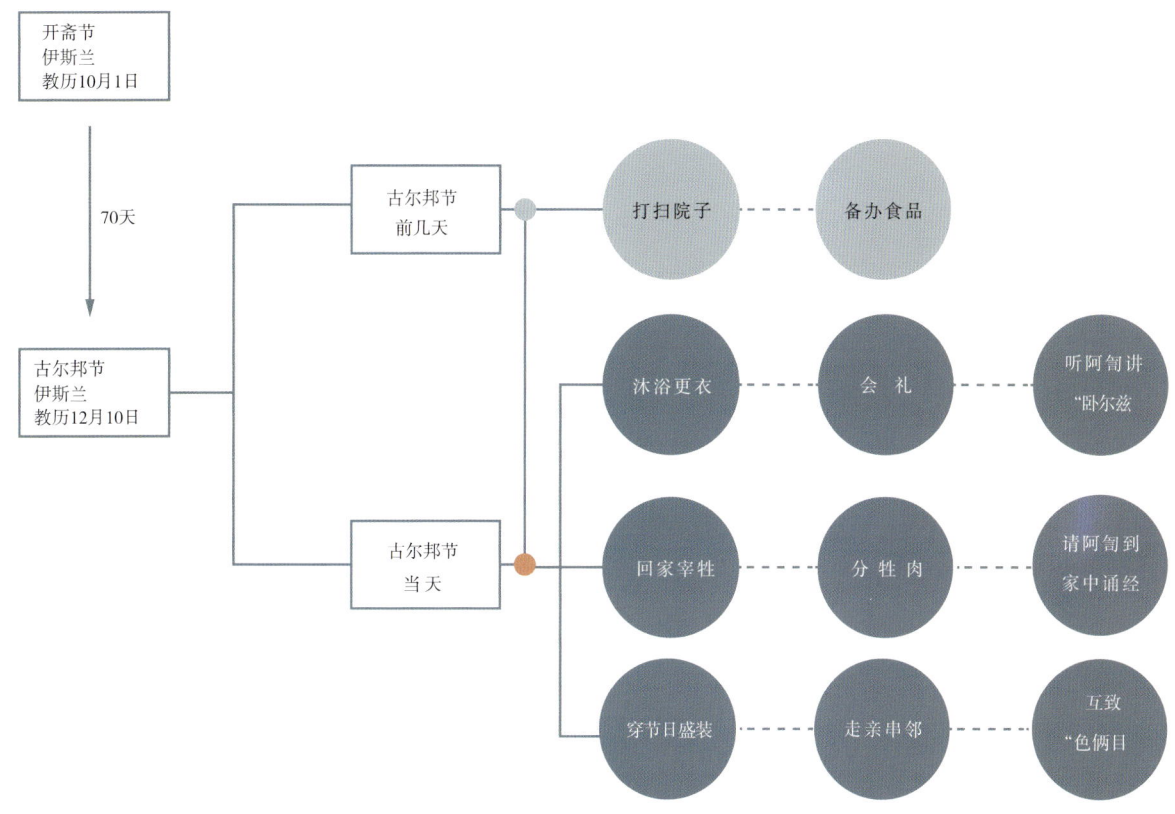

图二　保安族古尔邦节行序分析图

图三　保安族开斋节聚会活动食物图

图四　保安族清真寺会礼图

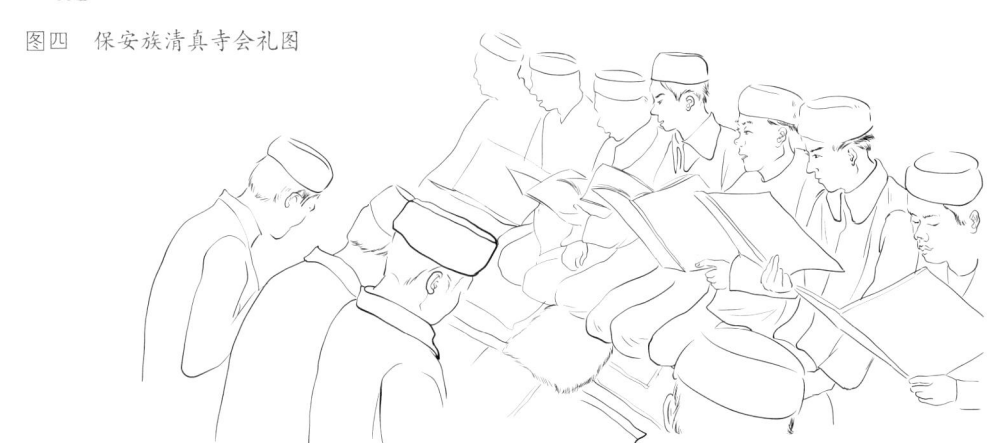

图五　保安族诵经图

图六　保安族古尔邦节宰牛图

声 明

本书编写时收入的个别图片,因条件所限,未能同相关著作权人取得联系,获得授权,敬请谅解。请相关著作权人及时与编者联系,以便奉上稿酬。谢谢!